CIRO MARCHETTI

DAS TRAUMERBE-TAROT

ARUN

Ciro Marchetti , preisgekrönter Künstler aus England, lebt heute in Florida. Er betreibt eine eigene Designagentur und gibt Workshops und Seminare (Digitalkunst). Bei Llewellyn hat er bereits die Tarot-Sets *Easy Tarot* und *The Gilded Tarot* veröffentlicht, die sich weltweit über 100.000mal verkauft haben, sowie im Eigenverlag das *Tarot of Dreams*. Das *Traumerbe-Tarot* gilt als sein ausgereiftestes Werk, welches in USA sämtliche Tarot-Hitlisten stürmt.
Er hat zu diesem Tarot eine kleine Videosequenz erstellt, die hier zu sehen ist:
www.ciromarchetti.com/tarotzodiac_leg.htm

Arun-Verlag, Engerda 28, D-07407 Uhlstädt-Kirchhasel
Tel.: 036743-233-0, Fax 036743-233-17
email: info@arun-verlag.de, Internet: www.arun-verlag.de
Translated from *Legacy of the Divine Tarot*, Copyright © 2009 Ciro Marchetti and *Gateway to the Divine Tarot*, Copyright © 2009 Ciro Marchetti. Published by Llewellyn Publications Woodbury, MN 55125 USA, www.llewellyn.com.
Titelbild: Ciro Marchetti.
Übersetzung: Frances Hofmann.
Buchgestaltung: Stephan Pockrandt.
Gesamtherstellung: Hubert & Co, zeitbuch, Göttingen (Buch), Spielkartenfabrik Altenburg (Kartenset), Lindner Feinkartonagen, Mühlau (Box & Konfektionierung).

ISBN 978-3-86663-049-9

INHALT

I. DIE GESCHICHTE 7

Eins — Die Wandlung 9
Zwei — Der Erlass des Herrschers 10
Drei — Vorbereitung 11
Vier — Die Folgezeit 13
Fünf — Eine Einladung 15
Sechs — Die Villa 18
Sieben — Eine Frage der Geschichte 21
Acht — Eine Lektion in Geschichte 22
Neun — Die Tore 26
Zehn — Der Garten 27
Elf — Die Reise beginnt 28
Zwölf — Rückblicke und Ergebnisse 32

II. DIE KARTEN 35

Die hohen Arkana 43
Die kleinen Arkana 87
Die Hofkarten 137

III. WIE DAS TAROT ZU LESEN IST 161

ANHANG 177

Zuordnungen 179
Bibliografie 183

Ich widme das *Traumerbe-Tarot* meiner Tochter Sasha und meinem Stiefsohn David.
Erwähnen und danken will ich auch Graham Hall und Roger Sakalove
für ihre redaktionelle Hilfe zu den ersten Skizzen der *Traumerbe*-Geschichte.
Und natürlich – last but not least – Barbara Moore,
die mich vor Jahren auf diesen wundervollen Weg gebracht hat,
mit der einfachen Frage:
„Hast Du eigentlich schon mal daran gedacht, ein Tarot zu zeichnen?"

I. Die Geschichte

Vermutlich hatten die meisten von uns irgendwann in ihrem Leben schon einmal einen Traum, der so lebendig, so detailreich war, dass wir uns beim Aufwachen fragten, ob es wirklich nur ein Traum war oder nicht doch mehr dahinter steckte. Vielleicht hat uns unser morgendlicher Weckruf aus einem alptraumhaften Szenario gerettet, vielleicht aber hat uns der gleiche Weckruf abrupt von einem wundersamen Ort oder einem herrlichen Erlebnis fort gezerrt. Wie auch immer das Szenario ausgesehen haben mag, in dem Moment unseres Erwachens fanden wir uns in der Wirklichkeit wieder, in der wir vielleicht in aller Frühe unseren Arbeitsweg antreten oder uns der alltäglichen Routine ausliefern mussten.

Doch selbst im Wachzustand wollte die Erinnerung an den Traum nicht verblassen. Schien er doch so real, so greifbar, dass wir unser Erleben beinahe schmecken, beinahe berühren konnten und all unsere Sinne bereitwillig die Wirklichkeit jenes Traumes bezeugt hätten. Wir wollten nur zu gern glauben, dass alles Realität war, doch unser logischer Verstand begann, die fantastischen Gedanken weg zu rationalisieren, bis wir wieder einmal zu dem unweigerlichen Schluss kommen mussten ... dass alles nur ein Traum gewesen ist, nicht mehr und nicht weniger.

Es sei denn, natürlich, du hast einen Traum gehabt, wie ich einen hatte, einen Traum, der meine rationalen Gedanken und meine logischen Argumente in Verwirrung zurück ließ. Ein Traum, der nur einen einzigen möglichen Schluss zuließ: dass er tatsächlich Wirklichkeit gewesen war. Was sonst könnte die Tatsache erklären, dass ich mich bei vollem Bewusstsein in meinem Arbeitszimmer umsehe und neben meinen Büchern, meinem Computer, der Kaffeetasse und anderen alltäglichen Gegenständen eine Sammlung von „Artefakten" sehe, bei denen ich mich nicht entsinnen kann, sie in dieser Welt erworben zu haben, ob ich sie nun selbst gekauft oder geschenkt bekommen haben sollte? Weltfremd in ihrer Gestalt und Funktion habe ich diese Objekte zuerst in meinem „Traum" gesehen ... und daraus mitgebracht.

EINS — DIE WANDLUNG

Über Jahrtausende hinweg war er schweigend auf Reisen, tanzte anmutig in einem majestätischen kosmischen Ballett entlang der endlosen schwarzen Leere des Weltalls. Für die längste Zeit seiner Existenz gibt es keine Zeugen, die seinen langsamen, unaufhörlichen Fortgang bestätigen könnten. Hin und wieder, wenn er den Orbit irgendeines weit entfernten Sonnensystems kreuzte, mag irgendjemand oder irgendetwas in den Himmel hinauf geblickt und ihn vorüber ziehen gesehen haben. Doch da er niemals inne hielt auf seiner Reise, waren diese merkwürdigen Sichtungen schon bald wieder vergessen, denn sein Lauf war nicht zyklisch und er kehrte nie zurück, um seinen Bogen neu zu beschreiben.

Doch schließlich erreichte er den dritten Planeten der Sonne dieses einen speziellen Sonnensystems und da brach er sein lang gehütetes Schweigen. In den letzten paar Sekunden seiner Existenz wurde ihm von einer Atmosphäre aus Sauerstoff und Feuchtigkeit eine Stimme verliehen, mit der er seine Ankunft in einem anschwellenden Tosen heraus schreien konnte. Die Luft unseres Planeten war zu langsam, um seiner unfassbaren Geschwindigkeit zu entrinnen und wurde zusammengepresst zu purer Energie und Hitze, gipfelte einen Moment lang in einer Temperatur, die selbst die der nahen Sonne noch übertraf.

Innerhalb dieses sengenden und vaporisierenden Hexenkessels reinster Energie trockneten ganze Ozeane aus, zerfielen Gebirge zu Staub und die Lebewesen wurden zu Millionen in einem einzigen Augenblick hinweg gerafft.

Als er aufschlug, durchbrach der Asteroid Kraft seiner Trägheit mühelos die zerbrechliche Erdkruste und drang immer tiefer in ihre Hülle ein, wobei er den Körper der Erde unter sich zermalmte, begrub und zerschlug und einen Schwall von Magma aus ihrem Inneren hervor sprudeln ließ. Dann kam der Asteroid in einem gigantischen Krampf bebend zum Stehen. Und alles war wieder von Stille erfüllt.

Doch noch viele hundert Jahre lang erschütterte der Widerhall jenes Aufpralls die Erde mit ungestümen Nachbeben und mit grimmiger Regelmäßigkeit sprudelten neue Lavaströme hervor. Die Trümmerteile flogen weit hinaus in die Stratosphäre, verdüsterten das Licht der Sonne und tauchten den Planeten in ein undurchdringliches Dunkel. Und tatsächlich sollten Jahrtausende vergehen, ehe der Schleier aus Finsternis sich wieder lüften und das vernarbte und verstümmelte Antlitz des Planeten preisgeben sollte – eine Landschaft, von deren ursprünglicher Schönheit nichts mehr übrig geblieben war. Wüsten waren an Stelle der tiefen Ozeane getreten, majestätische Berge waren dem Erdboden gleichgemacht und an ihrer Stelle gruben sich Täler und Felsschluchten in die Haut der Erde. In der Dunkelheit des scheinbar ewigen Winters hatten die Gletscher der nachfolgenden Eiszeit die gebrochene Landschaft abgeschliffen und neu geformt. Jene gewaltigen Meere aus Eis hatten ganz langsam und allmählich jede Erinnerung an die einstige majestätische Herrlichkeit des Planeten zermahlen, fort getragen und schließlich unter sich begraben.

Nichts ging unversehrt aus dieser Katastrophe hervor und dennoch waren die Auswirkungen des Aufpralls jenes Asteroiden weder überall gleich noch allumfassend, wenn auch die Verwüstung mit einem Schlag erfolgt war, und die Zerstörung war an einigen Orten verheerender als an anderen. Trotz der augenblicklichen Auslöschung vieler Lebensformen konnten doch viele andere Pflanzen und Tiere die Auswirkungen der sengenden Hitze und Dämpfe überleben, nur um später einer Umwelt zu erliegen, in der sie nicht länger lebensfähig waren. Wieder andere jedoch überlebten nicht nur den Aufprall, sondern begannen sofort zu florieren. Ungehindert durch natürliche Feinde, suchten diese Kreaturen in der verwüsteten Landschaft nach Nahrung und passten sich ganz allmählich an, bis sie schließlich gar einen Vorteil aus den neuen Lebensbedingungen zogen.

Und vor allem eine Spezies konnte überleben. Nicht durch schieres Glück oder Dank eines sichereren Aufenthaltsortes oder aufgrund sonstiger körperlicher Vorteile, sondern weil diese Spezies über eine entscheidende Gabe verfügte, die keiner anderen gegeben war. Die Menschen, die zu jener Zeit diesen Planeten bewohnt hatten, besaßen die lebensrettende Gabe der Voraussicht.

ZWEI — DER ERLASS DES HERRSCHERS

Die Blinden hatten von seinem Nahen gekündet, das unsere Zerstörung herbei führen würde. Niemand zog ihre Weisheit in Zweifel und ihre Beweggründe ängstigten uns nicht, noch stellten wir sie in Frage. Wir wussten, dass wir selbst von den Sternen abstammten und unsere Existenz in dieser Gestalt nicht mehr ist als ein Wimpernschlag angesichts der Ewigkeit. Wir würden nun aufhören, Teil dieses Universums zu sein. Doch wir beklagten dennoch unser Schicksal. Denn in dieser Gestalt hatten wir Empfindungen kennen gelernt und waren uns unserer Existenz bewusst geworden. Wir hatten gewaltige Monumente, Tempel und Städte errichtet, wir hatten Vieles erreicht und wir wussten, dass es bald verloren sein würde. Wir hatten viel über das Universum in Erfahrung gebracht, hatten Wege gefunden, seine Kräfte und Energien zu kanalisieren und wir hatten Instrumente entwickelt, mit deren Hilfe wir noch mehr hätten lernen können, seine Wunder noch besser verstehen und von der Führung und den Geheimnissen, die uns offenbart wurden, profitieren können.

Das Wissen der Blinden war groß. Sie nannten uns die Stunde, den genauen Zeitpunkt unseres Sterbens. Es war ein Countdown hin zu unserem Schicksal – ein kostbares Geschenk, durch das uns die Zeit gegeben war, unsere Lage und unsere Möglichkeiten zu überdenken und alles auszulöschen, was uns entzweit hatte, und das uns erlaubte, unsere Kräfte, so wir das wollten, auf eine Weise miteinander zu vereinen, wie es nur durch ein gemeinsames Ziel möglich wird.

Der Rat wurde einberufen. Die Könige und ihr Hofstaat der vier Elemente – Luft, Erde, Feuer und Wasser – kamen zusammen. Gemeinsam sollten wir die Richtung und die Handlungen festlegen, die wir in den uns verbleibenden zwölf Umrundungen der Sonne, die uns noch gewährt waren, in Angriff nehmen wollten. Die Blinden wussten viel von der Welt und darüber, wie sie funktionierte. Sie spürten es wie niemand sonst und sie waren im Einklang mit dem Universum. Sie empfanden, was die Erde empfinden würde, und litten ebenso, wie auch sie leiden sollte. „So viel Leid und Zerstörung", warnten sie uns, doch sie machten uns auch Hoffnung. Sie setzten den Rat davon in Kenntnis, dass, so gewaltig die bevorstehende Zerstörung auch sein würde, sie dennoch nicht überall in gleichem Ausmaß um sich greifen würde. Ein Bruchteil des Lebens sollte durch eine Laune des Schicksals, die selbst sie nicht voraus zu sehen vermochten, erhalten bleiben. Einige Lebensformen, ob sie nun krochen, schwammen oder auf zwei Beinen gingen, sollten überleben. Sie allein würden die Erben dessen sein, was übrig bliebe, und weiter leben.

Und so geschah es, dass der Rat beschloss, dass wir unser Schicksal herausfordern und ihm die Stirn bieten sollten. Es wurde verfügt, dass wir unsere vereinten Kräfte, Energien und unser vereintes Wissen fortan auf ein einziges, beinahe unmöglich zu erreichendes Ziel ausrichten sollten: dass, ganz gleich, wie wenige es auch sein mochten, doch einige von uns tatsächlich überleben sollten und dass durch dieses winzige Überbleibsel unserer Zivilisation etwas davon, was wir einst waren und erreicht hatten, weiter leben und denen dienen konnte, die dereinst folgen sollten.

DREI — VORBEREITUNG

Die Vier Königreiche waren über Jahrtausende hinweg prächtig gediehen. Ihre Einwohner waren im Gleichgewicht mit ihrer Umwelt und hüteten diesen Schatz weise. Sie waren im Einklang mit den Nuancen und Rhythmen ihrer entsprechenden Elemente, so wie ein Bauer aufs Innigste vertraut ist mit den Eigenschaften, den Launen und der Beschaffenheit von Erde und Wetter. Und doch wankte die Koexistenz der Vier Königreiche; sie war ein nimmer endendes Pendeln zwischen Harmonie und Konflikt, in dem sich die pure Essenz der Elemente widerspiegelte, die sie repräsentierten. Wasser konnte die ausgedörrte Erde nähren oder aber unter einer Flut begraben. Feuer konnte Wärme bringen, doch es vermochte auch zu verbrennen und zu zerstören. Die Luft konnte mit sanften Brisen die Samen im Lande verteilen, doch wenn sie wütete, konnte sie selbst die Ozeane attackieren und Flammen zum Erlöschen bringen. So war das ewige Gleichgewicht der Königreiche einem steten Wandel unterworfen, schwankte zwischen Macht und Unterwerfung und, ja, mitunter gab es auch Zeiten des Friedens.

Ein Reich jedoch war an den Aktivitäten der Vier Königreiche beteiligt und herrschte gleichsam über sie. In diesem Reich blickten die Bewohner über das rein Materielle hinaus und erkannten die entfernten Horizonte des Geistes und des Universums. An diesem Ort beobachteten und erspürten sie den Kosmos und waren Eins mit ihm. Die Blinden bildeten die Elite dieser Einwohner, sie waren gesegnet von Geburt an und verfügten über beträchtliche Macht. Von allen wurden sie verehrt. Schon frühzeitig trennte man sie von ihren Familien und bildete ihre von Natur aus feinfühligeren Sinne weiter aus. In einem letzten Akt der Einweihung wurden sie schließlich geblendet, auf dass sich ihre Fähigkeiten noch weiter entwickeln und verdichten konnten. Auf diese Weise erlangten sie noch höhere sensitive Kräfte und so waren die Blinden tatsächlich in der Lage, tiefe Einblicke zu erlangen, und sie wurden als Führer und Entscheidungsfinder hoch geachtet.

Intensives Studium der Mechanismen und Kristalle in der Großen Bibliothek gewährten ihnen erste Einblicke in die bevorstehende Zerstörung. Als Gruppe schwangen sie miteinander im Gleichklang und „erspürten" im Laufe der Zeit immer deutlicher das nahende Unglück. Ihre anfänglichen Wahrnehmungen bestätigten und verdichteten sich, was ihnen gestattete, ihre geistigen Bilder beiseite zu schieben und sich auf den Zeitpunkt und das Ausmaß der Zerstörung zu konzentrieren. Doch selbst mit ihrer Macht ließ sich der Ort des Aufpralls nicht genau lokalisieren, lediglich die Stunde und das Ausmaß desselben konnten bestimmt werden. Was mit diesen Erkenntnissen nun anzufangen war, blieb dem Rat überlassen.

Der Erlass des Herrschers wurde nicht in Frage gestellt. Die Könige der Vier Königreiche taten ihre Ansichten zwar kund, doch letztlich mussten sie sich seiner Autorität unterwerfen. Vor dem Hintergrund dieser neuen, unmittelbar bevorstehenden Tatsache waren ihre Gebiete und Herrschaftsgebiete nunmehr nebensächlich und die Differenzen und Konflikte der Vergangenheit bedeutungslos. Stattdessen waren sie alle aufgerufen, einen Handlungsplan zu entwickeln, der alles Andere übertreffen sollte. Von diesem Tag an folgte jedes Handeln nur noch dem einen übergeordneten Ziel des Überlebens, wenn auch nur des Überlebens einiger weniger, denen das Schicksal wohl gesonnen sein würde. Jedes der Vier Königreiche stellte Arbeitskräfte, materielle Ressourcen und sein spezielles Fachwissen zur Verfügung. Die Ritter legten alte Streitigkeiten bei und überwachten nun den Massentransport von Gütern und Menschen in unvorstellbarer Anzahl.

Um bessere Überlebenschancen in den kommenden Zeiten nach der Katastrophe zu gewährleisten, wurde eine Volkszählung durchgeführt und drei aus jedem der vier Völker wurden dazu verpflichtet, in ein anderes Gebiet umzusiedeln. Während Familien zusammen bleiben durften, so verfolgte man mit dieser erzwungenen Umsiedelung den Plan, eine Population mit einer guten Mischung aus rassischen Merkmalen, geteiltem Wissen und Fachwissen auf dem ganzen Planeten zu erschaffen.

Die Unabwendbarkeit der Ereignisse und ihre weitgreifende Bedeutung schien eine merkwürdig beruhigende Wirkung auf die große Mehrheit zu haben. Die Ritter mussten die Ordnung nicht gewaltsam aufrecht erhalten und konnten ihre Autorität stattdessen nutzen, um den Massenexodus in alle Richtungen anzuführen und zu organisieren. Die Menschen schienen allesamt zu akzeptieren, worum sie gebeten wurden und weshalb. Ihre Rolle und ihre Pflicht der Gemeinschaft gegenüber bestand nun darin, für ihre Nachbarn, ob neue oder alte, und vielleicht, mit ein wenig Glück, auch für ihre eigenen Kinder nur den geringsten Hoffnungsschimmer aufrecht zu erhalten. Doch nach dem großen Plan kam es wirklich nicht darauf an, wer genau überleben würde, solange es nur irgendjemandem gelang.

Die ersten Schritte bestanden in der Vorbereitung einiger Bauten. Manche wurden tief in die Erde oder Gebirge hinein gegraben, natürliche Höhlensysteme wurden erweitert oder es wurden künstlich neue geschaffen, denn man glaubte, dass Höhlen am ehesten vor den turbulenten Ereignissen schützen könnten, die nun bevorstanden. Tausende Bargen wurden gebaut und in natürlichen wie auch künstlich erzeugten Häfen vor Anker gelegt. Reihe um Reihe wurden Vorratsbehälter fort getragen und unter die Wasseroberfläche versenkt. In der Luft schwebten gigantische Luftschiffe, die im Boden verankert und befestigt waren und jederzeit von eigens dazu errichteten Plattformen aus abgeschossen werden konnten. Diese unterschiedlichen Lagerräume wurden nun mit allen Arten von Waren aufgestockt: getrocknete Lebensmittel, Getreide, Kräuter, Saatgut, Kleidung, Werkzeuge, Ausrüstungen und, je näher der Zeitpunkt rückte, auch heimisches Vieh und Wildtiere. Über diese überlebenswichtigen Dinge hinaus wurden auch Lager für Behälter eingerichtet, in denen die Erinnerung und die Essenz der alten Welt bewahrt werden sollten, die bald verloren gehen sollte: Kunstobjekte, Schriftrollen, Tafeln und andere Medien, die die Geschichte dieser Welt bewahrten, ihre Kunstwerke sicherten und ihre Kultur widerspiegelten.

Die Blinden machten das kostbarste Geschenk von allen. Um sich auf den Tag der Zerstörung vorzubereiten, wandelten sie all ihre Macht um in pure Energie. In transformierter und konzentrierter Form wurde sie nun in Kristallen bewahrt, die während der bevorstehenden Dunkelheit eine Quelle des Lichts sein würden. Auch überwachten sie direkt das Traumerbe-Projekt, das ebenfalls Teil des Erlasses war und dessen Plan es war, alles Wissen und alle Errungenschaften in Zeitkapseln einzuschließen, die allen physischen Bedingungen standhalten würden. Verschlüsselt und auf eine himmlische Kombination abgestimmt, sollten sich die Kapseln in wiederkehrenden Abständen zu einer Reihe von Toren in die Zukunft hinein öffnen und jenen Zugang gewähren, die bereit waren, einzutreten und der Geschichte zu lauschen, die sie erzählen würden.

VIER — DIE FOLGEZEIT

Die Menschen der Vier Königreiche, die die anfängliche Katastrophe überlebt hatten, blickten voll Staunen auf das Inferno, das den ganzen Horizont überspannte. In bemitleidenswert kleinen Gruppen machten sie sich auf den Weg zu den zuvor eingeteilten Versammlungspunkten und hofften, das Schicksal möge ihnen dort etwas zurück gelassen haben.

Leider aber fanden sie die tausenden Zufluchtsorte, deren Errichtung so viele von ihnen über so lange Zeit hinweg in Anspruch genommen hatte, zum größten Teil zerstört, und alle Inhalte, alle Hoffnung, die sie bewahrt hatten, waren zerrissen und zerstreut. Nichts konnte mehr getan werden, um sie zu stärken, also ruhte alle Hoffnung nun auf ihrer Zahl. Und so sollte es sich auch erweisen. Einige Gebiete waren weniger zerstört als andere und die Unterkünfte, die den Aufprall doch überstanden hatten, schenkten ihnen einen kleinen Hoffnungsschimmer und bildeten eine Basis für die Menschen, von der aus sie der großen Dunkelheit, die nun bevorstand, entgegen blicken konnten.

Es dauerte über drei Jahre lang, ehe die Strahlen der Sonne endlich die Dunkelheit durchdrangen und sich allmählich einen Weg durch die von Staub erfüllte Atmosphäre bahnen konnten. Dreihundert weitere Jahre mussten vergehen, ehe die Sonne soweit an Kraft gewonnen hatte, dass sie es mit den gewaltigen Eisblöcken aufnehmen konnte, die einen Großteil der Landschaft unter sich begruben. Nun, da das Licht und die Wärme der Sonne endlich die eisige Herrschaft der Gletscher über das Land brachen, ging der Kampf gegen die großen Eisflächen allmählich voran. Doch darunter kam eine vernarbte und verwüstete Erde zum Vorschein, die keine Spuren dessen mehr zeigte, was einst hier existiert hatte.

Und doch gelang es einigen Generationen Dank der Vorkehrungen, die getroffen worden waren, selbst während dieser Zeit der Kälte und der Isolation in der Dunkelheit zu überleben. Einige, denen mehr Glück beschieden war als Anderen, hatten sogar die Energiekristalle gefunden, die die Blinden hinterlassen hatten. Diese Kristalle waren zwar an sich leblos, doch wenn sie von Menschen benutzt wurden, die im Einklang waren mit ihrer Macht, so verbreiteten sie kostbare Wärme und Licht. Nichtsdestotrotz fragten sich die Überlebenden, die ja stets Vorsicht walten lassen mussten und sich nur ein Minimum an Nahrung zugestehen durften, ob es wirklich ein solches Glück gewesen war, dass sie überlebt hatten, denn sie führten ein äußerst hartes Leben.

Die verschiedenen Siedlungen blieben weiterhin voneinander isoliert, denn das Terrain und die weiten Wege zueinander bargen zahlreiche Schwierigkeiten und unmittelbare Gefahren. Als die Bedingungen sich jedoch allmählich verbesserten, starteten sie trotz der Schwierigkeiten schließlich doch immer öfter den Versuch, ihren Lebensraum zu erweitern. Auch gab es die ersten Versuche, nahe gelegene und gut erreichbare Landstücke zu kultivieren und irgendwann begannen auch die ersten abenteuerlichen Erkundungszüge durch die nähere Umgebung. Immer wieder versuchten die Menschen auch, einige der wilden Pflanzen des sich langsam erholenden Planeten zu ernten, leider nur allzu oft ohne Erfolg. Doch trotz dieser zaghaften Schritte, ihr Land zu bebauen und zu erweitern, blieben die Siedlungen doch noch sehr lange Zeit unabhängig und wussten in den meisten Fällen nichts von der Existenz der Anderen.

Im Laufe vieler Generationen wuchsen die Siedlungen in ihrer Bevölkerungszahl und Größe, doch trotz der Erinnerung an ein gemeinsames Vermächtnis, das sie alle miteinander gemeinsam hatten, entwickelten sie sich dennoch isoliert voneinander weiter, auf unterschiedliche Weise, von zahlreichen Faktoren und Bedingungen beeinflusst, die sich in allen Dingen spiegelten, angefangen bei den unterschiedlichen Umwelten bis hin zu den Charakterzügen einzelner Gemeinschaftsmitglieder. Generationen über Generationen gingen dahin und die Unterschiede der Menschen reichten immer tiefer und wurden größer und größer, bis schließlich die Nachkommen der verschiedenen Siedlungen sich nur noch schwach oder auch gar nicht mehr dessen bewusst waren, dass sie von gemeinsamem Ursprung waren. Stattdessen identifizierten sie sich immer stärker mit ihrer gegenwärtigen Stammesgemeinschaft.

Auch der Einfluss der Blinden war richtungsgebend. Die Zahl derer unter ihnen, die die Katastrophe überlebt hatten, entsprach im Verhältnis der Gesamtzahl der Überlebenden. Und obwohl sie nicht in der Lage waren, sich körperlich am Wiederaufbau zu beteiligen, so spielten sie innerhalb ihrer Stämme doch eine bedeutende Rolle, denn sie vermittelten kulturelle und spirituelle Unterstützung und Führung. In dieser Funktion dienten sie ihren Gemeinschaften als Priester, Medizinleute, Schamanen und Heiler.

Doch obschon sie sich so unterschiedlich entwickelt hatten und oft nichts von der Existenz der Anderen wussten, so blickten diese Stämme dennoch auf ein gemeinsames Erbe zurück, das selbst durch die stetig wachsende Entfernung in Zeit und Raum nicht völlig ausgelöscht werden konnte. Sie alle bewahrten diese Erinnerungen und ehrten sie auf verschiedenste Weisen. Ursprünglich waren sie durch das Geschichtenerzählen am Lagerfeuer lebendig gehalten worden, doch mit der Zeit hatten die Geschichten durch das Wiedererzählen an Kraft und Qualität verloren. Historische Genauigkeit wurde allmählich durch Ausschmückungen verdrängt. Trotz dieser Unterschiede bewahrten jene Geschichten dennoch ein gemeinsames Thema von einer glorreichen Vergangenheit, die durch die Apokalypse verloren ging. Als Jahrhunderte sich zu Jahrtausenden wandelten, wurden aus den Stämmen Rassen, aus den Siedlungen Städte und aus den Städten wurden schließlich Imperien. Die Zivilisationen entwickelten unterschiedliche Glaubensvorstellungen, Kulturen und Wertvorstellungen, doch sie alle hielten ihre gemeinsamen Erinnerungen und ihr gemeinsames Erbe in Ehren und suchten ihnen nachzueifern.

Von ihren jeweiligen spirituellen Anführern ermutigt, errichteten verschiedene Kulturen und Zivilisationen Steinkreise, Pyramiden, Monolithen und Tempel. Sie alle strebten danach, die Erinnerung und die Legenden der wundersamen Monumente zu ehren, die dereinst in ihrer Pracht bis in den Himmel gereicht hatten.

FÜNF — EINE EINLADUNG

Jener Morgen begann wie die meisten anderen auch mit Kaffee und einer raschen Durchsicht meiner E-Mails. Wie gewöhnlich ordnete ich die Nachrichten nach bewährten Kategorien. Die absurden unter ihnen, in denen mir Millionen von Dollars angeboten wurden, wenn ich irgendeinem Ex-Minister dabei helfen würde, aus irgendeinem afrikanischen Land zu fliehen, flogen gleich in den Müll. Andere wollte ich später am Tage noch beantworten. Und so vergingen einige Stunden, ehe ich mir die Nachricht von Gianluca Colombo Savoy zu Gemüte führte. Ich erinnerte mich an diesen Namen, denn er hatte erst vor zwei Wochen zu meinen Kunden gehört. Genauer gesagt hatte er zwei Ausgaben der Limited Edition des *Gilded Tarot* bestellt, einer Version, die der Veröffentlichung des eigentlichen Decks vorausgegangen war, welches damals vermutlich noch fast ein ganzes Jahr lang nicht verfügbar sein sollte.

Die Nachricht war sehr kurz und enthielt keine besonderen Komplimente – es war mehr ein allgemeines Dankeschön, eine Bestätigung, dass das Paket gut angekommen war, und die beiläufige Frage, was mich denn zu meinen Bildern inspiriert habe, besonders zu denen, in denen mechanische Apparate und Instrumente zu sehen waren.

Meine Antwort auf diese Frage lautete, dass ich zum größten Teil nicht auf historische Vorbilder zurückgegriffen hätte; gewiss nicht auf ein Tarot. Meistenteils hatte ich mir einfach die künstlerische Freiheit genommen, das Aussehen einiger viktorianischer Kupferinstrumente und Kaleidoskope, die ich über die Jahre hinweg gesammelt hatte, ein wenig zu verändern.

Als ich diese Informationen weitergab, erhielt ich beinahe sofort eine Antwort und dieses Mal war der Ton ein ganzes Stück bestimmter. Wiederum fragte mich mein Kunde, woher ich meine visuellen Ideen genommen hätte. Er behauptete, dass er mit dieser Frage auf keinen Fall meine Integrität in Zweifel ziehen wollte, dass es für ihn, von einem akademischen Standpunkt aus betrachtet, aber äußerst wichtig sei, etwas über meine Quellen in Erfahrung zu bringen.

Nun war ich doch etwas besorgt. Mir kam der Gedanke, dass sein akademischer „Standpunkt" nur eine freundliche Art war, irgendein Copyright einzuklagen. Und so stellte ich mir die Frage, ob ich diese Bilder vielleicht unabsichtlich in irgendeiner Zeitschrift oder im Internet schon einmal gesehen und es dann wieder vergessen hatte. Infolgedessen fiel meine zweite Antwort etwas defensiver aus und ich teilte ihm mit, dass die Bilder, soweit es mir bewusst war, meine eigenen Kreationen waren und keinerlei Bezug zu anderen Quellen aufwiesen. Ich war erleichtert, denn er schien damit zufrieden zu sein und fragte nicht weiter nach. Allerdings blieben wir während der nächsten Wochen weiter in Kontakt und diskutierten über einige andere Dinge das Deck betreffend. Sein Ton jedoch war nun entspannter und ich fühlte mich auch nicht mehr ausgefragt – es war einfach nur das aufrichtige Interesse eines Tarotliebhabers.

So ging es, bis mir eines Tages ein Kurier ein Päckchen von Mr. Colombo überbrachte. Darin fand ich einige Fotokopien von etwas, das mir wie technische Zeichnungen oder Entwürfe erschien. Die abgebildeten Darstellungen waren komplex und maschinenähnlich, es gab ineinander greifende Zahnräder, Hebel, Ringe und Kugeln. Allerdings fand ich auf keiner der Abbildung eine wiedererkennbare Form, die etwas über die Funktion des dargestellten Gegenstandes verriet. Runen und Figuren waren neben den Diagrammen zu sehen, doch auch sie konnten die Darstellungen nicht erklären. Trotz ihrer scheinbaren Bedeutungslosigkeit waren die Bilder selbst recht schön anzusehen. Gefasst und gerahmt wären sie sicher eine schöne Ergänzung zu den Drucken gewesen, die meine Wände bereits zierten.

Zusammen mit den Drucken, ungefähr fünfzehn an der Zahl, fand sich in dem Päckchen eine Nachricht. Obwohl man diesem Artefakt wohl kaum gerecht wird, wenn man es als bloße Nachricht bezeichnet. Tatsächlich handelte es sich bei der beigelegten Korrespondenz um eine von Hand geschriebene Nachricht auf einem pergamentartigen Papier mit einem herrlich geprägten Briefkopf. Rätselhafterweise stand dort nichts weiter als „Bitte rufen Sie mich nach Erhalt an." Unterschrieben war es mit „Der Ihre auf der Suche nach dem Traumerbe, Gianluca Colombo."

Dem Briefkopf konnte ich entnehmen, dass der Mann in Italien lebte, was einen Zeitunterschied von fünf Stunden bedeutete, demnach war es bereits zu spät, ihn noch anzurufen. Aber ich war entschlossen, es gleich als Erstes am nächsten Morgen zu tun und verbrachte den übrigen Nachmittag und späten Abend damit, die Bilder zu betrachten, die er mir übersandt hatte. Noch immer war ich bemüht, den Darstellungen irgendeine Funktion oder einen Zweck zuzuordnen und versuchte, sie irgendwie in einen kulturellen und historischen Zusammenhang zu bringen, doch so sehr ich mich auch mühte, es gelang mir einfach nicht. Sie schienen wie eine Mischung vieler verschiedener Stile und Zeitspannen zu sein. Sie waren zu komplex, um besonders alt sein zu können, soviel war gewiss, doch gleichzeitig fehlte ihnen auch die nüchterne Geradlinigkeit unserer heutigen Technik. Für mich sahen sie aus wie eine Mischung aus Vergangenheit und Zukunft. Sie riefen ein Gefühl hervor wie in einem Ridley Scott Film, so etwas wie Isaac Asimov trifft auf *Blade Runner.* Das beste Wort, was mir dazu einfiel, war „Retro Tech".

Am nächsten Morgen tätigte ich den Anruf. „Buon giorno, Mr. Marchetti", rief er mir enthusiastisch entgegen. Er sprach Englisch mit einer romantischen Mischung aus perfekter Grammatik und dem Hauch eines italienischen Akzents. „Da Sie mich jetzt anrufen, darf ich wohl annehmen, dass mein Päckchen Sie erreicht hat?"

„Ja, allerdings", entgegnete ich und erklärte, dass ich seitdem die darin enthaltenen Drucke bewunderte. „Sie sind ebenso faszinierend wie schön. Woher stammen sie?" fragte ich.

„Das kann ich noch nicht gleich beantworten", erwiderte er, „im Moment kann ich nur sagen, dass die Originale sehr alt sind. Tatsächlich sind sie sogar viel älter, als man annehmen möchte, wenn man sie betrachtet. Ich nehme an, dass Ihnen auch die Ähnlichkeit in der Struktur einiger dieser Objekte und jenen aus ihrem Tarot-Deck aufgefallen sind?"

Ich erklärte ihm, dass mir die Ähnlichkeiten nicht entgangen waren. Tatsächlich waren mir einige davon auf geradezu unheimliche Weise vertraut, und zwar nicht nur von dem Tarot-Deck, sondern auch von anderen Illustrationen her, die ich in der Vergangenheit angefertigt hatte, und ich erklärte ihm, dass ich nur annehmen könne, diese Illustrationen irgendwann schon einmal gesehen haben zu müssen, auch wenn ich mir dessen nicht bewusst sei. Mr. Colombo muss in meiner Antwort ein gewisses Bemühen, mich zu verteidigen, gespürt haben, denn er versicherte mir, dass keine Notwendigkeit bestehe, mich zu erklären. „Ich weiß, dass Sie diese Bilder noch nie zuvor gesehen haben, denn dies wäre gar nicht möglich gewesen. Niemand, außer mir selbst, hat diese Bilder je zu Gesicht bekommen", lautete seine verblüffende Antwort.

Ich war verdutzt und sagte kein Wort. Vielmehr war er es, der das Schweigen brach und mich fragte, ob ich noch dran sei. „Ja", sagte ich schließlich. „Aber was geht hier nur vor?"

Nun war er es, der eine Zeitlang schwieg, doch dann fuhr er fort. „Mr. Marchetti, oder darf ich Sie inzwischen Ciro nennen? Um Ihre Frage zu beantworten, ich bin wirklich nicht sicher, was genau ‚hier vorgeht', ebenso wenig, wie ich mir über die Details einer Sache nicht sicher bin, die ich als das Traumerbe-Projekt bezeichnen möchte. Doch da ich es seit langem aufgegeben habe, an Zufälle zu glauben, bin ich mir absolut sicher, dass es eine andere Erklärung dafür gibt, was Ihnen als Ihre persönliche künstlerische Vorstellungskraft erscheint. Ich könnte an diesem Punkt noch mehr erklären, doch da Sie im Moment über das Thema ihres nächsten Tarot-Decks nachsinnen, schlage ich vor, dass Sie auch einmal über diese Darstellungen nachdenken, die ich Ihnen übersandt habe, und sie, wenn Sie es für richtig erachten, auf eine Weise einbinden, die Sie für angemessen halten. Lassen Sie ihren Geist diese Bilder aufnehmen und mit ihnen spielen. Gestatten Sie Ihrem Instinkt, ihnen Sinn und Zweck zu verleihen. Räumen Sie ihnen in ihrem nächsten Projekt eine gewisse Rolle ein und wir werden sehen, was dabei heraus kommt."

Wieder war ich schockiert. Ja, ich arbeitete tatsächlich an einem neuen Deck. Zumindest hatte ich erste Ideen und Kompositionen dazu ins Auge gefasst und in Skizzen zu Papier gebracht. Das *Gilded Tarot* war noch immer nicht veröffentlicht worden, doch dessen ungeachtet, ob es von den Menschen gut aufgenommen oder aber abgelehnt werden würde, war ich doch entschlossen, ein weiteres Deck zu entwerfen. Und hier hatte ich nun eine Grundlage und einen Quell der Inspiration. Ich hatte einen Vorsprung bekommen, wenn man so will, und ich war fest entschlossen, ihn zu nutzen. Und so wurde das *Tarot of Dreams* geboren. Die Bildwelt und die zusätzlichen Dimensionen von Animation und Interaktivität, die einen wesentlichen Bestandteil dieses Decks ausmachten, waren ein Versuch, dem Quellenmaterial, über das ich nun glücklicherweise verfügte, Leben einzuhauchen.

Achtzehn Monate später war das Projekt fertig gestellt und ich war einigermaßen zufrieden mit dem Ergebnis, obschon es mich immer frustrierte, dass es mir nicht gelungen war, die mystischen Inhalte einzufangen, die ich hinter den Drucken meines Quellenmaterials, das mir mein neuer italienischer Freund zur Verfügung gestellt hatte, zu spüren schien. Als ich ihm das Deck präsentierte, schien er allerdings ebenso zufrieden zu sein mit den Ergebnissen. Wieder erhielt ich einen Brief von ihm per Express, den Erhalt musste ich mit meiner Unterschrift bestätigen.

Lieber Ciro,

ich habe die Ausgaben des Tarot of Dreams erhalten und bin damit zufrieden, wie Sie sich des Projektes und seiner Inhalte angenommen haben. Aus einigen Kommentaren, die ich gelesen habe, habe ich auch herausgehört, dass dies Ihr letztes Deck sein soll. Darf ich vorschlagen, dass Sie diese Entscheidung noch eine Weile hinauszögern? Ich habe weiteres Material und inzwischen habe ich auch das Gefühl, es mit Ihnen teilen zu können. Ich bin sicher, dass Sie ebenso davon fasziniert sein werden, wie ich es bin, und seine Bedeutsamkeit unwiderstehlich finden werden. Allerdings wäre es dieses Mal klüger und auch notwendig, Ihnen das Material persönlich zu zeigen.

Es ist zwingend erforderlich, dass Sie binnen der nächsten zwei Wochen hierher zu mir nach Hause kommen. Ich nehme an, das könnte mit Ihrem Zeitplan und anderweitigen Verpflichtungen eventuell nicht zu vereinbaren sein, aber ich flehe Sie an, alle notwendigen Arrangements zu treffen, damit Sie diese Frist einhalten können. Ich werde natürlich für jegliche finanziellen Einbußen aufkommen, die dadurch entstehen könnten. Bitte bestätigen Sie dies, sobald es Ihnen möglich ist.

Gianluca.

Ein Ticket für einen Hin- und Rückflug erster Klasse nach Mailand war dem Brief beigelegt. Persönlicher Zeitplan hin oder her, ich wäre wenn nötig sogar nach Italien geschwommen, um dieses Treffen möglich zu machen. Ich platzte schier vor Neugier und Faszination.

Ich packte meine Koffer.

SECHS — DIE VILLA

Der Flughafen Linate liegt im Osten der Industriestadt Mailand, inmitten der italienischen Provinz Lombardei.

Ich landete früh am Morgen. Nachdem ich aus dem Flugzeug ausgestiegen war und mir einen Weg durch die Wartehalle hin zur Gepäckabholung bahnte, wurden verschiedene Ankündigungen gemacht. Der Flug der Lufthansa nach Frankfurt ginge planmäßig von Gate 22. Der Alitalia-Flug nach Heathrow dagegen würde vermutlich fünfundfünfzig Minuten später als vorgesehen starten. Ich grinste bei dem Gedanken, dass sich trotz der sich allmählich einstellenden politischen und ökonomischen Einheit Europas einige nationale Eigenschaften eben doch hartnäckig hielten.

Nachdem ich in einer kurzen Warteschlange auf die Genehmigung meiner Einreise gewartet hatte, holte ich mein Gepäck vom Karussell und machte mich über den Zoll auf den Weg zum Ausgang.

Ein Mann erwartete mich in einer Gruppe anderer Fahrer, die allesamt Namensschilder in die Luft hielten, um ihre Fahrgäste ausfindig zu machen. Scheinbar erkannte er mich zuerst, denn er kam bereits auf mich zu. „Mr. Marchetti?" fragte er und streckte mir eine Hand entgegen, um mir mein Gepäck abzunehmen. „Mein Name ist Aldo. Ich bin Mr. Colombos Chauffeur. Wie war der Flug?"

„Prima", entgegnete ich. „Ich glaube sogar, dass ich es tatsächlich geschafft habe, ein paar Stunden zu schlafen, was mir normalerweise eigentlich nicht gelingt, wenn ich fliege."

„Fein, fein", antwortete er. „Wir haben eine Fahrt von gut fünfzig Kilometern vor uns, aber zu dieser Tageszeit ist nicht viel Verkehr und er fließt zum Großteil in die Gegenrichtung, es sollte also nicht allzu lange dauern."

Wie sich herausstellte, war das eine maßlose Untertreibung. Ich kann nur annehmen, dass Aldos früherer Beruf Formel-Eins-Rennfahrer gewesen sein muss. Er war der italienische Autofahrer schlechthin, ignorierte konsequent Geschwindigkeitsbegrenzungen, wobei er ziemlich abgelenkt schien, denn er schnatterte mit beiden Händen gestikulierend drauf los, womit freilich keine Hand am Lenkrad war. Erfolglos bemühte ich mich, zu ignorieren, wie nah er dem Wagen vor uns war, den er zweifelsohne zu überholen gedachte. Dieses Manöver wiederholte er noch einige Male während dieser haarsträubenden Fahrt.

Wie bereits erwähnt, befand sich der Linate Flughafen östlich von Mailand und so erreichten wir in weniger als dreißig Minuten die Ausläufer der schneebedeckten Alpen, die sich in der Ferne auftürmten. Bald würden wir durch die unglaublich schöne italienische Seenlandschaft rasen. Nur kurze Zeit später folgten wir dem Verlauf einer Straße, die sich um den Lago Maggiore wand.

Durch jede Lücke im Geäst der Bäume eröffnete sich eine wahre Postkartenlandschaft mit zahlreichen Häusern entlang des Seeufers, deren Zahl sich jedoch allmählich verringerte, als Aldo den Alfa Romeo immer weiter die Gebirgsstraßen hinauf trieb.

Zum Glück verringerte Aldo den Druck auf das Gaspedal und verlangsamte die halsbrecherische Fahrt, ehe er von der Hauptstraße abbog und eine lange Auffahrt entlang fuhr. Kurz hielten wir an, um einen Code in das Zahlenschloss eines imposanten Eingangstores einzugeben. Das Tor öffnete sich und wir setzten unsere Fahrt auf einem Kiesweg fort, der uns durch die Vorgärten hin zu einem eleganten Haupthaus geleitete.

Die Villa war ein zweistöckiges Gebäude. Jetzt konnte ich auch sehen, dass der Garten, den wir soeben durchquert hatten, das gesamte Gebäude einrahmte. Ausladende Rhododendronbüsche flankierten den Vorbau des Haupteingangs. Rankender Wein hatte die gesamte vordere Fassade fast vollständig in einen üppigen grünen Mantel gehüllt. Verteilt auf dem Rasen und zwischen den Büschen lugten diverse Gartenstatuen hervor, Cherubime, Greife, metallene mechanische Modelle des Sonnensystems und große Terrakotta-Töpfe, die vom Grün ihres Alters gezeichnet und mit duftenden Gardenien bepflanzt waren. Mit einem letzten Knirschen von Reifen auf Kies kamen wir zum Stehen. Ich war in der Villa Constantino angekommen.

Eine geschäftige Haushälterin, la Signora Concetta, begrüßte uns und mein mittelmäßiges Italienisch reichte gerade so, um zu verstehen, dass sie Aldo anwies, mich direkt in die Bibliothek zu geleiten, und sie selbst mein Gepäck in mein künftiges Gästezimmer hinauf tragen werde und dem Signore dann sogleich einen Cafe Latte bringen wolle.

Die Bibliothek entsprach genau den Erwartungen, die ich nach meinem ersten Eindruck von der Außenansicht der Villa gehegt hatte. Es gab luxuriöse Ledersofas, eine sanfte Beleuchtung, Bücherregale natürlich und einen großen Schreibtisch aus Holz. Dieser Schreibtisch sowie mehrere kleinere Tische neben den Sofas waren übersät mit einer Auswahl an Büchern und zerstreuten Papieren. Es war zwar nicht unordentlich, aber in einem Ausstellungsraum befand ich mich auch nicht. Dies war eindeutig ein Arbeitsraum, der oft benutzt wurde. Am anderen Ende eröffneten ausladende Fenstertüren den Blick auf das Gartengrundstück. Besonders fiel mir eine kleine Brücke von gut 15 Metern ins Auge, die auf den See hinaus reichte. An ihrem anderen Ende befand sich eine kleine Insel, auf dem sich etwas befand, das wie ein an den Seiten offener, runder Pavillon aussah.

Ich stand gerade vorm Fenster und bewunderte die Landschaft, als mein Gastgeber den Raum betrat. Er war ausschließlich in Schwarz gekleidet und mochte etwa Mitte sechzig sein. Mit seinem vollen sandgrauen Haar war er jeden Zoll der Inbegriff von Eleganz und Stil und er hätte sich mit Sicherheit gut auf dem Cover des GQ-Magazins gemacht. Mein Gastgeber, Gianluca Colombo de Savoy, kam in einem Rollstuhl herein gefahren.

„Ciro, welch eine Freude, Sie endlich persönlich kennen zu lernen. Willkommen in der Villa Constantino. Ich fühle mich geehrt, dass Sie sich bereit erklärt haben zu dieser Reise. Ich hoffe, sie war nicht zu beschwerlich, vor allem der letzte Teil davon. Aldo scheint die italienischen Straßen für seine persönliche Rennbahn zu halten." Er lächelte entschuldigend.

„Die Ehre ist ganz meinerseits", erwiderte ich und streckte ihm meine Hand entgegen. „Wie hätte ich auch nicht kommen sollen? Ich bin so fasziniert von den Informationen, auf die Sie in Ihrem Brief hingewiesen haben."

„Ja, ein wenig melodramatisch meinerseits", hob er an, „aber es war, wie Sie mir sicher bald zustimmen werden, klüger, nicht über Details zu sprechen. Das hat sowohl vertrauliche Gründe als auch den, dass ich vermeiden wollte, dass Sie mich, ganz offen gesagt, für geistesgestört halten." Er lächelte. „Und bitte nennen Sie mich Luca."

Er bedeutete mir, nahe des großen Schreibtischs Platz zu nehmen. Wie auf Stichwort kam Concetta mit dem Kaffee und den Biscotti.

Wir setzten unseren Small Talk fort und sprachen über alles, angefangen bei meiner Bewunderung der Schönheit dieses Hauses und der hiesigen Landschaft bis hin zur gegenwärtigen Weltpolitik und dem Umrechnungskurs zwischen Dollar und Euro. Nach einer kurzen Pause jedoch fuhr er hinüber zu dem großen Schreibtisch, suchte einen großen Druck heraus und überreichte ihn mir vorsichtig.

„Das ist eines der Bilder, von dem Sie mir bereits eine Fotokopie geschickt hatten, nicht wahr?" fragte ich.

„Ja", bestätigte er. „Das hier ist ebenfalls eine Kopie, aber wie Sie sehen, ist sie viel reicher an Details und Inhalten als der Abzug, den ich Ihnen zuerst zugesandt habe. Was denken Sie?"

Das Bild, das ich da betrachtete, war hervorragend gezeichnet, mit feinen, zierlichen Linien. In seinem schematischen Stil war es eindeutig ein technischer Entwurf oder eine technische Zeichnung, es mutete ganz anders an als ein kreatives Kunstwerk. Es gab diverse Symbole und numerische Werte, die andeuteten, dass es sich um eine Art Instrument handeln musste. Nachdem ich es eingehend studiert hatte, antwortete ich schließlich: „Es ist wundervoll, wirklich sehr schön, trotz der Tatsache, dass ich davon ausgehe, dass sein Zweck eher funktioneller und lehrreicher Natur ist als ästhetischer." Dann, nach einer weiteren Pause, fügte ich hinzu: „Es ist aber auch wie die vorhergehenden Versionen. Irgendwie sind sie mir alle sehr vertraut."

SIEBEN — EINE FRAGE DER GESCHICHTE

„Ich bin ein Mann des Glaubens", verkündete Luca. „Aber ab einem gewissen Punkt vermag ich nicht mehr an Zufälle zu glauben. Die Ähnlichkeiten zwischen einigen Ihrer Bilder und diesen hier", er deutete auf den Druck, den er mir inzwischen wieder abgenommen hatte, „sind ein solches Beispiel. Sagen Sie mir", sagte er und lehnte sich in seinem Rollstuhl zurück, „worin besteht im Allgemeinen und im weitesten anthropologischen Sinne die Geschichte der menschlichen Existenz auf diesem Planeten? Wie haben wir uns Ihrer Meinung nach von den ersten Menschen hier auf Erden zu jenen modernen Menschen entwickelt, als die wir uns heute betrachten?"

Ich antwortete ihm, dass, so wie ich, der nicht viel mehr von Anthropologie wisse, als er durch die allgemeine Schulbildung vermittelt bekommen hatte, es verstünde, sich die ersten Menschen aus ihren prähistorischen humanoiden Vorfahren irgendwo in Afrika entwickelt hätten und dass dem über Jahrtausende hinweg eine allmähliche Wanderung der Spezies in Richtung Norden gefolgt sei, durch Europa nach Osten und bis nach Asien und dann vermutlich über die Beringstraße zuerst nach Nord- und schließlich auch nach Südamerika. Was Australien beträfe, so fügte ich hinzu, sei ich mir nicht sicher. In einigen Gebieten auf diesem langen Weg sei aufgrund der Fruchtbarkeit des Bodens (am Nil, in Mesopotamien, etc.) der Getreideanbau möglich gewesen und habe den Wandel von einer Jäger-und-Sammler Kultur hin zu einer sesshaften Kultur bedingt. Diese seien gewachsen und zu Städten, Nationen und Zivilisationen geworden, wobei sich unterschiedliche Rassen entwickelten, um sich den jeweiligen örtlichen Klimabedingungen anzupassen. Auch unterschiedliche Sprachen und kulturelle Vorstellungen hätten sich dabei entwickelt. Die so entstandenen Zivilisationen seien unausweichlich miteinander in Konflikt geraten und in einem stetigen Kreislauf aus Krieg und Frieden erobert und wieder zurück erobert worden. Einige Rassen und Nationalitäten seien fortschrittlicher gewesen als andere, was die wissenschaftlichen Belange beträfe, und ihre diversen Erfindungen, Entdeckungen und so weiter hätten ihnen einen temporären Vorteil gegenüber den anderen verschafft.

„Soll ich fortfahren?" fragte ich, denn ich war nicht ganz sicher, wie tiefsinnig die Antwort sein sollte, die er haben wollte.

„Nein, das genügt", erwiderte er. „Sie haben gerade mehr oder weniger zusammengefasst, was den meisten Menschen bekannt ist. Allerdings", so sagte er und beugte sich nun nach vorn, als wollte er die Bedeutung dessen, was er gleich sagen würde, vorweg nehmen, „habe ich Grund zu der Annahme, dass die Geschichte der Menschheit wesentlich komplexer ist. Ich habe Beweise", fuhr er fort, „für die Existenz einer Zivilisation, die weitaus älter und von gewaltigerem Ausmaß ist, als alles, was wir im Moment für alt halten. Die Zivilisationen der Ägypter, der Babylonier, Griechen, Römer, Azteken und Maya, so großartig sie auch gewesen sein mögen, waren im Vergleich mit der einen, die ihnen allen voran ging, sowohl in ihren Ausmaßen als auch in ihren Fortschritten recht unbedeutend. Doch abgesehen von einer sehr kleinen auserwählten Gruppe, wissen die Wissenschaftler und Historiker nichts von deren Existenz."

Darauf folgte ein langes Schweigen, in dem ich die Bedeutsamkeit dessen, was er gerade gesagt hatte, erst einmal begreifen musste und während dem er sich fragte, wie ich wohl auf diese Informationen reagieren würde.

„Luca, bei allem gebotenen Respekt und so gern ich das auch glauben würde, wenn es dafür wirklich eindeutige Beweise gibt, warum weiß niemand davon? Warum hat man auf CNN nichts darüber berichtet? Wo sind die Dokumentarfilme darüber, wo die wissenschaftlichen Arbeiten dazu? Warum ist es nicht ... offiziell? Können Sie nicht das Material den Behörden übergeben, wer auch immer dafür zuständig sein mag? Lassen Sie sie es testen, lassen Sie es mit der Radiokohlenstoffmethode datieren, lassen Sie es von Experten prüfen oder so etwas?"

Luca legte beide Hände auf die Lehnen seines Rollstuhls und blickte ausdruckslos in Richtung der französischen Fenster. Er verfiel in Schweigen, so als überlegte er, ob er mir noch mehr enthüllen sollte oder nicht. Nach einigen Sekunden der Stille fuhr er schließlich fort.

„Über dieses Wissen verfügen nur ich selbst, eine kleine Gruppe von Kollegen und nun auch Sie. An verschiedenen Punkten in der Geschichte war es tatsächlich allgemein bekannt und wurde aus irgendwelchen Gründen geleugnet oder, wenn es gelegen kam, mutwillig unterdrückt. Oft lag es nicht im Interesse der Machthaber, dass diese Informationen allgemein bekannt würden und Glauben finden mochten. Sie hätten die etablierten politischen und religiösen Strukturen ihrer Zeit in Frage gestellt und deren Untergang riskiert. Territoriale Ansprüche, ethnische Allianzen, Monarchien und Glaubensvorstellungen wären allesamt in einem neuen Licht erschienen und hätten den Status Quo in Gefahr gebracht.

Und bevor Sie in Erwägung ziehen, dass dieses Wissen sich auf eine finstere Zeit unserer Vergangenheit beziehen könnte, will ich Ihnen versichern, dass dies nicht der Fall ist. Was glauben Sie denn, wem ich diese Informationen übergeben sollte? Der UN, dem Papst, der CIA, CNN? Nähme man sie nicht ernst, würden sie für irgendeinen reißerischen Artikel in irgendeinem Schmierblatt herhalten müssen, der dann von Menschen gelesen wird, die den *National Enquirer* als gute Unterhaltung betrachten. Nähme man sie dagegen ernst, so würde man sie vertuschen, wie ich vermute, so wie es auch in der Vergangenheit geschehen ist. Würden diese Informationen publik gemacht und offiziell bestätigt, so würde dies gefährliche Folgen nach sich ziehen, selbst in unserer recht weltoffenen Zeit. Den Glauben von Milliarden, worin auch immer dieser bestehen mag, zu zerstören oder zumindest in Frage zu stellen, ist ein äußerst gefährliches Spiel. Auch viele Facetten und Gesetze der Wissenschaft würden dadurch untergraben, ebenso unsere Vorstellungen davon, wer wir als Spezies eigentlich sind. Es kann gefährlich sein, zu viel zu wissen, wie es so schön heißt, und was diesen Fall betrifft, so wäre dieses Wissen gar nicht nach dem Geschmack von einer ganzen Menge einflussreicher Leute."

„Warum also haben Sie mir das alles erzählt? Warum haben Sie mich hierher gebracht und warum mit solch einer Dringlichkeit?" verlangte ich zu wissen.

ACHT — EINE LEKTION IN GESCHICHTE

„Die Antwort auf diese Frage, mein Freund, erfordert noch etwas mehr Hintergrundinformation." Und damit begann Luca, seine Geschichte von jener alten Zivilisation zu erzählen, davon, dass sie von ihrer bevorstehenden Zerstörung gewusst und wie sie Pläne umgesetzt hatte, die dafür sorgen sollten, dass ein paar von ihrer Zahl überleben konnten. Er berichtete von dem Netzwerk an Notunterkünften, das man errichtet hatte, von den gigantischen Lagern, die voller Waren und aller Arten von Dingen waren, die nötig waren, um die Chance eines Überlebens zu erhöhen.

Dann beschrieb er das unglaubliche Szenario, das sich während der darauf folgenden Jahrtausende abgespielt hatte.

„Nach dem ‚Großen Wandel', wie sie die Katastrophe bezeichneten, die ihre Welt zerstören sollte, waren die wenigen Überlebenden zerstreut und auf eine bedauernswert geringe Anzahl reduziert. Nichtsdestotrotz zahlten sich die Bemühungen einer ganzen Bevölkerung aus, denn die physischen Notwendigkeiten, die für die Zeit unmittelbar danach unverzichtbar waren, standen zur Verfügung, ebenso wie die Samen der Genesung – im wahrsten Sinne des Wortes, die einstmals aufgehen sollten. Doch unter diesen wenigen Überlebenden befand sich eine noch kleinere Gruppe, die ebenfalls überlebt hatte. Einige der Blinden, die eine zentrale Schlüsselrolle inne hatten und den spirituellen Bedürfnissen und Glauben ihrer Gesellschaft dienten, hatten ebenfalls überlebt und führten ihre Aufgaben fort. Von Generation zu Generation, Stamm zu Stamm, Kultur zu Kultur fand ihre Gabe immer wieder ein Zuhause und erfüllte einen Zweck. Doch im Laufe der Generationen schwand zuzeiten ihre Stärke und ihre Richtung, ihr Stil, ihre Bräuche und Rituale entwickelten sich zu vielen verschiedenen Sekten. Es gab Zeiten, da nahm man sie nicht ernst, da wurden sie verspottet und verfolgt, aber niemals wurden sie vollständig ausgelöscht. Von den Lagerfeuergeschichten der alten Zeit bis hin zu ihren offiziellen Tempelritualen wurden die Abkömmlinge der Blinden die spirituellen Führer ihres jeweiligen Volkes. Ihre angeborenen Gaben, die Teil ihrer DNS waren, fanden auf verschiedenste Weise Ausdruck. Bei einigen äußerten sich diese Gaben in Erinnerungen oder Visionen dessen, was einstmals existiert hatte. Bei anderen manifestierten sie sich in einer besonderen Beziehung zur Natur. Doch jene Nachkommen der Blinden besaßen einen gemeinsamer Nenner, nämlich die Fähigkeit, über die Belange dieser Welt hinaus zu blicken und ihren Blick dem Nachthimmel zuzuwenden, wo sie beobachteten, wenn etwas sich regte und eine Verbindung einging; immer stellten sie sich die Frage nach dem Zweck ihres Daseins und nach ihrem Platz im Universum.

Dieser Gruppe haben wir es zu verdanken, dass die kostbarste Gabe dieser verlorenen Zivilisation wieder gefunden werden konnte. Die Vorbereitungen auf ein Überleben waren weit über materielle Bedürfnisse allein hinaus gegangen und umfassten etwas, das von gleicher, wenn nicht gar größerer Bedeutung gewesen war: Wissen. Die Blinden hatten eine gewaltige Bibliothek voller Informationen über jeden Aspekt ihrer Existenz eingekapselt, angefangen bei greifbarer Wissenschaft bis hin zu spirituellen Einsichten, von abstrakten Gedanken in geschriebener Sprache, Mathematik und Philosophie bis hin zu praktischen Anleitungen zum Ackerbau, zur Medizin und zur Physik.

Viele Jahrtausende lang war dieses Wissen zu anspruchsvoll für eine Ära, die sich noch mit den Grundlagen des Überlebens beschäftigte. Doch die Blinden ließen zu, dass diese Informationen in wiederkehrenden Zeitabständen zugänglich waren, denn sie hofften, dass irgendwann in der Zukunft jene, die die Augen hatten, zu sehen, und den Geist, zu verstehen, aus diesem gewaltigen Wissensschatz das ausfindig machen würden, was für ihre Zeit und ihre Bedürfnisse relevant war. Ich glaube, dass die Fortschritte der Menschheit im Laufe der Jahrhunderte nicht einfach auf einer Reihe aufeinander aufbauender Schritte zurückzuführen sind, sondern das hin und wieder rasante Fortschritte gemacht wurden, wenn spezielle Entdeckungen oder ein gewisses Begreifen sich als von entscheidender Bedeutung herausstellten.

Diese Schritte können wir nicht einfach dem Intellekt oder Genie eines Einzelnen zuschreiben, dessen Namen die Geschichte in diesem Zusammenhang nennt. Stattdessen bin ich durch meine eigenen Forschungen überzeugt davon, dass einige entscheidende Stationen im Fortschritt der Menschheit, wie zum Beispiel das Verständnis des Sonnensystems und der Planetenbewegungen, nicht nur Ideen waren, zu denen man durch systematisches Ausprobieren, Einsicht oder Beobachtung gelangt war. Im Gegenteil: Ich denke, dass es sich dabei um geheime Informationen und Wissen handelte, das bereits seit langem bekannt und doch vergessen worden war. Jahrtausende später offenbarte sich dieses Wissen wieder und wieder, bis es schließlich von denen, die über genügend Verstand verfügten, um zu begreifen, was ihnen da gezeigt wurde, als das erkannt wurde, was es war. Kurzum: Dieses Wissen wartete nur auf den richtigen Moment und die richtige Person, um erkannt zu werden.

Ähnlich verhält es sich vermutlich mit frühen Entdeckungen in der Technik, der Chemie, dem Buchdruck und der Optik. Tatsächlich wartete und warten bis heute eine Unzahl an Erfindungen darauf, ‚entdeckt' zu werden. Ich vermute zudem, dass bereits zu früheren Gelegenheiten viele andere Ideen sich offenbarten, leider aber verworfen und als unverständlich betrachtet wurden und darauf warten mussten, irgendwann in der Zukunft korrekt interpretiert zu werden. Der Hebel, der Propeller, der Bogen, die Differenzial- und Integralrechnung und die Quantenphysik. Wissen in unbegreiflichem Ausmaß wartet darauf, verstanden zu werden, es wartet darauf, nicht erfunden, sondern wieder entdeckt zu werden.

Selbst die Kunst wurde davon beeinflusst; architektonische Stile, Pyramiden, Säulen und Gewölbe, Kuppeln und Türme. Sie alle wurden neu entworfen, modifiziert und verschönert und sie waren inspiriert von jenem alten Wissen. Unterschiedliche Regierungs- und Herrschaftsmodelle wurden ebenfalls vorgeschlagen, ihre Vorzüge und Nachteile wurden erläutert, damit man sie erwägen und anwenden könnte. Sind sie erst einmal erklärt, gedeutet und angewendet, dann werden diese Einsichten zu den Sprungbrettern, die wir nun im Kontext als Schlüsselereignisse betrachten können, welche die Menschheitsgeschichte entscheidend geprägt haben."

Ich war völlig gefesselt von Lucas „Logik", denn so klang es für mich. Ich akzeptierte kein Stück davon, aber auf eine romantische, erdichtete, Hollywood-Drehbuchartige Weise ergab es durchaus einen Sinn.

„Ich nehme an, Sie beziehen sich da auf etwas wie die große Bibliothek von Alexandria", warf ich ein, eigentlich vor allem aus Freundlichkeit und um ihm zu signalisieren, dass ich ihm folgen konnte.

„Nun ja, ja, Bibliothek trifft es ebenso gut wie jedes andere Wort, eine Datenbank des Wissens. Ich ziehe es jedoch vor, es als Museum zu beschreiben, denn die Informationen werden in verschiedenen Formen bewahrt, nicht nur visuell oder in geschriebener Form, sondern als richtige Ausstellungsstücke, Arbeitsmodelle, wenn Sie so wollen. Ja, ein Museum trifft es wohl besser, ein Museum des Wissens. Doch im Gegensatz zu anderen Museen enthält dieses Wissenslager nicht nur Informationen über die Vergangenheit, es enthält auch Informationen für unsere Zukunft. Noch weitere Wunder der Wissenschaft warten nur darauf, entschlüsselt zu werden, sobald wir und künftige Generationen soweit sind, sie zu verstehen."

„Wow. Museen. Das klingt irgendwie *groß*", antwortete ich darauf und hoffte, der Sarkasmus würde eher humorvoll klingen als beleidigend. „Sie erzählen mir, all dies sei ein großes Geheimnis und nun reden wir über Museen?"

„Das ist doch nur ein Vergleich", sagte er mit einer wegwerfenden Geste. „Denken Sie an die Figur des Dr. Who und sein Gefährt, die TARDIS", schlug er mir grinsend vor. „Ein kleiner, leicht zu übersehender Eingang, doch sobald man im Inneren ist, ist es gigantisch. Oder sollte ich sagen eine virtuelle Weite, eine Weite, die nur von jenen wahrgenommen werden kann, die bereits eingetreten und davon durchdrungen sind."

Ich war vollkommen durcheinander, aber auch fasziniert und bat um weitere Bestätigung. Ich versuchte, mir aus all dem einen Reim zu machen und fragte Luca: „Woher haben Sie diese Informationen, woher wissen Sie diese Dinge und wie können Sie sich nur auf das Wort oder die Schriften von irgendjemandem verlassen, der behauptet, wie gigantisch ‚es' tatsächlich ist?" Nachträglich fügte ich noch hinzu: „Bei allem gebotenen Respekt."

„Lassen Sie mich Ihnen versichern, so fantastisch diese Geschichte auch klingen mag, ich meine es völlig ernst", fuhr er fort. „Es gibt eine Reihe von Toren. Wie der Name bereits verrät, handelt es sich dabei um Eingänge. Jenseits dieser Tore befindet sich, wie beschreibe ich das am besten, eine Umwelt?" schlug er vor. „Ätherisch und dennoch greifbar, man kann den Inhalt des Raumes berühren, fühlen, hören und sehen. Sobald man erst einmal davon durchdrungen ist, erblickt man überall nur noch die reinsten Wunder, eine nahezu überwältigende Stimulierung der Sinne. Es gibt Bilder und Klänge, einige vertraut, andere unverständlich. Es gibt so Vieles zu entdecken. Zu Vieles", sagte er beinahe bedauernd. Dann fuhr er mit mahnender Stimme fort: „Es ist auch eine Umwelt, die für uns nur temporär zugänglich ist. Man darf nicht länger als eine bestimmte Zeit dort bleiben. Das Zeitfenster, während dessen diese ‚Tore' geöffnet sind, ist begrenzt. Ich nehme an, dass ihre schiere Existenz bereits eine Anomalie physikalischer Gesetze ist, die lediglich durch eine andere Macht oder Gesetze des Universums möglich gemacht wurde, allerdings nur temporär. Sobald die Tore dieses Zeitfensters sich schließen – und das tun sie, ebenso wie sie sich öffnen –, veranlasst durch und verbunden mit einer Übereinstimmung irgendeiner kosmischen Konstellation, für die ich keinerlei astronomische Beweise finden konnte, dann muss man gehen. Jenseits dieser Tore ist es, als würden der Ort, die Umwelt nicht mehr existieren und wenn man sich weiter dort aufhält, so wird das nicht länger … toleriert. Man zahlt einen Preis, wenn man länger bleibt, als man willkommen ist. Diesen Preis musste ich zahlen", sagte er und tippte auf seine nicht funktionierenden Beine.

Bei all meinem Zynismus konnte ich mich nun nicht mehr dagegen wehren, ihn und seine Geschichte etwas ernster zu nehmen. Alles, was er sagte, war viel zu unglaublich, um wahr sein zu können, doch die natürliche Art und Weise, wie er davon erzählte, hatte mich nun vollkommen überzeugt. Wie auch immer, es war völlig offensichtlich, dass er daran glaubte. So gut konnte keiner schauspielern und warum sollte er auch? Was sollte ihn dazu motivieren? Wohin also sollte all das führen? Ich akzeptierte seine Gründe, diese Geschichte geheim zu halten. Ich konnte mir lebhaft vorstellen, wie man darüber herziehen und sie verspotten würde. Also quälte mich wieder die gleiche offensichtliche Frage: Warum erzählte er mir das alles? Warum hatte er sich die Mühe gemacht und soviel Geld ausgegeben, um mich hierher zu bringen? Sicher nicht, um jemanden zu haben, der ihm zuhört, während er ein paar hanebüchene Lügen auftischte.

Ein ausgedehntes Schweigen folgte. Ich verdaute all die Dinge, die ich gehört hatte, und er wartete geduldig auf eine Antwort oder eine Reaktion. Schließlich fiel mir nichts Besseres ein als: „Luca, was genau mache ich hier eigentlich?"

NEUN — DIE TORE

„Mein lieber Freund, sie haben mir so freundlich Gehör geschenkt“, begann Luca. „Aber ich glaube, Sie haben eine etwas größere Rolle zu spielen. Wie Sie wissen, war ich, als ich die ersten Bilder Ihres ersten Decks gesehen hatte, fasziniert von den Ähnlichkeiten zwischen einigen davon und diesen hier.“ Er deutete hinüber zum Schreibtisch. „Als die Zeit verging und wir weiterhin in Kontakt standen, wurde mir klar, dass diese Ähnlichkeiten kein Zufall sein konnten. Das wurde nur umso deutlicher durch ihr zweites Deck. Selbst nach der Unterstützung und der richtungsweisenden Hilfe, die ich Ihnen zur Verfügung gestellt hatte, wurden meine Schlussfolgerungen durch das, was Sie aus den Darstellungen erschufen und wie Sie sie ausgestalteten, wiederum bestätigt.“ Er hielt einen Moment inne, dann fuhr er fort. „Ich halte Sie für einen guten Kandidaten. Sie scheinen, wie ich selbst und einige Andere vor uns, dazu bestimmt, eingeladen, gerufen zu werden, wie auch immer Sie es nennen wollen, um eines der Tore zu durchschreiten.“

„Aber“, rief ich ihm in Erinnerung, „ich bin kein Intellektueller, kein Wissenschaftler, Philosoph oder Mathematiker. Ich würde wahrscheinlich gar nicht verstehen, was ich dort zu sehen bekäme, und ich kenne mich noch nicht einmal besonders gut im Tarot aus.“ An diesem Punkt fiel mir eine nächste Frage ein. „Was hat das alles überhaupt mit Tarot zu tun?“

„Diese Museen“, sagte Luca, „wurden nicht nur zu dem Zweck geschaffen, den physischen, greifbaren Bedürfnissen künftiger Generationen zu dienen. Dort finden sich auch spirituelle Anweisungen und Mittel, den Sinn des eigenen Lebens zu entdecken. Keine Gebote im biblischen Sinne, keine Anweisungen dazu, wie man sich zu benehmen und sein Leben zu leben habe, sondern eher eine spirituelle Orientierung.

Im Museum gibt es eine Reihe von Bildern“, fuhr er fort, „die das Leben der Menschen symbolisieren und Führung und Bedeutung offenbaren. Diese ‚Führung‘ ist nicht auf Steinplatten gebannt, sondern besteht aus projizierten Bildern und Empfindungen, die sich auf einzigartige Weise dem einzelnen Betrachter symbolisch offenbaren und eine Verbindung zu dessen spezifischen Lebensumständen haben. Ich glaube, dass die Tarot-Karten der Versuch früherer Besucher sind, die durch das Tor gegangen sind, ihre Erlebnisse auf greifbare Weise wiederzugeben.

Wie ich bereits erwähnte“, erinnerte er, „war ich selbst bereits dort. Ich habe es selbst erlebt und gefühlt. Bedauerlicherweise erlaubte mir meine begrenzte Zeit, nur einen frustrierend winzigen Teil dessen zu erfahren, was es dort zu erfahren gab. Zwar durchschritt ich das Tor so gut vorbereitet, wie nur irgend möglich, bepackt mit Kameras, Kassettenrekorder und so fort, doch die Geräte funktionierten nicht. Um es genauer auszudrücken: Ich nehme an, dass es die Batterien waren, die nicht funktionierten. Die Kerze und das Feuerzeug, die ich vorsichtshalber auch im Rucksack hatte, funktionierten einwandfrei.

Tja, mein lieber Freund, diese Szene hat sich ganz ähnlich während der Anfänge der Raumfahrt schon einmal abgespielt.“ Er fuhr fort in seiner Darlegung. „In den frühen sechziger Jahren, als man Aufzeichnungen und Notizen in der Schwerelosigkeit machten wollte, stellte man fest, dass dort Kugelschreiber nicht funktionierten. Die Tinte wollte einfach nicht fließen. Die NASA in ihrer typischen Art setzte schlaue Köpfe an dieses Problem und steckte viel Geld hinein. Sie entwarfen und produzierten zu erheblichen Kosten einen Stift, der über eine innere Druckpumpe verfügte, um die Tinte nach vorn zu pressen. Der Sowjetunion, wie sie damals noch hieß, standen nicht die finanziellen Mittel für so eine Erfindung zur Verfügung, also lösten sie dieses Problem auf eine wesentlich einfachere Weise. Sie benutzten einen Bleistift." Darüber mussten wir beide lachen, wodurch die Spannung des Augenblicks ein wenig aufgehoben wurde.

Dann nahm er seine Erklärungen wieder auf. „Hier haben wir ein ähnliches Problem. Zwar sind Sie vermutlich nicht ganz so gut informiert über dieses Thema wie manch Andere, doch Sie haben einiges an Erfahrung. Auch wenn es Ihnen vielleicht nicht bewusst ist, so haben Sie ein gewisses Gespür für dieses Thema, doch was noch wichtiger ist: Sie können malen. Sie sind in der Lage, mehr aus ihrer Zeit dort drinnen mit zurück zu bringen, als die meisten Anderen. Sie können nicht nur beobachten, sondern auch Dinge skizzieren und festhalten."

„Und wo befinden sich diese Tore?" fragte ich.

„Ich weiß nicht genau, wie viele Tore erschaffen wurden oder wo sie sich befinden", erwiderte er. „Über einige von ihnen habe ich so meine Theorien und begründete Mutmaßungen. Doch von einem Tor weiß ich natürlich. Es ist dort", sagte er und deutete zu den Fenstertüren und dem Garten und dem See dahinter. „Diese Villa ist schon sehr alt. Es wurde Vieles hinzugefügt, es gab Umbauten, doch das ursprüngliche Gebäude und die Gärten wurden einst gebaut, um das Geheimnis dieses speziellen Tores zu beherbergen und zu bewahren."

ZEHN — DER GARTEN

Hinter den Fenstertüren lag ein gepflasterter Innenhof, von dem aus Treppen in den Hauptteil des Gartens hinab führten. Luca muss irgendwann einen langsam ansteigenden Weg hinzugefügt haben, damit er leichter hinunter gelangen konnte. Die Steine waren in Größe und Struktur passend zum Innenhof, doch die Farbe zeigte eindeutig, dass der Weg erst in jüngerer Vergangenheit hinzugefügt worden sein konnte.

Unterhalb lag eine große runde Rasenfläche, in deren Mitte sich ein ovales Wasserbecken befand, dessen Oberfläche fast vollständig von Seerosen bedeckt war. Die Mitte des Beckens wurde durch das stetig aus einer bronzenen Figur eines Cherubims und eines Delfins strömende Wasser sauber gehalten. Die Rasenfläche war vollständig von einem steinernen Weg umgeben mit einer Reihe kleiner Aussparungen für dazu passende Steinbänke. Der dadurch entstehende Effekt erweckte den Eindruck von kleinen Vorzimmern, ein jedes im Schatten einer äußeren Wand aus säuberlich geschnittenen Hecken.

Am anderen Ende, gegenüber des Haupthauses, befand sich eine weitere, größere Aussparung. Diese war vom übrigen Rasen allerdings durch ein metallenes Schwingtor abgetrennt. Und ob es nun so geplant gewesen oder der Garten einfach so gewachsen war, über dieser Fläche befand sich eine Öffnung in dem ansonsten so dichten Baldachin aus Bäumen. Durch diese Öffnung fiel das helle nachmittägliche Licht hinein, wodurch dieser eine Fleck stärker beleuchtet wurde, als der übrige Garten und im Vergleich dazu regelrecht strahlte.

Zu beiden Seiten des Schwingtors befanden sich, beinahe verborgen zwischen dem Laub, zwei gehauene Steingesichter. Ich war nicht sicher, ob sie königliche oder religiöse Figuren darstellen sollten, doch nachdem sie keinen aggressiven Gesichtsausdruck hatten, lag die Vermutung nahe, dass sie in dieser Position und Stellung wahrscheinlich als Wächter dienten. Verdattert schüttelte ich den Kopf. Diese Szene entsprach genau den Zehn der Münzen aus meinem *Tarot of Dreams*.

Hinter dem Tor befand sich ein Fußweg, der hinüber zu der kleinen Insel führte. Die Insel war nur um Weniges größer als der schmiedeeiserne Pavillon, der ihre Hauptattraktion bildete. Auf der Insel angelangt, entdeckte ich die Steinplatte von gut zwei Metern Durchmesser, die in den Boden des Pavillons eingelassen war. Die Oberfläche war von Grün bedeckt und überzogen und mit feinen Linien und Maßeinheiten versehen, die an eine Sonnenuhr oder ein Astrolabium erinnerten. Von einer Achse in der Mitte aus erstreckten sich sieben eingemeißelte Arme, jeder von unterschiedlicher länge und an einer anderen Position. Am Ende jedes Armes befanden sich kreisförmige Vertiefungen und dort eingelassen waren dicke getönte Glaskugeln oder Linsen. Sechs davon leuchteten hell, so als würden sie von unten her angestrahlt. Auch die siebte leuchtete, allerdings nicht so intensiv.

Luca kam mit seinem Rollstuhl neben mir zum Stehen und deutete auf die siebte Glaskugel. „In drei Tagen", sagte er, „wird sie ebenso hell leuchten, wie die anderen. Dann öffnet sich das Tor. Sie sollten beginnen, sich darauf vorzubereiten."

ELF — DIE REISE BEGINNT

Vorsichtshalber sahen wir immer wieder nach, doch wie Luca vorher gesagt hatte, leuchtete die siebte Linse des Astrolabiums erst am dritten Tag ebenso hell wie die anderen. Welche Mächte auch immer daran Anteil hatten, nun schienen sie endlich im Gleichklang zu sein. Ich sah Luca an. „Und nun?" fragte ich ihn beinahe flüsternd. Er antwortete nicht, sondern bedeutete mir nur, noch etwas Geduld zu haben, und umklammerte ermutigend meinen Arm. Er war fast wie ein Trainer für mich gewesen. Er hatte mich, so gut er konnte, vorbereitet und war nun bereit, seinen Lehrling bei den ersten eigenen Schritten zu beobachten. Er hatte so gut wie möglich seine eigenen Erfahrungen beschrieben, hatte mich darauf hingewiesen, was zu erwarten war, Vorschläge gemacht, welche Gebiete ich mir zuerst ansehen sollte, mir aber letztlich die Entscheidung selbst überlassen. Im Gegensatz zu ihm selbst würde ich nicht mit schwerer Ausrüstung durch das Tor gehen.

Immer noch erwartete ich, nun ja, nichts – eine beschämende Ernüchterung. Doch inzwischen hoffte ich auch verzweifelt, dass ich mich täuschte und dass all dies wirklich existierte. Ich lächelte und scherzte, als ich mich Luca zuwandte. „Ich fühle mich wie eine Art Indiana Jones." Ich trug tatsächlich einen Rucksack voller Skizzenbücher, Notizbücher, Bleistifte und Wasserflaschen auf dem Rücken. Alles, was mir noch fehlte, waren der Hut und die Lederpeitsche der Filmfigur, und die Verkleidung wäre perfekt gewesen.

Dann beobachtete ich, wie Lucas Ausdruck sich veränderte und drehte augenblicklich den Kopf. Alle sieben Linsen pulsierten nun synchron und verströmten ein immer heller werdendes Licht. Die Frequenz erhöhte sich, das Licht war blendend hell. „Dann mal los", flüsterte ich mir zu, bedeckte meine Augen vor dem Licht und trat einen Schritt nach vorn.

Das Licht wurde schwächer, die Temperatur kühlte sich ab. Ich wartete, bis meine Augen sich an die neuen Verhältnisse gewöhnt hatten, dann öffnete ich sie und fand mich in einem Korridor wieder. Vor mir lag mein eigener Schatten, geschaffen vom hellen Licht des Eingangs, der sich nun hinter mir befand.

Obwohl meine Augen sich an die relative Düsterkeit gewöhnt hatten, schien doch alles leicht gedämpft – die Farbsättigung, der Fokus. Nicht genug, um irgendetwas zu zerstreuen oder zu verbergen, aber genug, um mich, genau wie Dorothy im *Zauberer von Oz*, dessen zu erinnern, dass ich nicht mehr in Kansas war. Ich ging bis zum Ende des Korridors. Meine Schritte schienen mir, genau wie mein Sehvermögen, merkwürdig unwirklich, so als ginge ich auf einer weichen Oberfläche, die unter meinem Gewicht leicht nachgab. Der Korridor mündete in einen großen runden Raum, dessen Wände aus einer schlichten goldfarbenen Textur bestanden, die Decke bestand aus einer Glaskuppel, von der ein gedämpftes goldenes Leuchten ausging, das den ganzen Raum in ein sanftes Licht tauchte. Direkt darunter befand sich eine große erhöhte Fläche, ähnlich einem Tisch, allerdings leicht konvex – wie ein umgekehrter Schild. In die Mitte war dekorativ ein Kreis in die Oberfläche graviert, von dem vier Pfade ausgingen, jeder davon gleich groß und mit einem Abstand von 90° zueinander liefen sie wie die Speichen eines Rades auseinander, wobei jeder von ihnen in einem eigenen äußeren Kreis endete. Der mittlere Kreis verströmte ein weißes Licht, die vier äußeren Kreise dagegen leuchteten rot, blau, grün und gelb. Entlang der Kreislinie befand sich ein Ring aus Figuren, die, wie ich beobachten konnte, sich auf ihrem jeweiligen Pfad bewegten und dann verschwanden, wie Zahlen auf einem elektronischen Börsenticker. Zuerst war es eine Zahlenkette, dann eine Reihe von Punkten wie Blindenschrift, dann Latein, dann Englisch und so weiter, eine Sprache nach der anderen. Scheinbar standen hier endlose Möglichkeiten zu einer visuellen Kommunikation zur Verfügung.

Ich lächelte voller Erstaunen, denn mir wurde klar, dass ich die Anweisungen dieser speziellen Karte nicht zu lesen brauchte, denn sie folgte genau der Struktur und dem Design, das ich für die Übersicht auf der CD-ROM zum *Tarot of Dreams* verwendet hatte. Ich wusste ganz genau, wo ich mich befand. Das Tor, durch das ich eingetreten war, war nicht der Haupteingang, wenn es überhaupt einen solchen gab. Ich war durch eine Kammer oder einen Vorraum eingetreten, der irgendwie mit dem übereinstimmte, was in meiner Übersicht das Reich der Kelche, des Elements Wasser war. Wie erwartet stellte sich heraus, dass der Raum mit den Kelchen in Verbindung stand, doch als ich mich der äußeren Wand näherte, konnte ich erkennen, dass sie eigentlich überhaupt nicht schlicht war. Je näher ich herantrat, desto deutlicher konnte ich eine komplexe Anordnung rechteckiger Felder erkennen, die leicht in die Oberfläche eingelassen waren. Wie schon bei der kreisförmigen Hauptkarte waren auch hier Informationen eingraviert, die sich fortwährend änderten. Zögernd streckte ich die Hand aus und die Wand reagierte auf mich, spürte meine Berührung und pulsierte nun langsamer. Sobald sie zur Ruhe gekommen war, war die Botschaft eindeutig lesbar, und zwar auf Englisch. Die Umgebung stellte sich auf mich, ihren gegenwärtigen Gast, ein. Als ich meine Hand über die Wand gleiten ließ, reagierte jedes Feld gleich und eröffnete ein multimediales Fest für die Sinne. Es war ein holografischer Bildervortrag und offenbarte eine scheinbar unendliche Menge an Informationen. Es gab Darstellungen von Wasserkreaturen – einige davon erkannte ich wieder, andere nicht, entweder weil sie inzwischen ausgestorben waren oder vielleicht auch weil es sich um Kreaturen der Tiefe handelte, die noch nicht entdeckt worden waren. Es gab Diagramme und animierte Sequenzen von Wellenbewegungen, dem Fließen von Meeresströmungen und den Positionen von hydrothermalen Tiefseespalten. Doch am faszinierendsten waren die Bilder von ganzen Unterwasserstädten und vom Meeresboden, über den sich Reihen von etwas zogen, das wie Vegetation aussah. Irgendwann einmal waren die Ozeane mit gigantischen Unterwasserfarmen domestiziert gewesen.

Einige der Darstellungen übertrafen noch die visuelle holografische Darstellung. Viele davon materialisierten sich in einer vollständigen dreidimensionalen Form. Ich konnte um sie herum gehen und in sie hinein spähen. Ich konnte sie berühren und ihr Gewicht spüren. Es gab physikalische Modelle von etwas, bei dem es sich ganz offensichtlich um Oberflächen- und Unterwasserfahrzeuge handeln musste. Einige von ihnen erkannte ich als windbetrieben, obschon die Beschaffenheit der Segel fremdartig war, andere dagegen besaßen überhaupt keinen offenkundigen Antrieb. Angefangen bei hölzernen Hüllen und Mästen über reich verzierte Jules-Verne-artige Metallstrukturen bis hin zu glatten dynamischen Formen aus einem unbestimmbaren Material offenbarte sich hier eine Welt nautischer Abbildungen. Angesichts der ungeheuren Bandbreite und ihrer Bedeutung, konnte ich nur staunen.

Neben dem Tor, durch das ich eingetreten war, gab es noch drei weitere offene Tore, die, wie ich sehen konnte, in andere Korridore führten. Zwei würden mich, wie ich bereits wusste, in andere, den Elementen zugeordnete Räume führen und der andere führte zum zentralen Hauptnetzknoten. Natürlich hätte ich die zylindrische Karte um Rat fragen können, welcher Gang nun welcher war, doch selbst das war nicht nötig. Die Farbe des Widerscheins, der von jedem Tor ausging, genügte mir als Hinweis. Wer auch immer diese Zeitkapseln erschaffen hatte, wollte keine Spielchen spielen. Dies hier war kein Labyrinth oder Irrgarten; es war so konzipiert, das es leicht zu benutzen war. Doch ehe ich mich zum nächsten Bereich aufmachte, hielt ich inne und begann, wie Luca mich gebeten hatte, zu zeichnen. Ich zeichnete allgemeine Szenen, versuchte, die Essenz dieser Umgebung einzufangen und deren Ausmaß oder zumindest die Illusion dieses Ausmaßes. Ich nahm mir Zeit, einige Gegenstände mit Details zu versehen, vor allem, wenn ich diese Gegenstände noch nie zuvor gesehen hatte – hier ein Schiff, da eine Kreatur. Es war mir nahezu unmöglich, zu entscheiden, welche davon von größerem Interesse, von größerer Bedeutung sein mochte. Wie besessen versuchte ich, so viel einzufangen, wie nur irgend möglich, und hoffte, dass meine Kritzeleien ausreichend sein würden, um meiner Erinnerung auf die Sprünge zu helfen, damit ich sie später noch mit einem gewissen Maß an Exaktheit verfeinern konnte.

Da ich nicht wusste, wie viel Zeit ich überhaupt hatte, löste ich mich schließlich von der Halle der Kelche. Ein ähnliches Muster präsentierte sich auch in den anderen Räumen. In der Halle der Schwerter fand ich Bilder und Anleitungen von Wetterereignissen bis hin zu Windmühlen, von fliegenden Schiffen bis zu anatomischen Zeichnungen von Vogelfedern. In jedem Raum lag ein gewaltiger Schatz an Wissen und Abbildungen zu einem bestimmten Element verborgen. In jedem davon machte ich mir Notizen und zeichnete, so viel ich konnte, wenn auch nur kurz und sehr vage. Manchmal versah ich ein Diagramm oder eine Kritzelei mit einem schriftlichen Kommentar oder Schlüsselwort, einer Vermutung, worin die Funktion oder der Zweck des Objekts bestanden haben könnte, das ich gesehen hatte.

Aber schließlich konnte ich meine begrenzte Zeit nicht länger riskieren. Die zentrale Halle wartete bereits auf mich. *Die Hauptschlagader*, dachte ich bei mir, als ich in das reine Weiß des zentralen Bereiches trat. Die hohen Arkana. Verglichen mit den anderen war diese Halle gigantisch, sie schien mir beinahe so groß wie ein Fußballstadion. Sie war in verschiedene Ebenen unterteilt, von denen jede den gesamten Umfang der Halle umfasste. Auf dem Fußboden der Stelle, an der ich eingetreten war, stand ein großer Kreis aus zwölf Obelisken, von denen eine bestimmte Anordnung von Lichtern ausstrahlte. Hinterher wurde mir klar, dass es sich um Sternenkonstellationen und vermutlich die astrologische Aufteilung des Himmels gehandelt hatte. Im Zentrum gab es eine große runde Öffnung im Boden, aus der das obere Drittel einer gigantischen goldenen Kuppel oder Kugel drang. Ich hielt mich an die äußere Wand und berührte wie besessen die unzähligen, bereitwillig Auskunft gewährenden Felder, von denen jedes Einzelne mir seinen Inhalt offenbarte, sobald ich mich näherte und meine Hand danach ausstreckte. Ich sah anatomische Zeichnungen des menschlichen Körpers, Abbildungen von der Doppelhelix und Modelle von Molekularverbindungen, Instrumente der Musik und der Wissenschaften, geometrische Muster und mathematische Formeln. Ich sah einen Abakus, mechanische Modelle des Sonnensystems, Teleskope und eine verwirrende Auswahl an Linsen, Zahnrädern und unbekannten Formen. Einige Abschnitte schienen mir sehr simpel, wie zum Beispiel visuelle Szenen über das Feuermachen, ganz so, wie man es von einem Pfadfinderhandbuch erwarten würde. Andere zeigten vereinfachte Herstellungsanleitungen für Propeller und Hebel, Gelenke und Getriebe. Sie erinnerten mich stark an eine Ausstellung über Leonardo da Vincis Erfindungen, die ich einstmals besucht hatte. Im Grunde begann ich mich zu fragen, wie viele der Wunderwerke aus dieser Ausstellung dieser große Mann tatsächlich „erfunden" hatte.

Neben diesen wissenschaftlichen Artefakten und Symbolen gab es auch Beispiele für die Technik: Modelle für Brücken, mechanische Artefakte, Motoren, Pumpen. Es gab Dokumente in geschriebener und schematischer Form, Hologramme von sprechenden Köpfen, die (auf Englisch) Regierungsformen und Sozialstrukturen erklärten und Klangbytes von Worten und Musik. Ich halte es durchaus für möglich, dass die gesamte menschliche Erfahrung – Vergangenheit, Gegenwart und Zukunft – hier irgendwie eingekapselt worden war.

Ich war bis zur dritten Ebene gelangt, wobei ich Gott weiß wie viel überspringen musste, in einem vergeblichen Versuch, zumindest so viel wie möglich zu verstehen. Mein bewährter Bleistift kritzelte nieder, was auch immer meine Aufmerksamkeit erlangte. *Den Russen sei gedankt*, dachte ich. Als ich gerade ein Bild von einem teleskopartigen Instrument kopierte, verdunkelte sich plötzlich die gesamte Arena-artige Halle. Die Konstellationen auf jedem Obelisken glühten auf, genauso wie ein Muster aus Sternen in der goldenen Kugel in der Mitte. Allmählich begann ein großer Lichterkreis zu flackern und der bildete nun die hauptsächliche Lichtquelle in dem abgedunkelten Raum. Wie ein Planetarium von gigantischem Ausmaß verwandelte sich das Zentrum des Kreises in ein Abbild des Nachthimmels. Vor diesem Hintergrund erschien eine Gestalt, eine holografische Projektion. Die Figur war maskiert, doch ich wusste dennoch, wer sie war. Es gab gar keinen Zweifel, im Gegenteil, ich hatte das absolute Gefühl tiefer Vertrautheit und Seelenverwandtschaft mit diesem Bild. Die maskierte Gestalt war ich selbst. Das war ich als Kind, als Erwachsener und als Vater. Sie war alles, was ich je gewesen war und jemals sein würde.

Ich ging in die Knie, war wie versteinert, als die Szene sich fortsetzte. Ich sah mein eigenes Leben vor mir ablaufen, als sei es ein Dokumentarfilm. Es wurde mir erzählt, allerdings nicht mit Worten, und dennoch in irgendeiner Form der Kommunikation. Mit erstaunlicher emotionaler Klarheit durchlebte ich erneut die Erfahrungen der Vergangenheit, Freunde, Orte, Fehler, die ich gemacht hatte, Erfolge, die ich erzielt hatte. Lieben, die ich gefunden und wieder verloren hatte. Einfache Freuden und Kindheitsängste rasten an mir vorbei, ließen sich erneut anschauen und erklärten sich selbst. Zweifel fanden ihren Zusammenhang und zerstreuten sich. Dinge, die ich getan oder nicht getan hatte, Worte, die gesagt wurden oder ungesagt blieben. Vergangenheit, Gegenwart und Zukunft verschmolzen hier vor meinen Augen und blieben doch unverständlich. Alles schien gleich wichtig und erklärte sich durch symbolische, visuelle Metaphern. Die Bilder hatten Substanz, ganz wie bei einer Führung. Ich kam mir vor wie Scrooge, der von den Geistern der Weihnacht durch sein Leben geführt wird. Ich sag imaginäre, surrealistische Szenen, die chaotisch und abstrakt aufeinander folgten, doch brachte man sie in einen Zusammenhang, wurde alles klar.

Die Wände hatten ihre Informationen und ihr Wissen in einer Sprache und auf eine Weise preis gegeben, die für mich optimiert gewesen war, und ich hatte keinen Zweifel daran, dass die Bilder, die von der Kugel im Zentrum projiziert worden waren, jedem, der sie ansah, eine Sequenz unendlicher Kombinationen und Botschaften offenbart hätte, die genau für ihn bestimmt war. Wer auch immer diesen gewaltigen Quell an Wissen erschaffen hatte, hatte dies getan, um sowohl den physischen als auch den spirituellen Bedürfnissen künftiger Generationen Genüge zu tun. Plötzlich war ich von einer tiefen Trauer erfasst, dass solch ein Volk, das fähig gewesen war, derartige Wunder zu schaffen und den menschlichen Geist so unglaublich gut verstand, untergegangen war. Diese Rasse hatte solch eine Pracht erschaffen und so unglaubliche Ebenen der Erleuchtung erreicht und trotz ihres eigenen Schicksals die Voraussicht und das Mitgefühl aufgebracht, für Andere zu sorgen.

Ich näherte mich dem Zentrum der Halle, wo der Lichtkreis seine Geschichte erzählt hatte. Nun aber lag er im Dämmerlicht, die Aufführung war vorbei. Ich spürte ein leichtes Kribbeln, wie man es empfindet, wenn man zu lange in der gleichen Position verharrt war. Kurz darauf schwoll das Kribbeln an und wurde entschieden unangenehm. Der Raum gab mir zu verstehen, dass ich hier nicht länger bleiben durfte. Schnell machte ich mich auf den Weg zur untersten Ebene und eilte durch den Korridor direkt zur Halle der Kelche. Auch die drei anderen äußeren Räume hatten gewiss ihre entsprechenden Ein- und Ausgänge, doch das konnte ich nicht riskieren. Ich wollte sicher gehen, dass ich am selben Ort heraus kommen würde, an dem ich auch eingetreten war.

Das Kribbeln in meinen Armen und Beinen wurde allmählich immer stärker und ich verspürte den unwiderstehlichen Drang, mich zu bewegen. Doch konnte ich diesen Ort nicht verlassen, ohne ein paar Gegenstände mit zu nehmen, Dinge, die die Existenz dieses Ortes beweisen würden, damit meiner Erfahrung im Gegensatz zu der von Luca und all den Anderen vor uns nicht von der Hand gewiesen werden würde, ja konnte. Ich schwankte bereits, als ich nun in aller Hast ein paar Gegenstände zusammen raffte – eine Schriftrolle, einige Papiere, ein Modell eines mechanischen Artefakts, einfach irgendwas. Mein Körper war inzwischen kaum noch zu kontrollieren. Es fiel mir schwer, das Gleichgewicht zu halten, als ich vorwärts taumelte und torkelte. Krämpfe durchzuckten mich. Unkontrolliert ließ ich Gegenstände fallen und griff beinahe blind nach anderen. Inzwischen war ich praktisch unfähig, meine Beine zu kontrollieren. Ich stolperte und lag zuckend am Boden, es war beinahe wie ein epileptischer Anfall. Mit letzter Kraft stand ich noch einmal auf und wankte durch das strahlende Licht, das vom Tor her leuchtete.

ZWÖLF — RÜCKBLICKE UND ERGEBNISSE

Ich blieb noch einige Wochen lang bei Luca, ehe ich nach Florida zurückkehrte. Die ersten paar Tage lag ich im Bett. Luca hatte mich mit Aldos und Concettas Hilfe in unbewusstem Zustand vom Gartentor zum Haus gebracht und sich seither um mich gekümmert. Ich bin froh, sagen zu können, dass seine Fürsorge zu meiner vollständigen Genesung führte. Ich kann mir nun vorstellen, welche Qualen Luca wohl erlitten hatte, da er den Austritt aus dem Tor vermutlich noch länger als ich hinausgezögert hatte. Sein Rollstuhl war Zeugnis des Preises, den er dafür hatte zahlen müssen.

Sobald ich mich einigermaßen erholt hatte, arbeiteten Luca und ich gemeinsam daran, die zahlreichen Skizzen, Kritzeleien und Notizen auszuwerten, die ich schnell zu Papier gebracht hatte, als ich mich noch innerhalb des Tores befunden hatte. Doch auch nach meiner Rückkehr konnte ich noch Einiges aufzeichnen, solange meine Erinnerungen noch frisch waren. Luca sortierte sie nach verschiedenen Kategorien, prüfte sie, fügte Kommentare hinzu und archivierte sie für spätere Vergleiche mit anderen Quellen. Ich meinerseits bereitete einige Bilder und Pläne für ein neues Deck vor, das auf dem basieren sollte, was ich dort gesehen und erlebt hatte.

Am darauf folgenden Wochenende gönnten wir uns ein wenig Ruhe und besuchten ein Kunstfestival zum Thema Renaissance, das in der näheren Umgebung stattfand. Dazu mussten wir in eine kleine Stadt fahren, die gut fünfzehn Minuten entfernt lag, was allerdings Dank Aldos typischer Fahrweise auf erschreckende zehn Minuten reduziert wurde.

Das Festival fand auf der großen Piazza statt, die von einem bunten Aufgebot an Zelten, Buden und Verschlägen umsäumt war. Regionale Künstler stellten eine Auswahl an Ölgemälden, Aquarellen, Keramik und Holzschnitzereien zur Schau. Jongleure, Stelzenläufer, Lautenspieler und andere Künstler trugen allesamt zu einem herrlichen und bunten Szenario bei, das, angesiedelt in einem Städtchen direkt am See und an den unteren Hängen der alpinen Ausläufer, einfach zauberhaft wirkte. Die Atmosphäre wurde noch unterstrichen durch den Duft warmer Panini, Prosciutto, frischem Mozzarella und Basilikum. Doch das unzweifelhafte I-Tüpfelchen zum Ganzen fand sich erst hinter der nächsten Ecke der viereckigen Piazza: ein Zelt aus ausgeblichenem Segeltuch, ein kleiner Tisch und zwei einander gegenüber stehende Stühle und ein schlichtes, handgeschriebenes Schild mit der Aufschrift *Tarocchi*.

Am Tisch saß eine Frau mittleren Alters, ihr Haar war noch schwarz, doch von ersten grauen Strähnen durchzogen. Gekleidet in ein langes, farbenprächtiges Gewand und ein Tuch, erweckte sie den Eindruck einer vollkommenen Persönlichkeit. Der Fragesteller war ein junger Mann in den Zwanzigern, der ohne Zweifel wissen wollte, was die Liebe für ihn bereit hielt. Wir blieben einen Augenblick stehen, um die Szene zu beobachten. Trotz des diskreten Abstands, den wir einhielten, schien die Frau unsere Gegenwart zu spüren und sah auf, nahm Blickkontakt auf und hielt ihn einen Moment lang, ehe sie ihre Aufmerksamkeit wieder ihrem Klienten widmete. Wir gingen weiter, doch ich drehte mich noch einmal um und blickte über meine Schulter zurück auf die Tarot-Deuterin. Auch das schien die Frau zu spüren. Wieder begegnete sie meinem Blick und dieses Mal quittierte sie ihn mit der Andeutung eines Lächelns und einem langsamen, bedächtigen Nicken, einer Geste der Bestätigung, ehe sie sich wieder ihrer Lesung zuwandte. Ein paar Schritte später blieb ich stehen, beugte mich leicht nach vorn und sagte zu Luca: „Wissen Sie, ich glaube, der Herrscher wäre auf die Bemühungen seines Volkes sehr stolz gewesen."

„Oh, da stimme ich Ihnen zu", meinte Luca. „Aber wie kommen Sie gerade jetzt darauf?"

„Nun ja, weil ihre Pläne und Bemühungen erfolgreich waren", sagte ich und dachte dabei an den wissenden Blick der Tarot-Leserin. Die Blinden hatten tatsächlich überlebt.

Nach meiner Rückkehr nach Florida sortierte ich meine verschiedenen Skizzen nach meiner eigenen logischen Ordnung. Über mehrere Wochen hinweg änderte ich sie ab, fügte Notizen hinzu und begann schließlich, sie in einen Kontext zu stellen.

Mein nächstes Tarot-Projekt hatte begonnen.

II. Die Karten

Ich nehme an, dass die meisten Tarot-Liebhaber mit dem Rider-Waite Deck, auf dem die Bilderwelt dieses Projektes basiert, vertraut sind. Für alle Stufen, vom Anfänger bis hin zum erfahrenen Tarot-Deuter, gibt es Unmengen an Lehrmaterial, in dem die Kernstruktur und die Bedeutung der Bilder dieses vom *Golden Dawn* inspirierten Systems erklärt werden.

Nachdem das gesagt ist, habe ich nicht mehr die Absicht, diese grundlegenden Dinge an dieser Stelle noch einmal zu wiederholen, denn ich gebe gerne zu, dass weder meine begrenzten schriftstellerischen Fähigkeiten noch mein Tarot-Wissen der Sache gerecht werden würden. Dennoch ist mir natürlich klar, dass viele Menschen zumindest auf die Beweggründe hinter der Erschaffung eines Tarot-Decks neugierig sind und gerne mehr darüber erfahren würden, warum hier bestimmte Elemente und Symbole verwendet werden, die von der traditionellen Vorgabe abweichen. Zu eben diesem Zweck will ich hier einige persönliche Beschreibungen wiedergeben sowie eine Auswahl gelegentlicher Einblicke in ein bestimmtes Hintergrundwissen, das die Inhalte und die Ansätze hinter bestimmten Bildern mit beeinflusst haben mögen.

Die erste und vorrangige Frage, die ich mir stellte, ehe ich dieses Projekt begann, lautete: „Was ist ein Tarot-Deck?" Meine Vorstellungen vom Tarot hatten nichts mit Glaubenssystemen zu tun und schon gar nicht mit seinem historischen Ursprung oder seinem Zweck. Vielmehr wollte ich das Tarot auf seiner grundlegendsten Ebene erforschen, die meiner Ansicht nach im Wesentlichen aus einer Reihe von Bildern bestand.

Ich habe oft gehört, dass gute Tarot-Deuter die Bilder eigentlich gar nicht brauchen; ihnen genügt es, dass sie mit der Bedeutung einer jeden Karte bereits vertraut sind. Wenn man davon ausgeht, würde auch ein Stapel leerer Karten ohne irgendwelche Bilder, sondern lediglich mit einem Titel und einer Zahl versehen, für eine Lesung durchaus genügen. Darüber hinaus besäßen die Karten und, genauergesagt, die Bilder, die darauf abgebildet sind, aus sich selbst heraus überhaupt keine Kraft. Leblose Gegenstände, mehr nicht.

Oberflächlich gesehen, ist das sicherlich zutreffend und da ich mich selbst nicht unbedingt für einen besonders spirituellen Menschen halte, kann ich dieser kalten Logik durchaus folgen. Nichtsdestotrotz bin ich dennoch der Meinung, dass diese Bilder kraftvoll sind, wenn auch auf einer anderen Ebene. Ich verwende gern das folgende Gleichnis, durch das diese Schlussfolgerung in eine Perspektive gesetzt wird, die durchaus einen Sinn ergibt, zumindest für mich.

Ich vergleiche es gern mit einer Bühnenproduktion, wie ein Theaterstück oder ein Konzert. Oft ist das Publikum mit der Musik oder mit der Geschichte bereits vertraut, aber es bereitet ihm dennoch Genuss, Variationen in der Wiedererzählung oder Aufführung zu erleben. Sie mögen die feinen Nuancen und die persönliche Interpretation der Künstler, die jede Aufführung ein wenig anders machen. Während der Frontsänger, Schauspieler oder Dirigent vielleicht eine Schlüssel- oder Hauptrolle spielt, so stellen für mich die Bilder eines Decks das Äquivalent zum Bühnenbild dar, vor dem die Künstler agieren, und meine Rolle dabei ist die des Bühnenbildners. Ich habe die Hoffnung, dieses Bühnenbild und die Bühnentechnik sind so gut gemacht, dass sie etwas zu der Aufführung beitragen und einen besseren Vortrag der Aufführenden motivieren, was wiederum eine schönere Erfahrung für sie selbst und für das Publikum zur Folge hat … also für den Tarot-Leser und den Fragesteller gleichermaßen.

Genau wie also die Literatur mehr ist als nur eine Aneinanderreihung von Worten und Musik mehr als eine melodische Kombination von Klängen, so sind auch Tarot-Karten oftmals mehr als nur die Summe aus achtundsiebzig Bildern und sie besitzen die Fähigkeit, zu bereichern, zu betonen, zu stimulieren und zu motivieren. Im Kontext einer so gefühlsbetonten Erfahrung wie einer Tarot-Lesung kann man ihnen ganz sicher eine gewisse Macht einräumen.

Meine nächste Frage lautete: „Warum ein weiteres Deck?" Meine persönliche Antwort darauf war nicht ganz so klar. Mehrere Jahrhunderte lang wurde die Welt des Tarots durch die frühen Holzschnitte und die Decks im Marseille-Stil repräsentiert. Dann folgte 1910 das Rider-Waite als Inbegriff des Tarots, bei dem die Kleinen Arkana erstmalig vollständig von Pamela Coleman Smith illustriert worden waren. Einige Jahrzehnte später folgte dann Aleister Crowleys Thoth Deck, illustriert von Frieda Harris. Diese „Klassiker" waren die Säulen der Tarot-Szene ihrer Zeit und lange Zeit auch so ziemlich die einzigen Auswahlmöglichkeiten. Während der letzten paar Jahrzehnte gab es allerdings eine wahre Sintflut an Decks, die auf den Markt gespült wurden, sowohl von großen Verlagen als auch von einzelnen Künstlern, die ihre Projekte im Eigenverlag publizierten. Darunter finden sich alle denkbaren Variationen in Größe, Form, künstlerischem Stil und Themen.

Das letzte Wort ist noch nicht gesprochen, ob dies nun als gute oder als schlechte Entwicklung betrachtet werden soll. Einerseits ist es sicher positiv, dass wir nun die Möglichkeit haben, zu vergleichen und auszuwählen, welche Decks unseren persönlichen Geschmack und unseren Vorlieben am besten gerecht werden. Andererseits fürchten einige Leute der Szene, dass die Essenz, die Tradition und die Integrität des Tarots durch diese ungeheure Auswahl und Vielfalt an Produktionen verwässert, deren subjektive Qualität und Bedeutsamkeit vielleicht nicht in Übereinstimmung ist mit der Quantität.

Dennoch habe ich mich entschieden, der großen Bandbreite noch eine weitere Auswahlmöglichkeit hinzuzufügen. Ich vertraue darauf, dass diese neueste Ergänzung nicht als weitere Verwässerung betrachtet, sondern hoffentlich als positiver Beitrag zum konstanten Entwicklungsprozess des gesamten Tarot-Genres aufgenommen wird. Wir leben in einem anderen Zeitalter und ich glaube, dass das Tarot über die Komfortzone der Tradition hinaus auch die heutige Welt mit einbeziehen muss, um weiterhin maßgeblich bleiben zu können. Einige Decks tragen mit Hilfe des Gegenstands oder Themas der Illustrationen dazu bei. In meinem Fall betrifft es eher das Medium, mit dem ich arbeite und letztlich meine Bilder erschaffe. Glücklicherweise habe ich als Deck-Designer feststellen können, dass diese Kartensammlung nach wie vor einen weiten fruchtbaren Boden darstellt, auf dessen Grundlage man wunderbar experimentieren, modifizieren und die eigene, persönliche Interpretation finden kann. Dieses empfindliche und subjektive Gleichgewicht kann Viel zu diesem Entwicklungsprozess beitragen, ohne aber die Kernlehren des Tarots zu untergraben.

Mein persönlicher Stil beim Illustrieren ist sehr detailreich und erfordert sehr viel Zeit, um jede einzelne Karte zu erschaffen. Von vielen Deck-Designern wissen wir, dass ihre Projekte sie oft jahrelang in Anspruch nehmen. In meinem Fall ist das definitiv nicht anders und ich habe seit Oktober 2006 beinahe in Vollzeit an diesem Traumerbe-Projekt gearbeitet. Ich schätze, darin stecken weit über 3000 Arbeitsstunden.

Ich glaube nicht, dass irgendein Tarot-Deck es vermag, so viele Verkäufe nach sich zu ziehen, die den Zeitaufwand in finanzieller Hinsicht rechtfertigen könnten. Für einen Mindestlohn zu arbeiten, wäre da weitaus profitabler. Darum muss es wohl eindeutig eine andere Motivation geben. Für mich besteht diese Motivation darin, herauszufinden, wie die Ergebnisse meiner Mühen genutzt werden. Ich kann mir keine andere Kunstform vorstellen, bei der die eigene Arbeit so intensiv vom Publikum studiert und beachtet wird – sie wird nicht einfach nur zu dekorativen Zwecken aufgehängt, sondern tatsächlich benutzt und genau untersucht. Das ist freilich ein zweischneidiges Schwert, da jeder kleinste Fehler mit Sicherheit entdeckt wird. Aber dadurch offenbart sich auch manchmal eine unerwartete Wendung. Wie oft habe ich in Tarot-Foren oder in persönlichen E-Mails, die ich erhielt, Kommentare zu Besonderheiten und Zusammenhängen in meinen Bildern gelesen, die ich weder geplant und deren ich mir auch gar nicht bewusst war, bis jemand mich darauf hinwies, wie zum Beispiel eine interessante Form zwischen zwei anderen Elementen, die vielleicht ein drittes darstellen könnte. Manchmal ist das wirklich Absicht, aber oft eben auch nicht. Zufall? Glück? Sehen die Menschen nur, was sie sehen wollen, wie zufällige Bilder in den Wolken? Mag sein, doch wenn wir uns mit Tarot beschäftigen, ist keiner dieser Faktoren außer Acht zu lassen.

Doch trotz all dieser Vorteile musste es für mich auch eine vernünftige Erklärung dafür geben, weshalb ich mich einem so aufwändigen Projekt widmete. Auf einer gewissen Ebene, ob nun in der Tiefe der Symbolik, des künstlerischen Stils oder Konzepts, sollte es doch etwas mehr werden, als einfach nur ein weiteres Deck. Im Falle des vorhergehenden *Tarot of Dreams* war es die Einbindung der interaktiven Begleit-CD, auf der animierte Bilder der Karten sowie andere Besonderheiten zu finden waren. Beim *Traumerbe*-Projekt war es die Erschaffung einer Welt und eines Sinnzusammenhangs für die Bilder, das Erzählen einer Geschichte hinter der Geschichte sozusagen. Damit begab ich mich natürlich auf dünnes Eis. Aber schließlich gab es bereits viele Vorschläge für den Ursprung des Tarots, die die Szene akzeptieren oder verwerfen konnte. Je mehr ich allerdings über diese Ursprünge las, desto öfter ertappte ich mich dabei, wie ich ihren Wahrheitsgehalt in Frage stellte. Allem Anschein nach bezogen sich selbst die führenden Köpfe in der Geschichte des Tarots – Levi, Etteilla, Waite, Crowley, etc. – oft auf andere führende Köpfe vor ihnen und lehnten deren Ansätze oftmals auch ab. Immer wieder gab es Variationen und neue Wendungen, Abwandlungen und Veränderungen. Papst oder Päpstin? In welcher Reihenfolge müssen Stärke und Gerechtigkeit stehen? Welche Elemente werden assoziiert? Gehört Feuer nun zu den Stäben oder zu den Schwertern? Waren Pentakel oder Scheiben ein korrektes Symbol für die Erde? Gab es einen ursprünglichen Tarot-Aufbau und wenn ja, wie sah er aus und wer war eigentlich qualifiziert, darüber zu bestimmen?

Als ich mich auf verschiedenen Foren von Tarot-Webseiten aufhielt, schnappte ich oft hitzige Diskussionen zu diesen Themen auf. Da diese Variationen nun einmal existierten, mussten demnach einige davon falsch sein. Wären sie deswegen gleich ein Tarot-Äquivalent dafür, dass jemand einen falschen Gott anbetet? Oder noch verblüffender: Wären damit Tarot-Lesungen, für die ein symbolisch oder strukturell inkorrektes Deck verwendet wurde, gleichsam hinfällig? Wie auch immer, sollte es ein echtes Tarot geben, ich wäre nicht imstande zu entscheiden, welches das sein sollte. Doch eine Sache wurde mir immer klarer: Je mehr führenden Tarot-Deutern, Autoren von Tarot-Büchern usw. ich begegnete, desto deutlicher wurde mir bewusst, dass es eigentlich gar keine Rolle spielt. Die Idee eines echten Tarots, sollte es irgendwann einmal existiert haben, war in ihren Augen überflüssig. Im Gegensatz zu den vielen zersplitterten Religionen war das Tarot – trotz seiner fragwürdigen Herkunft und seiner Variablen – immerhin formbar und durchaus in der Lage, jedem Einzelnen das geben zu können, was er gerade brauchte. Mit diesem Gedanken im Hintergrund fühlte ich mich schon wesentlich wohler und konnte meiner Fantasie freien Lauf lassen. Ich würde einfach meine eigene Erklärung für die historischen Ursprünge und den Sinn und Zweck des Tarots erfinden, eine Welt, aus der auch meine Charaktere stammten. Aber ich würde dies auf eine Weise tun, die dem Deck an sich nicht schadet, sondern ihm vielmehr gestattet, eine leichter begreifliche Form und Struktur anzunehmen.

In diesem *Traumerbe*-Tarot habe ich mich der Erschaffung äußerst persönlicher Bilderwelten hingegeben. Ich habe zahlreiche Elemente und Charaktere meiner früheren Werke, die nichts mit Tarot zu tun hatten, mit eingebunden. Das war ein sehr angenehmer Arbeitsprozess, denn es gelang mir mit Leichtigkeit, diesen Elementen neue Rollen zuzuordnen. Es ist, als hätten sie nur darauf gewartet, dass ich ihnen endlich ihren angemessenen Platz zuweise. Oft passten sie ganz einfach hinein.

Darüber hinaus war es auch mein Ziel, eine Reihe von Bildern zu erschaffen, die mehr sind als nur dekorativ oder eine Augenweide. Bilder, die auch unabhängig von dem darüber abgedruckten Titeln funktionieren würden und ohne, dass man notwendigerweise die Anzahl der darauf abgebildeten Stäbe, Münzen usw. erfassen muss, und die stattdessen in der Lage waren, ihre Bedeutung aus sich selbst heraus zu transportieren und sich selbst eindeutig zu identifizieren. Das ist vielleicht ein standardmäßiger Anspruch, aber ich finde, dass viele Karten aus vielen Decks diesem Anspruch nicht gerecht werden.

Auch habe ich versucht, Bilder zu erschaffen, die flexibel sein würden und dem Leser die Möglichkeit ließen, selbst in den Schöpfungsprozess mit einzutauchen, wobei er die Bilder als eine Art Basis benutzen kann, von der ausgehend er seine eigenen Ansichten und Variationen einfließen lassen kann. Das ist der Hintergrund für die vielen Nahaufnahmen, in denen die Feinheiten des Gesichtsausdrucks sich bei einer Lesung intensiv ausdeuten lassen oder, ganz im Gegensatz dazu, in denen die gesichtslosen Ritter ein extremes Beispiel für „weniger ist mehr" darstellen. Ähnliches gilt für die Verwendung von Masken (ein weiteres verbreitetes Merkmal meiner anderen Werke), die den Betrachter dazu einladen, hinter die Fassaden zu blicken und selbst im Geiste das Gesicht zu erschaffen, von dem er meint, dass es die entsprechende Persönlichkeit und den Charakter am besten zur Geltung bringt.

Auch wenn ich damit riskiere, mir die Missbilligung einiger Tarot-Wissenschaftler einzuhandeln, die weitaus qualifizierter sind als ich selbst, so messe ich doch der vermeintlich symbolischen Verwendung von Farben, wie sie in den klassischen Decks der Vergangenheit verwendet wurden, keine so große Bedeutung bei. Aus meiner Sicht als langjähriger professioneller Grafikdesigner bin ich mir des Zusammenhangs zwischen der Verwendung von Farben und der Kosteneingrenzung beim Druckvorgang durchaus bewusst. Nun mögen diese Einschränkungen in der Vergangenheit durchaus zutreffend gewesen sein – sehr wahrscheinlich sogar, vor allem wenn für die Produktion der Karten speziell dafür zubereitete Tinte verwendet werden musste, denn damals gab es noch keine Prozessfarben, die jede beliebige Farbe darstellen konnten. Kurzum: Viele Farben, die von den Karten-Designern der Vergangenheit verwendet wurden, gehen ebenso sehr auf eine begrenzte Auswahl zurück, wie es auch esoterische Gründe für ihre Verwendung gegeben hat.

Zur Demonstration dieses Vorgangs und der Flexibilität enthält dieses Buch neben meinen eigenen Interpretationen der Karten auch diejenigen von vier weiteren Menschen, die allesamt bekannte Persönlichkeiten der Tarot-Szene sind. Sie haben zu diesem Projekt beigetragen, indem sie ihre persönlichen Deutungen der Bilder, die sie alle unabhängig voneinander schrieben, zur Verfügung stellten. Meine Absicht ist es, durch diese unterschiedlichen Betrachtungsweisen eine Reihe von Hinweisen und miteinander im Vergleich stehender Einsichten sowohl dem Anfänger als auch dem erfahrenen Tarot-Deuter Hilfestellungen und Sichtweisen zur Verfügung zu stellen. Dir selbst steht es natürlich auch frei und du bist herzlich dazu eingeladen, deine eigenen Sichtweisen hinzuzufügen.

Ich bin sehr dankbar und fühle mich geehrt durch die Beiträge von Ruth Ann und Wald Amberstone, James Ricklef und Leisa ReFalo.

Die Mitwirkenden

Ciro Marchetti (*cm*) ist ein digitaler Künstler, dessen Werke bereits zahlreiche Auszeichnungen errungen haben und in verschiedenen Publikationen abgedruckt wurden. Durch seine beiden vorangegangenen Decks, *The Gilded Tarot* und das *Tarot of Dreams*, die beide sehr gut aufgenommen und zum Zeitpunkt ihrer jeweiligen Veröffentlichungen zu den beliebtesten Decks des Jahres sowie von den Mitgliedern und Besuchern der einflussreichen *Aeclectic-Tarot*-Webseite unter die Top Ten der beliebtesten Decks aller Zeiten gewählt worden, hat sich Marchetti im Laufe der letzten Jahre einen Ruf in der Tarot-Szene erarbeitet.

Weitere Beispiele für seine Kunst findest du auf seiner Webseite *www.ciromarchetti.com* und *www.legacyofthedivinetarot.com*, deren Inhalte sich vor allem um dieses Deck drehen.

Ruth Ann und **Wald Amberstone** (*ra&wa*) sind in der Tarot-Szene als zutiefst kreative und originelle Lehrer bekannt. Sie sind die Begründer der *Tarot School* und Autoren der Bücher *Tarot Tips* und *The Secret Language of Tarot*. Darüber hinaus sind die Amberstones Veranstalter des *Readers Studios*, einer jährlichen internationalen Konferenz für Tarot-Berater.

Du findest sie im Internet unter *www.TarotSchool.com*.

James Ricklef (*jwr*) ist ein zertifizierter Tarot-Meister – ein Tarot-Berater, Dozent und Autor. Während des alljährlichen Tarot Symposiums in Los Angeles hat er schon oft Workshops angeboten und war auch schon Gast beim New Yorker Tarot Reader's Studio und beim Tarot Symposium der San Francisco Bay Area. Er ist der Autor des preisgekrönten Buches *Tarot Tells the Tale* sowie dessen Nachfolger *Tarot: Get the Whole Story*. Sein neuestes Deck, *Tarot of the Masters*, ist über ihn direkt erhältlich.

Weitere Informationen über seine Bücher und Tarot-Werke findest du unter *www.llewellyn.com*. bzw. auf *www.jamesricklef.com*.

Leisa ReFalo (*lr*) ist eigentlich Softwareentwicklerin mit einem tiefen und beständigen Interesse für alles, was mit Tarot zu tun hat. Sie ist die Autorin zweier Tarot-Decks: dem *Tarot of Color* und dem *Kaleidoscope Tarot*. Unabhängig voneinander hat sie Decks, Bücher, Zeitschriften, Lehrmaterial und anderes dem Tarot verwandtes Material veröffentlicht. Mit ihrem Podcast, *The Tarot Connection*, vereint sie die aktiven Köpfe der Tarot-Welt in einem Hörerlebnis zusammen, wo alles, was mit Tarot zu tun hat, diskutiert wird.

Ihre Arbeiten sind zu sehen unter *www.tarotconnection.net*, *www.tarotjourney.net* und *www.tarotofcolor.com*.

DIE HOHEN ARKANA

DER NARR

Hier haben wir also den Narren als die 0. Karte, die den hohen Arkana vorausgeht. Unser Held springt und balanciert geschickt auf der Sanduhr. Der farbige Sand bestätigt noch einmal, dass wir uns hier am Anfang befinden. Aus seiner bunt verzierten Reisebox fliegen flüchtige Eindrücke von der Zukunft, Charaktere, denen er begegnen wird und Ereignisse, die ihm bevorstehen. Voller Enthusiasmus streckt er die Hand nach ihnen aus, die Welt liegt ihm buchstäblich zu Füßen. Er ist voller Eifer und Unschuld und er ist unwissend und darum frei von der Angst vor der Unsicherheit seiner Position und den potenziellen Gefahren, die dahinter eventuell verborgen liegen. Sein treuer Begleiter, der nicht ganz so enthusiastisch daher kommt und sich ihrer beider Sicherheit eigentlich gar nicht so sicher ist, bleibt ihm dennoch auf den Fersen. Beginnen wir also die Reise.

Der Charakter des „Narren" hat mich immer schon fasziniert und so tauchte er in verschiedensten Verkleidungen bereits in meinen früheren Arbeiten auf. Umso verblüffter war ich, als ich mir seiner Rolle als führender Protagonist in einem Tarot-Deck bewusst wurde. Diese schillernde historische Gestalt ist dem ersten Eindruck nach ein Einfaltspinsel und eine lächerliche Figur zur Unterhaltung des königlichen Hofes. Tatsächlich weiß man aber vom Hofnarren, dass er oftmals das Gehör des Königs fand und das Privileg besaß, Wahrheiten auszusprechen, wenn es niemand sonst gewagt hätte. Darüber hinaus könnte diese Vertrautheit mit dem König und sein Zugang zu ihm bei vielen Gelegenheiten dazu geführt haben, dass die Rolle des Narren ein wenig mehr umfasste, als einfach nur für Unterhaltung und Zerstreuung zu sorgen – eine Rolle, in der tatsächlich auch seine Meinung gefragt sein konnte und er auf diese Weise mit über die Dinge entschied und sie beeinflusste. Darum wird ihm diese Rolle auch von Anderen in einem politischen Rat oder bei Hofe durchaus geneidet und war auch gefürchtet.

Ich habe die Figur des Narren auf vielen Karten der hohen Arkana gemeinsam mit einer Sanduhr dargestellt. Die Sanduhr, die stets eine neue Position einnimmt und mit rotem Sand gefüllt ist, ist eine Metapher für den Fortgang und das Verrinnen von Zeit während der Reise. (cm)

Über, jenseits und vor der Welt tanzt der Narr den Tanz der Möglichkeiten. Zeit und Raum sind seine Spielzeuge. Er berührt die Sanduhr und setzt so den Sand der Zeit in Bewegung. Er wirft die Karten um sich und macht, dass die Welt sich dreht. Wie sein Hund warten auch wir auf den Fortgang der Reise. *(ra&wa)*

Es ist entzückend, wie auf der Karte des Narren die anderen Karten der hohen Arkana aus dieser Box strömen, die wie ein Kastenteufelchen anmutet, eine leise Anspielung auf die „Reise des Narren". Diese Tatsache wird noch dadurch verstärkt, dass dieser Narr auch im Folgenden immer wieder auftaucht auf unserer Reise durch die hohen Arkana. (Zum Beispiel beim Rad, dem Gehängten und dem Teufel). Mir gefällt diese Nuance, die dem Narren im *Traumerbe*-Tarot hinzugefügt wurde, denn nur allzu oft vergessen wir die einzigartige Position des Narren innerhalb der hohen Arkana, denn er steht losgelöst von den anderen Archetypen (wie durch seine Zahl 0 angedeutet wird) und ist doch gleichzeitig ein grundlegender Teil von ihnen.

Ein weiterer interessanter Aspekt dieser Karte ist die Tatsache, dass der Narr hoch über der Erde schwebt, was ihm einen gewissen unirdischen Hauch verleiht. Wie immer können wir uns auch hier nur fragen, ob diese Figur nun närrisch ist (wie er da ohne Raumanzug im Weltall schwebt) oder ob es nur so scheint, da seine angeborene Weisheit jenseits unserer alltäglichen und irdischen Welt liegt. (*jwr*)

Der Geist des Äthers

Schlüsselworte: Anfänge, Potenzial, ewige Jugend, Offenheit, Anfänger-Geist, Idealismus, der Beginn von etwas Neuem, neues Verstehen, Originalität, Neustart, hohe Ideale, Exzentrizität, Wegkreuzungen, Neuling, auf der Suche nach neuen Erfahrungen, Unschuld, Spontaneität, sorglos, unabhängig, rebellisch, Trickster.

Schlüsselworte der Umkehrung: Torheit, Indiskretion, Unverantwortlichkeit, leichtsinnig, Zaghaftigkeit, augenscheinlicher Narr, Naivität, albern, töricht, unbesonnen, überoptimistisch, falsche Entscheidung, rebellisch, unmotiviert, Nachlässigkeit.

Beschreibung: Der Narr schwebt im Äther, in der dünnen Luft des Himmels hoch über der Erde. In der einen Hand hält er ein Kastenteufelchen, das gefüllt ist mit den Mysterien und Bausteinen des Universums. Mit der anderen Hand dirigiert er die Bewegungen der Karten, die aus dem geöffneten Kasten entströmen. Er ist der Herr über Zeit und Raum, dargestellt durch seine Macht über die Schwerkraft und die schwebende Sanduhr. Der treue hündische Gefährte des Narren hängt mit den Zähnen an einem Band.

Bedeutung: Seinen Ursprüngen nach war der Narr ein zerzauster Idiot, der sich jedoch in den heiligen Narren verwandelte, der der Same aller Möglichkeiten und aller Schöpfung ist. Der Narr ist Leere und Unendlichkeit zugleich. Du darfst Bewegung, Veränderung und Neustart erwarten, wenn du ihm begegnest. Es ist nicht nur in Ordnung, sondern sogar anzunehmen, dass du nicht den ganzen Weg erkennen kannst, auf den du dich nun begibst. Vertraue darauf, dass das Universum wirklich ein ganzheitlicher Ort ist und dass der nächste Schritt dir zur rechten Zeit offenbart werden wird.

Zugeordnetes Element: Luft (heiß/trennend und feucht/sich anpassend). Luft ist aktiv, maskulin, intellektuell, logisch, kommunikativ, erfinderisch, mühselig, idealistisch, kritisch und klar.

Zugeordneter Planet: Uranus. Uranus ist der Planet der Rebellion. Er steht für launisches und bizarres Verhalten und bietet eine neue Sichtweise auf die Dinge. Uranus liebt das Brechen mit Traditionen und kann den Status Quo nicht hinnehmen. Uranus herrscht über Originalität und Erfindungen und man hält ihn für eine höhere Oktave launischer Energien.

Gaben: Spontaneität, Vertrauen, Neustart, Wunder, Unschuld.

Rat: Vergiss alles, was du weißt. Mache dich auf den Weg ins große Unbekannte. (*lr*)

Im Anfänger-Geist gibt es viele Möglichkeiten,
doch in dem des Experten gibt es nur wenige.
– Shunryu Suzuki

DER MAGIER

Im Gegensatz zum Rider-Waite Zauberer mit seinem Tisch und der Elemente-Symbolik habe ich mich entschieden, hier einen weniger mystischen, doch keineswegs weniger faszinierenden Charakter darzustellen, einen Mann der Bildung, Student und Lehrer der Wissenschaften und der physischen Mächte des Universums gleichermaßen. Er ist Fleisch gewordenes, greifbares Wissen, er weiß darum, dass die Kräfte sich auf die Probe stellen und messen lassen, aber dennoch Wunder bleiben. Das Instrumentarium, die Ausrüstung und die Bücher sind Hinweise auf seine alchemistischen Wurzeln. Demonstrationen und Zurschaustellungen dieses Wissens und Manifestationen dieser natürlichen Kräfte können jenen, die über weniger Wissen verfügen, durchaus als Magie erscheinen, doch er ist niemand, der etwas heraufbeschwört und seine Taten sind keine Taschenspielertricks. Unser zaubererhafter Charakter hantiert geschickt mit seinen verschiedenen Instrumenten, misst chemische Verbindungen und kalibriert mechanische Triebwerke, wobei er fortwährend bemüht ist, deren filigranes Zusammenspiel zu verstehen. Seine Fingerfertigkeit ist zweifelsohne bedingt durch seine besondere körperliche Missbildung, was in vielen Kulturen als Zeichen für einen besonders begabten Menschen gilt. (*cm*)

Bewandert in der Magie und mit dem gesamten Wissen des Universums – Vergangenheit, Gegenwart und Zukunft – zu seiner Verfügung, lässt der Magier die Dinge geschehen. Er ist ein Meister der Mysterien der Alchemie, der Elektrizität und der Bewegungen und Musik der Sphären, er tut nichts Unnützes und macht keine Fehler. (*ra&wa*)

Ursprünglich war der Magier im Tarot ein Scharlatan, ein Trickser oder ein Taschenspieler in den frühesten Decks. Im Laufe der Zeit wandelte sich sein Bild zu einem mystischen oder spirituellen Magier und in den letzten Jahrzehnten wurde ihm in manchen Decks eine schamanische Aura verliehen. Im *Traumerbe*-Tarot haben wir einen Magier, der an die Zeit der Alchemisten erinnert (siehe zum Beispiel ein Gemälde von Sir William Douglas mit dem Titel *The Alchemist*), wodurch die Grenzen zwischen Wissenschaft, Magie und dem Okkulten verwischen, was seine Bedeutung noch erweitert wird, denn er kennt sich mit allen dreien aus.

Diese Fusionierung von Eigenschaften wird in einer ganzheitlichen Betrachtung auch durch die anderen Aspekte dieser Karte deutlich. Die Bücher im Regal hinter dem Magier deuten hin auf sein Studium und seine Fähigkeiten, während die Gegenstände und die Ausrüstung auf dem Tisch vor ihm die manifestierten Ergebnisse dieses Studiums darstellen. Auch der elektrische Bogen, auf den er seine ganze Aufmerksamkeit richtet, bildet ein bedeutungsschweres Element dieser Karte. Natürlich könnte es einfach nur den Spruch „wie oben, so unten" symbolisieren, doch mit dem Blitzschlag zeichnet er bereits den sprichwörtlichen Untergang voraus, der in der Karte des Turms zum Ausdruck kommt. Darum könnte diese Karte auch ein wenig Überheblichkeit seitens des Magiers darstellen. (*jwr*)

Der Magus der Macht

Schlüsselworte: Manifestation, Kreativität, Geschicklichkeit, Konzentration, Macht, Brillanz, Synchronizität, Flexibilität, Grundsatz, Neubeginn, ausgesuchte Bestimmung, Erfolg, Lernen, bewusste Wahrnehmung, Handeln, Transformation, Entstehung, geschickt, souverän, ernsthaft, aktiv.

Schlüsselworte der Umkehrung: vom Ego beherrscht, von sich eingenommen, lügnerisch, abgestumpft, verwirrt, Dieb, eigennützig, verborgene Wahrheit und Durchtriebenheit, mangelnde Willenskraft, leichter Ausweg, Magus, Geisteskrankheit, Schande, Unruhe, schlechter Ausgang, schwacher Wille, schurkenhaft.

Beschreibung: In seiner Bibliothek studiert der Magier, wie man die Mächte der Natur manipuliert. Er ist ein Wissenschaftler, ein Student, ein Alchemist und ein Mystiker, wie man anhand der Bücher in den Regalen erkennen kann. Sein Arbeitstisch ist voller Modelle, Skizzen und Vorrichtungen. Eine Gruppe von Reagenzgläsern enthält die reinen alchemistischen Substanzen Quecksilber (Gleichgewicht), Schwefel (Ausdehnung) und Salz (Kontraktion). Er ist entschlossen, sich jede Methode oder jedes Werkzeug zunutze zu machen, um die Welt der Phänomene zu studieren und zu beherrschen.

Bedeutung: Der Magier steht für die kreative Anwendung von Willen und Studium. Die Grundmaterialien der Schöpfung sind die Elemente Feuer (Inspiration), Wasser (Emotionalität), Luft (Geisteskraft) und Erde (der Körper). Der Magier ist dem Gott Hermes verwandt, weshalb sich seine Magie gleichermaßen als Vorführung wie auch als Verbreitung von Ideen äußern kann.

Zugeordnetes Element: Luft (heiß/trennend und feucht/sich anpassend). Luft ist aktiv, maskulin, intellektuell, logisch, kommunikativ, erfinderisch, mühselig, idealistisch, kritisch und klar.

Zugeordneter Planet: Merkur. Der Merkur ist der Planet der Kommunikation, des Intellekts und des Bewusstseins. Der Merkur ist logisch, kritisch, geistreich, eigenwillig und rational. Das Sprechen, Schreiben, Lernen und das Unternehmen kurzer Reisen sind Aktivitäten, die von Merkur beherrscht werden. Merkur steht für unseren Drang, uns auszudrücken. Merkur kann aber auch protzig, unzuverlässig und arglistig sein.

Gaben: Manifestation, effektive Kommunikation.

Rat: Der Erfolg kann dir gehören, wenn du Talent und Aufwand miteinander verbindest. (*lr*)

Doch der ganze Zweck von Transformation …
Geheimnisse, Transformation und Manipulationen – dies waren die Dinge,
bei denen Marcel ein wahrer Zauberer war.
Dies ist seine Magie.
– Robert Barnes

DIE HOHEPRIESTERIN

Verglichen mit dem Magier, der für das physische, greifbare Wissen steht, steht die Hohepriesterin für spirituelles Wissen – welches sich weder messen, noch einfangen oder quantitativ bestimmen lässt –, doch das macht sie nicht weniger machtvoll. Sie verfügt über das Unterbewusste oder die innere Stimme.

Die weibliche Gestalt taucht aus den tiefen, stillen Wassern des Unterbewussten hinauf, in der Hand hält sie eine Schriftrolle, die auf altes esoterisches Wissen hindeutet. Der Granatapfel mit seinen vielen Kernen ist ein Symbol der Fruchtbarkeit, doch einigen Überlieferungen zufolge war er auch die verbotene Frucht des Gartens Eden und ist als solcher ein weiterer Quell des Wissens. Auch die Eule ist traditionell ein Symbol für Weisheit und eine passende Gefährtin. Der goldene Kopfschmuck erzeugt ein Bild wie einen Heiligenschein, durch den, zusammen mit dem Kapuzengewand, religiöse, beinahe Madonna-hafte Töne mitschwingen.

Die Priesterin ist als distanzierte Gestalt dargestellt, das ganze Gegenteil der Karte der Herrscherin, die noch folgt, und sie verströmt weder Wärme noch Behaglichkeit. Ihre Macht ist geradezu greifbar und unbestritten. Man muss sie nicht fürchten, doch in ihrer Nähe empfinden wir eine gewisse Kälte und Unbehagen.

Etwas Persönliches: Als Kind besuchte ich eine Grundschule, die von römisch katholischen Nonnen geleitet wurde. Das Bild der Schulleiterin oder „Mutter Oberin" ließ mich nicht los, als ich die Hohepriesterin erschuf. (cm)

Die lunare Hohepriesterin ist die Quelle allen Wassers und die Urquelle der weiblichen Mysterien. Sie ist die Wächterin des Tores, das zu altem, verborgenem Wissen führt. Sie hält die Schriftrolle mit dem Gesetz des Universums und den Granatapfelschlüssel, der den Blick hinter den Schleier und in den inneren Tempel gestattet. Du trittst vor sie hin, um ihr deine wichtigsten Fragen zu stellen. Sie gibt dir Antwort, doch ohne Worte. *(ra&wa)*

Manchmal sehe ich die Hohepriesterin als die „Weise Alte" und dieser Archetyp wird in ihrer Karte im *Traumerbe*-Tarot ziemlich deutlich, vor allem, da sie reich an Symbolik ist, die für diese Gedanken steht. (Besonders die Eule, die der Athena, der griechischen Göttin der Weisheit, heilig war.) Diese Priesterin taucht aus einem Wasserbecken empor, das ein Symbol für unser Unterbewusstes ist und vielleicht auch auf C.G. Jungs „kollektives Unterbewusstsein" anspielt. Das kapuzenbesetzte Gewand erweckt eine Ahnung, sie könnte ein initiiertes Mitglied einer Geheimgesellschaft sein, ähnlich den alten Mysterienkulten. In der einen Hand hält sie ein zusammengerolltes Pergament (ein Symbol für altes, verborgenes Wissen) und in der anderen einen Granatapfel. Diese Frucht wird manchmal als Symbol für Rechtschaffenheit betrachtet und ist in religiösen Gemälden oft in der Hand der Jungfrau Maria zu sehen. Daneben spielt der Granatapfel auch im Mythos der Persephone eine bedeutende Rolle. Nachdem er die Göttin entführt hatte, brachte Hades sie dazu, einige Granatapfelkerne zu essen und aufgrund dessen war sie dazu verdammt, alljährlich einen Teil des Jahres in der Unterwelt zu verweilen. *(jwr)*

Die Priesterin des silbernen Sterns

Schlüsselworte: Intuitiv, tief, verschwiegen, Hüterin verborgenen, heiligen Wissens, lunar, Erinnerung, Reflexion.

Schlüsselworte der Umkehrung: Seicht, oberflächlich, manipulativ, launisch, unerreichbar, verschlossen, kontrollierend, eingebildet, rücksichtslos, Eifersucht, feindselig, Kurzsichtigkeit, Akzeptieren von oberflächlichem Wissen, unangemessenes Urteil.

Beschreibung: Die verschleierte Hohepriesterin steigt auf aus den Wassern des Unterbewussten, sie hält eine Schriftrolle des Wissens und einen Granatapfel der Fruchtbarkeit und okkulten Wissens. „Okkultes Wissen" ist das Wissen um das Verborgene. Sie trägt einen Kopfschmuck, der an einen Heiligenschein erinnert, und auf ihrer Stirn trägt sie die Hörner der Hathor mit dem dreifachen Mond. Hathor ist die altägyptische Göttin der Liebe, des Tanzes und der Musik und sie ist die Beschützerin der Frauen. Der Mond, der der Hohepriesterin zugeordnete Planet, ist durch zwei kalte Steinsäulen hindurch zu sehen. Eine Eule, die für den Blick in die Weite (Divination) steht, schießt von oben herab.

Bedeutung: Die Hohepriesterin ist die Hüterin der Geheimnisse und Mysterien. Die Hohepriesterin steht für sämtliche Eigenschaften aller jungfräulichen Göttinnen – sie ist empfänglich, einschließend, aufnehmend und wissend. Die Hohepriesterin ist die Wächterin der Tore weltlichen, alltäglichen und spirituellen Wissens gleichermaßen. Wenn die Hohepriesterin erscheint, achte auf deine Intuition, Vorahnungen und Träume.

Zugeordnetes Element: Wasser (kalt/bindend und feucht/sich anpassend). Wasser ist passiv, weiblich, empfänglich, nährend, rätselhaft, fruchtbar, mitfühlend, fließend, sinnlich, sexuell und emotional.

Zugeordneter Planet: Mond. Der Mond beherrscht die Emotionen, eingeschlossen der Stimmungsschwankungen und der Instinkte. Er steht für alles, was in der Natur zyklisch und rhythmisch ist. Der Mond kann auch trügerisch, verschlossen, illusionär, süchtig machend und kalt sein.

Gaben: Intuition, Einsicht, Blick unter die Oberfläche, Erkundung.

Rat: Halte selbst einen Rat ab und suche die Antworten in deinem Inneren. (*lr*)

> *In jeder liebenden Frau ruht auch eine Priesterin der Vergangenheit –*
> *die fromme Wächterin einer Liebe, deren Gegenstand verloren ging.*
> – Henri Frederic Amiel

DIE HERRSCHERIN

Fruchtbarkeit und Nähren werden von der Hauptfigur, der Mutter Erde, repräsentiert, die uns hier in Gestalt einer schwangeren Frau begegnet, die sanft die Samen der Fortpflanzung in den Wind bläst. Sie ist umgeben von einer Reihe von Elementen, die die Fülle und die Vielfalt des Lebens in all ihren unzähligen Formen repräsentieren, begonnen im Meer im unteren Teil des Bildes bis hin zu den Wolken am Himmel. In diesem Bild steht die Mutterschaft als allgemeine Metapher für das Leben spendende Prinzip – nicht nur für die Geburt eines Kindes, sondern für jedes kreative Unterfangen, das wir ebenfalls während der anfänglichen, verletzlichen ersten Schritte beschützen müssen. (*cm*)

Schöpferin und Erhalterin des Lebens in allen Formen – Same und Ei, Blume und Frucht, Flügel und Flosse und Pelz – die fruchtbare Herrscherin herrscht über ein Reich des Lichtes ohne Schatten. In ihrer Gegenwart ist alles nur Schönheit, Farbe, Vielfalt und harmonisches Zusammenspiel. Als Mutter Natur ist sie Seele und Geist unendlicher Fülle. (*ra&wa*)

Diese Karte ist wunderbar üppig und von verschwenderischer Fülle. Die Herrscherin zeigt an, dass die Natur (und Mutter Natur selbst) das ganze Gegenteil der von Menschen gemachten Welt ist, die wir in der nächsten Karte sehen werden. Durch die Darstellung von Tieren (wie einem Elch, Schwänen und Walen) und Pflanzen (vom Samen über die Blumen bis hin zu den Früchten) scheint es, dass sämtliche Aspekte der Natur sich in der Herrscherin des *Traumerbe*-Tarots vereinen.

Diese Herrscherin hier ist auch ganz offensichtlich schwanger, wodurch Fruchtbarkeit und Schöpfungskraft im Allgemeinen angezeigt werden. Auch wird dadurch die archetypische Bedeutung der Mutterschaft mit allem, was dazu gehört, gekennzeichnet. Weiter wird deutlich, dass die Herrscherin mit Sinnlichkeit assoziiert wird (im Gegensatz zur kühlen weiblichen Rätselhaftigkeit der Hohepriesterin), sie steht für die Liebe sowohl in ihrem mütterlichen wie auch in ihrem ehelichen Aspekt. (*jwr*)

Tochter der Mächtigen

Schlüsselworte: Fruchtbarkeit, Schwangerschaft, Mutter Erde, Empfängnis, Nähren und Fürsorge, die Göttin Venus, Geburt, materielle Fülle, Freude, Zufriedenheit, Mutter Natur, Freigiebigkeit, das Weibliche, Anmut, Wohlstand, Liebe, Mutterschaft, Schönheit, innerer Antrieb, Fortpflanzung, das Wertschätzen von Schönheit, das Mutterprinzip.

Schlüsselworte der Umkehrung: Oberflächlich, faul, überfürsorglich, erdrückend, maßlos, materialistisch, Streben nach Status, eitel, Untreue, hedonistisch, promiskuitiv, extravagant.

Beschreibung: Die wunderschöne, schwangere Herrscherin steht vor einem goldenen Tor und bläst die Samen der Pusteblume in den Wind. Sie ist umgeben von einer Vielzahl von Pflanzen und Tieren. Die Samen, die Eier und der Hase stehen für Fruchtbarkeit. Schwan und Wal mit ihren Jungen verdeutlichen das Nährende.

Bedeutung: Die Herrscherin ist die weibliche Herrscherkraft. Sie könnte die Herrscherin eines Königreichs sein oder die Ehefrau oder Witwe eines Herrschers. Sie steht stellvertretend für alle Muttergottheiten, darunter auch Mutter Erde, welche die fruchtbare Erde verkörpert und die

Mutter allen Lebens ist. Darüber hinaus steht die Herrscherin für den Genuss alles Angenehmen und Schönen. Finde heraus, wie du dich selbst und andere nähren kannst.

Zugeordnetes Element: Erde (kalt/bindend und trocken/Gestalt gebend). Die Erde ist passiv, weiblich, erdend, solide, sich langsam bewegend, verwirklichend, produktiv, fruchtbar und praktisch.

Zugeordneter Planet: Venus. Die Venus ist der Planet der Liebe, des Wohlstands, des Vergnügens, der Schönheit, der Harmonie und der Zärtlichkeit. Im Reich der Venus finden wir Tanz, Drama, Dichtkunst, Luxus und schöne Umgebungen. Die Venus kann auch besitzergreifend, co-abhängig, manipulativ und durchtrieben sein.

Gaben: Wachstum, Leben, Freigiebigkeit.

Rat: Erfreue dich an der Schönheit und Freigiebigkeit dieser Welt. (*lr*)

Die Schönheit ist eine kostbare Spur,
die die Ewigkeit für uns erscheinen lässt
und die sie uns wieder nimmt.
Auch ist sie Fleisch gewordene Ewigkeit
und ebenso ein Zeichen des Todes.
– Eugene Ionesco

DER HERRSCHER

Die Schöpfungen der Herrscherin erhalten nun Struktur und eine Ordnung. Hier sehen wir absolute unzweifelhafte Macht, die Autorität und Kraft, die Gesetz und Gleichgewicht durchsetzt. Die Ernten mögen reich sein, das Meer mag uns Fülle bescheren, die Bevölkerung mag das Potenzial besitzen, Großes zu erreichen, doch ohne ein zentrales Kontrollsystem kann Wachstum sich zu Chaos ausweiten und Wettstreit wird zu Konflikt. Der Herrscher also steht für Regeln, Struktur und Ordnung. Selbst die vier Könige der Kleinen Arkana müssen sich seiner Herrschaft unterordnen; ihre Königreiche werden hier durch die vier Säulen um seinen Thron dargestellt.

Ich habe mich entschieden, den Herrscher als eine Mischung aus einem ägyptischen Pharao und einem römischen Imperator darzustellen, beides historische Gestalten, die absolute Macht verkörpern. Er selbst wie auch sein Palast sind zusätzlich noch mit bekräftigenden Symbolen verziert: das goldene Ankh auf seiner Brust, die von Adlern gekrönten Säulen. Licht fällt durch die Bleiglasfenster mit dem Widderkopf, der seine astrologische Verbindung und Assoziation darstellt.

Der Palast des Herrschers ist ein Schlüsselelement in meiner Geschichte und dient als Symbol für die Zivilisation, die vor ihrem katastrophalen Ende ruhmreiche Zeiten hatte. Der Palast taucht in dieser Rolle und Darstellung noch einmal auf in den Karten des Turms und des Sterns. (*cm*)

Als Sohn und Sonne des Morgens, als Erster unter den Mächtigen steht der Herrscher vor dem glühenden Fenster okkulter Einblicke und Erkenntnisse. Umgeben von Symbolen der Macht, ist er der Herrscher aller Elemente und aller Welten. Er ist es, der für alles den rechten Platz findet, was von der Herrscherin erschaffen wird, und der jeder Kraft und Gestalt die rechte Funktion verleiht. (*ra&wa*)

Wie schon die Herrscherin ist auch die Karte des Herrschers opulent, allerdings unterscheiden sich beide Karten erheblich voneinander in der Darstellung ihres Reichtums. Der Thronsaal, den wir hier sehen, ist von makelloser Vollkommenheit, alles ist an seinem Platz, so, wie es sein „sollte". Dadurch wird offenbar, was den Herrscher ausmacht – er ist gebieterisch, beherrschend und mächtig. Er repräsentiert die von den Menschen geschaffene Welt der Zivilisation mit all ihren Strukturen und ihrer Stabilität … und ihren Einschränkungen. Außerdem steht er für das Fachwissen, durch das diese künstliche Welt geschaffen wurde, für die Autorität, die über sie herrscht, und für die Macht, die sie beschützt und erhält. Allerdings ist er auch einer mit einer „ich zuerst"-Einstellung, wie durch seine astrologische Verbindung zum Widder offenbar wird.

Mir gefällt besonders gut, dass die vier Könige der kleinen Arkana in Gestalt der Säulen auf dieser Karte präsent sind, wobei ihre untergeordnete Rolle dadurch deutlich wird, dass ihre Säulen kleiner sind als der Herrscher selbst. Die Eigenschaften des Herrschers finden sich auch in den Königen wieder. Doch die Eigenschaften der Könige sind die Grundlage, auf der der Herrscher aufbaut; die Eigenschaften der Könige bilden die Grundlage für den Archetypen des Herrschers. (*jwr*)

Sohn des Morgens

Schlüsselworte: Stabilität, Grundlage, König, Herrscher, Establishment, Recht und Ordnung, Struktur, Regierung, Vernunft, Kontrolle, Regeln, Gesetze, Autoritätsfigur, Konstruktion, Gliederung, Initiation, Respekt, Wandel, Form, Dominanz, Vaterprinzip.

Schlüsselworte der Umkehrung: Diktator, barsch, ungerecht, tyrannisch, willkürlich, rücksichtslos, autoritärer Führungsstil, Machtmissbrauch, Wirkungslosigkeit, Unentschlossenheit, Unfähigkeit, Charakterschwäche, Unfähigkeit, kleinliche Gefühle zu kontrollieren.

Beschreibung: Der Herrscher steht auf einem goldenen Podium und hält sein Zepter. Auf dem Kopf trägt er eine Tätowierung der Sonne, wodurch seine göttliche Autorität dargestellt wird. Um den Hals trägt er das Ankh, Zeichen des ewigen Lebens. Goldene Adler, die obersten Herren der Lüfte, krönen zwei hohe Säulen. Vier kleinere Säulen repräsentieren die vier Königreiche der Elemente, die der Herrscher regiert. Sonnenlicht strömt durch das Bleiglasfenster, das mit einem Schafbock verziert ist, einem Symbol für den Widder.

Bedeutung: Der Herrscher verkörpert die maskuline Herrschermacht. Das englische Wort *emperor* kommt vom lateinischen *imperator,* bezeichnend für einen, der die oberste Befehlsgewalt innehat. Der Herrscher bringt die Dinge in eine Ordnung, er überwacht und gibt Rat. Er ist der geborene Führer – gebieterisch, verantwortungsvoll und weise.

Zugeordnetes Element: Feuer (heiß/trennend und trocken/Gestalt gebend). Feuer ist aktiv, maskulin, dynamisch, tatkräftig, vitalisierend, stärkend, spontan, transformativ und unberechenbar.

Astrologische Entsprechung: Widder. Der Widder ist aktiv, durchsetzungsfähig, unabhängig, mutig, direkt und individualistisch. Der Widder kann auch egozentrisch, unbedacht, ungeduldig und kurzsichtig sein.

Gaben: Selbstvertrauen, Führung, Präsenz, Autorität.

Rat: Führe voller Selbstvertrauen. (*lr*)

> *Eine Vielzahl an Herrschern ist nicht zu empfehlen.*
> *Es sollte nur einen Herrscher geben, einen König.*
> – Homer, *Ilias*

GLAUBE

Wie schon bei meinem vorherigen Deck, dem *Tarot of Dreams,* habe ich den Titel Hierophant und seine traditionelle Tarot-Entsprechung in Gestalt des christlichen Papstes abgewandelt, um die Botschaft der Karte zu erweitern und sie auch andere Religionen und Glaubenssysteme umfassen zu lassen. Wie sich herausstellte, wurde dies in der Tarot-Szene gut aufgenommen, darum habe ich hier eine ähnliche Variante entworfen. Wir sehen hier vier Charaktere, Repräsentanten der führenden Weltreligionen, dargestellt in ihrer Verschiedenheit, mit ihren Ritualen, Bekleidungen und ihren heiligen Gebeten in ihren jeweiligen Sprachen. Viel zu oft boten diese Unterschiede im Laufe der Geschichte Anlass zu Konflikten, Vorurteilen und Kriegen. Dem entgegen versuche ich hier zu demonstrieren, dass trotz ihrer Verschiedenheit die zentrale Lichtsäule und Quelle ihrer Ergebenheit – also ihr „Glaube" – als gemeinsamer Nenner alles erstrahlen lässt.

Auf Kunstfestivals habe ich Drucke und Leinwandreproduktionen meiner Arbeiten verkauft. Darunter befand sich auch eine größere Version der Darstellung des Glaubens aus meinem vorhergehenden Tarot of Dreams. *Dieses Bild habe ich mit Abstand am besten verkauft, woraus ich schließe, dass die dahinter verborgene Botschaft nicht nur in der Tarot-Szene auf Wohlwollen stößt. (cm)*

Von der sagenhaften goldenen Lichtsäule, die weder Anfang noch Ende hat, spricht die göttliche Stimme in allen Sprachen. All jene, die zuhören – im Gebet, im Gesang oder in der Stille – übersetzen das, was sie hören, in die Weisheit der Zeitalter. *(ra&wa)*

Zunächst einmal muss ich sagen, mir gefällt der Titel dieses Decks für die Karte des Hierophanten. Der Begriff „Glaube" erhebt die religiösen Gedanken dieser Karte auf eine universellere, archetypische Ebene. Durch die Abbildung verschiedener Religionsführer bleibt jedoch die Verbundenheit der Karte mit religiösen Zeremonien, Ritualen und Dogmen erhalten; mit den allgemeinen Vorstellungen von Orthodoxie, Tradition und Bildung; mit der Hackordnung in hierarchischen Institutionen; sowie mit Gruppenidentifikation und Initiation.

Die Repräsentanten von vier verschiedenen Glaubensrichtungen, die auf der Karte dargestellt werden, erweitern ihre Bedeutung und implizieren so die Tatsache, dass die Suche nach einem spirituellen Pfad ein roter Faden ist, der sich durch unser aller Leben zieht und transzendiert die unterschiedlichen Fahrzeuge (d.h. Religionen), mit deren Hilfe wir diese Reise machen. Das Hauptmerkmal dieser Karte, den goldenen Strahl, der wie ein spirituelles Licht von Oben anmutet, können wir ähnlich interpretieren. Er deutet auf die Führung durch unser Bewusstsein oder „höheres Selbst" hin, das uns dabei hilft, unseren Weg durch diese unsichere Welt zu finden. *(jwr)*

Magus der ewigen Götter

Schlüsselworte: Göttliche Weisheit, Erklärung, Lehren, innerer Führer, spiritueller Meister, Erziehung, Glaubenssysteme, spirituelle Vaterfigur, Lehrer, Ratgeber, Establishment, Organisationen, Gruppen, Religion.

Schlüsselworte der Umkehrung: Erfinderisch, Eigenwilligkeit, Nonkonformist, Jugend, Erfinder, freier Geist, offener Geist, neue Abenteuer, Aufnahmefähigkeit, Verletzlichkeit, Zerbrechlichkeit, unorthodox, Verzicht.

Beschreibung: Vier religiöse Figuren stehen dem goldenen Licht des Göttlichen gegenüber, sie streben nach Einheit durch Ergebenheit. Beginnend oben links sind ein tibetischer Mönch, ein jüdischer Rabbiner, ein katholischer Papst und ein muslimischer Imam zu sehen, denen jeweils die ihnen heiligen Worte entströmen.

Bedeutung: Traditionell heißt diese Karte der „Papst" oder der „Hierophant" und stellt eine Person dar, die das Heilige offenbart und die Verbindung herstellt zwischen äußerem Erleben und innerer Erleuchtung. Der Papst oder Hierophant weiß, dass Lehren auch gleichzeitig Lernen bedeutet. Diese Karte steht auch dafür, dass du einen Weg der spirituellen Weiterentwicklung gehst. Der Glaube, von dem hier die Rede ist, findet sich im Göttlichen, im Spirit und im Fortschritt.

Zugeordnetes Element: Erde (kalt/bindend und trocken/Gestalt gebend). Die Erde ist passiv, weiblich, erdend, solide, sich langsam bewegend, verwirklichend, produktiv, fruchtbar und praktisch.

Astrologische Entsprechung: Stier. Der Stier ist vernünftig, verlässlich, geerdet und verantwortungsvoll. Der Stier kann auch schwerfällig, halsstarrig, faul und maßlos sein.

Gaben: Hingabe, Tradition.

Rat: Lass deinem Glauben Taten folgen. (*lr*)

Tradition ist ein Führer, kein Gefängniswärter.
– W. Somerset Maugham

DIE LIEBENDEN

Die beiden Liebenden hier berühren sich nicht ganz. Sie sind zwei voneinander getrennte Wesenheiten die, wenn sie einander begegnen, ein Ganzes ergeben. Ihre Einheit wird symbolisiert durch ihre Flügel, die miteinander ein Herz formen. Amors Pfeil ist an ihren Lippen vorbei geflogen auf seinem Weg hinab zum biblischen Baum der verbotenen Frucht und der Schlange der Versuchung. Das Leuchten, das die beiden Liebenden miteinander verbindet, ist ein festgehaltener Moment, ein erstarrter Rahmen – der Augenblick bevor oder nachdem sich ihre Lippen berühren. Zwar sind die Liebenden hier als Mann und Frau dargestellt, doch die zugrunde liegende Botschaft kann auch Beziehungen in einem weiteren sozialen Sinne betreffen. Diese Beziehungen müssen keineswegs romantischer Art sein, sondern können auch geschäftliche oder kooperative Partnerschaften sein, die davon profitieren, dass zwei Entitäten zusammen kommen, um ein Ganzes zu ergeben.

Diese Liebenden haben später in diesem Deck noch einen Gastauftritt als Reflexionen in den Zwei der Kelche. (cm)

Die Liebenden bilden die beiden Hälften eines einzigen gefiederten Herzens. Ihre Leidenschaft offenbart sich als göttlich engelhafte Energie in menschlicher Gestalt. Amor schießt seinen Pfeil in den Apfel des Begehrens. Die sich windende Schlange steht für ihre erwachende sexuelle Energie. Gegensätze wie männlich und weiblich, rechts und links, oben und unten werden durch die Energie ihrer Leidenschaft definiert und durch die Liebe wieder miteinander versöhnt. *(ra&wa)*

Diese Version der Karte der Liebenden zeigt die sprichwörtliche geflügelte Liebe. Interessant ist allerdings, dass es sich dabei um rote Flügel handelt, darum sollten wir vielleicht überlegen, inwiefern die Leidenschaft bei jener Art von Liebe eine Rolle spielt, die in dieser Karte dargestellt ist. Wir könnten uns beispielsweise fragen, ob es eine Leidenschaft ist, die als anderes Gefühl verkleidet ist, das in uns aufsteigt, wenn wir diese Karte betrachten.

Diese Karte ist natürlich weitaus mehr als einfach nur ein Hinweis auf eine romantische Liebe. Traditionell will sie uns auch sagen, dass wir an einer moralischen oder ethischen Wegkreuzung und vor einer wichtigen Entscheidung stehen. Diese beiden Bedeutungen könnten wir von dem Verweis auf den Garten Eden im unteren Teil des Bildes ableiten. Die Symbolik könnte man als Hinweis auf eine Zeit in unserem Leben deuten (typischerweise das Erwachsenenalter oder das frühe Erwachsensein), in der wir eine für unser Leben große Entscheidung treffen müssen. Es könnte sich zum Beispiel um die Erkenntnis handeln, dass wir ein leichtes Leben in einem sinnbildlichen „Paradies" (wie die Geborgenheit unseres Elternhauses) hinter uns lassen und uns stattdessen auf einen Weg begeben müssen, der etwas schwerer zu gehen ist, dafür aber zur Selbstentdeckung führt. *(jwr)*

Kinder der göttlichen Stimme

Schlüsselworte: Göttliche Einigkeit, Gleichgewicht, Vollendung, Liebe, Freundschaft, Neuheit, Begegnungen, Harmonie, Angleichung, Beziehungen, Ganzheit, Einsicht, Eintracht, sich verbinden mit Menschen oder Ideen, kombinierend, Vereinigung von Gegensätzen, Dualität, Entscheidung.

Schlüsselworte der Umkehrung: Unter einem schlechten Stern stehende Liebende, Ehebruch, Projektion, körperliche Anziehung, unheilvolle Anziehung, gefährliche Liebschaften, eifersüchtig, beherrschend, Untreue, Streitigkeiten, Dreiecksverhältnis, Druck, Einmischung, Scheidung, starker Widerstand.

Beschreibung: Im Zentrum eines goldenen Podiums begegnen sich die Köpfe zweier Liebender zum Kuss. Sie treten aus roten Flügeln hervor, die zusammen ein Herz bilden, ein Sinnbild für ihre Einheit. Von Amors Bogen im oberen Teil des Bildes wird ein Pfeil abgeschossen, der zwischen den Liebenden hindurch auf einen Apfel zufliegt, der im Wipfel des biblischen Baumes des Wissens hängt. Der Baum wird von einer großen Schlange beschützt. Die vier goldenen Säulen sind verziert mit keltischen Liebesknoten, die die miteinander verwobenen Leben der beiden Liebenden veranschaulichen.

Bedeutung: Die Liebenden stehen für Beziehungen, vertrauliche Kommunikation und Entscheidungen. Ursprünglich hieß diese Karte „Liebe", die es vermag, unsere Entscheidungen und Motivationen erheblich zu verändern. Manchmal steht diese Karte für die Wahl zwischen Lasterhaftigkeit und Tugend.

Zugeordnetes Element: Luft (heiß/trennend und feucht/sich anpassend). Luft ist aktiv, maskulin, intellektuell, logisch, kommunikativ, erfinderisch, mühselig, idealistisch, kritisch und klar.

Astrologische Entsprechung: Zwilling. Der Zwilling ist pfiffig, gesellig, modern, lustig, flexibel und neugierig. Der Zwilling kann auch wankelmütig, für Andere kraftraubend, nervös, angespannt und ein Chamäleon sein.

Gaben: Vertrautheit, Einheit, Verbindung.

Rat: Freue dich an den Kontrasten und den Unterschieden. (*lr*)

> *Die Liebe sieht mit dem Gemüt, nicht mit den Augen.*
> – William Shakespeare, *Mittsommernachtstraum*, 1. Akt, 1. Szene

DER WAGEN

Die Kräfte manifestieren sich auf unterschiedliche Weise und zu verschiedenen Zeiten in unserem Leben. Ehrgeiz, Sehnsüchte, Bedürfnisse und Pflichten – oft passen diese Dinge nicht zueinander oder stehen gar in Konflikt und Macht ohne jegliche Kontrolle wird bestenfalls untergraben und ist kontraproduktiv und schlimmstenfalls selbstzerstörerisch. Die Wagenlenkerin in diesem Bild hat diese Konflikte sinnbildlich besiegt. Sie hält einen langen Stab, von dem ein geradliniger Lichtstrahl ausgeht. In dieser Gestalt manifestiert sich ihr Wille. Ihr Ziel ist klar definiert; sie spannt nun vor ihren Wagen, was einstmals gegensätzliche Kräfte gewesen sein mögen, wobei sie ihre körperliche wie auch ihre spirituelle Macht walten lässt. Das Licht erhellt den Weg, der vor ihr liegt. Die treibenden Kräfte haben nun Führung und werden gelenkt.

Den Wagen darzustellen, ist eine echte Herausforderung. Seine Umrisse und seine Form sind von der Seite besser zu erkennen und leichter darzustellen, doch die vertikale Ausrichtung einer Tarot-Karte zwingt die meisten Künstler dazu, ihn frontal abzubilden. Der Vorteil dabei liegt darin, dass man einen besseren Blick auf die beiden Pferde hat (oder wie in manchen Decks auch Sphinxen, etc.), die den Wagen ziehen, und die Verschiedenheit der Pferde wird deutlicher erkennbar, was die Botschaft der Karte leichter greifbar macht. Ich habe mich zudem entschieden, sie als zwei Kräfte darzustellen, die gegeneinander arbeiten; ihre Mühen und ihr Potenzial wären vergeudet, wäre da nicht der Wille der Wagenlenkerin, sie einheitlich zu führen und in eine gemeinsame Richtung zu lenken. (*cm*)

Mit einer sachten Berührung und unbeugsamem Willen treibt die Wagenlenkerin die wilden Pferde unserer dualistischen Natur unaufhaltsam vorwärts. Geführt von einem himmlischen Licht preschen sie durch die Wasser unseres turbulenten Lebens und bringen uns letztlich genau dorthin, wo wir hin müssen. (*ra&wa*)

Nach einem flüchtigen Blick auf die Karte erkennen wir sie als den Fleisch gewordenen Sieg, vor allem durch Selbstverwirklichung, Selbstbewusstsein und Selbstdisziplin. (Angedeutet beispielsweise durch die ausladenden Schwingen des Wagens.) Tatsächlich hat sie diese Bedeutung, doch es verbirgt sich noch weitaus mehr hinter dieser Karte. Die Pferde scheinen generell in unterschiedliche Richtungen zu ziehen und darum impliziert diese Karte auch die Notwendigkeit, zu verstehen, zu lenken und gegensätzliche Kräfte zu integrieren, wenn wir mit einer komplizierten Situation fertig werden und sie kontrollieren wollen. Dieser Aspekt der Karte des Wagens im *Traumerbe*-Tarot wird auch durch die Tatsache verstärkt, dass die Wagenlenkerin einen magischen Stab hoch hält, der scheinbar einen Weg aufflammen lässt, dem die Pferde folgen sollen. (*jwr*)

Kind der Mächte des Wassers — Fürst über den Triumph des Lichts

Schlüsselworte: Bewegung, Schicksal, eine große Chance, neue Abenteuer, Karma, Geschick, Kreativität, persönlicher Weitblick, neues Leben, Zyklen, Evolution, Steigerung, Muster, Fügung, Selbsterkenntnis, Reise, Glück, Wendepunkt, Rotation.

Schlüsselworte der Umkehrung: Pech, kleinere Rückschläge, schwierige Veränderungen, Vernachlässigen von Talenten, gescheiterte Unternehmungen, Unfälle mit Motorfahrzeugen, Schwierigkeiten bei der Motivation.

Beschreibung: Die Wagenlenkerin mit dem wilden Haar lenkt ihren goldenen Wagen über den Meeresschaum. Sie ist in wasserblaue Seide gekleidet und hält einen gehörnten Stab, der den Weg erleuchtet. Vorn am Wagen befindet sich ein goldenes Wappen mit dem Zeichen des Krebses. Das eine Pferd ist wild und dunkel, das andere ist stark und weiß; die stehen für die Polarität der Energien in einem vollkommenen Gleichgewicht.

Bedeutung: Der Wagen steht für Willensstärke, Ehrgeiz und Antrieb. Er ist Alles vollendendes Handeln ebenso wie Erfolg durch Anstrengung. Der Erfolg könnte der deine sein, sofern du einen Plan machst, ihn verfolgst und vollendest. Der Wagen könnte dein Fahrzeug für die Veränderung sein.

Zugeordnetes Element: Wasser (kalt/bindend und feucht/sich anpassend). Wasser ist passiv, weiblich, empfänglich, nährend, rätselhaft, fruchtbar, mitfühlend, fließend, sinnlich, sexuell und emotional.

Astrologische Entsprechung: Krebs. Der Krebs ist emotional, nährend, sensibel, unterstützend, beschützend und häuslich. Der Krebs kann auch co-abhängig, scharfsinnig, defensiv, unsicher, deprimiert und nervös sein.

Gaben: Antrieb, Schwungkraft, Weitblick.

Rat: Carpe diem! (*lr*)

Sieg ist eine Sache des Willens.
– Marshal Ferdinand Foch

STÄRKE

Hier finden wir eine weitere Botschaft und ein Gleichnis für Kontrolle und Willensstärke. Hier schaut der Narr herein, ebenso wie wir, und sieht eine Frau in einer Tempel-ähnlichen Einfriedung. Sie sitzt da, purpurrote Schleier sind um sie herum drapiert und sie ist von wilden Tieren umringt. Man könnte annehmen, dass sie aufgrund deren Kraft und Wildheit in großer Gefahr ist, denn wir fürchten uns vor unseren eigenen inneren wilden Tieren. Sie aber erscheint ruhig und ohne Furcht. Tatsächlich beherrscht sie die Tiere, doch nicht durch körperliche Kraft, was völlig zwecklos wäre. Sie streckt die Hand aus und daraus strömt ein Leuchten ihrer inneren Energie hervor. Die Tiere sind weder in Käfigen noch in Ketten gelegt und dennoch werden sie allein durch ihre Willensstärke kontrolliert. Die Macht liegt im Innern. (*cm*)

In einem Augenblick der Gnade öffnet sich dein Kronenchakra und deine höhere Natur erweckt in dir eine Stärke, die deine natürliche Wildheit bei Weitem übertrifft. (*ra&wa*)

Traditionell ist auf der Karte der Stärke eine Frau abgebildet, die einen Löwen (oder eine Variation dieses Sinnbilds) bändigt. Die Frau steht für unser „höheres Selbst“ und der gebändigte Löwe steht für unser „Schattenselbst“ – unsere urtümlichsten Triebe und Wünsche, die wir kontrollieren müssen. Demnach geht es in dieser Karte um innere Stärke, auf dass wir uns anmutig durch das Leben mit all seinen Schwierigkeiten bewegen können, auf eine Weise, die Hoffnung, Mut und Mitgefühl zum Ausdruck bringt. Es gibt einen wunderbaren Aspekt in der Karte der Stärke des *Traumerbe*-Tarots, durch den diese Botschaft recht anschaulich demonstriert wird. Wie es scheint, hat die Frau auf diesem Bild jede dieser Großkatzen auf der Stirn berührt (vielleicht auf dem Kronenchakra?) und sie auf diese Weise erleuchtet, wie durch das sternenförmige Leuchten angedeutet wird, das wir erkennen können. (*jwr*)

Tochter des Flammenden Schwertes — Herrin des Löwen

Schlüsselworte: Macht, Disziplin, Widerstandskraft, Energie, seelische Kraft, Mut, Lust, Weisheit, Heilung, Tiere, Natur, Sanftmut, Vitalität, Selbstermächtigung, animalische Instinkte beherrschen, Integrität, Leidenschaft, starker Einfluss, sanfte Kontrolle, Selbsterkenntnis, Vertrauen.

Schlüsselworte der Umkehrung: Besserwisser, eingebildet, Perfektionist, rachsüchtig, kritisch, Vorurteil, Exzess, Unglück, braucht Mitleid.

Beschreibung: Eine geschmeidige, feurige Königin sitzt auf ihrem goldenen Thron und streichelt einen Tiger, auf dessen Haupt ein leuchtender Stern prangt. Ein Löwe und ein Leopard halten Wache, die Häupter ebenfalls leuchtend. Diese Katzen verkörpern Leidenschaft und großartige körperliche Geschicklichkeit. Sie alle strahlen Anmut und eine katzenhafte, sinnliche Kraft aus.

Bedeutung: In älteren Decks wurde die Stärke auch „Kraft“ genannt, die Kardinalstugend, die Fähigkeit, physischen und moralischen Gefahren voller Gleichmut zu begegnen – sie weder zu suchen, noch sie zu meiden. Die großen Katzen veranschaulichen die Stärke durch ihre große körperliche Kraft, die sie jedoch nicht benutzen, solange es nicht notwendig ist. Im Gegensatz zu einem kläffenden Hund wird man einen Tiger niemals posieren oder Andere tyrannisieren sehen. Die Stärke ist die sanfte Herrschaft einer offenen Hand.

Zugeordnetes Element: Feuer (heiß/trennend und trocken/Gestalt gebend). Feuer ist aktiv, maskulin, dynamisch, tatkräftig, vitalisierend, stärkend, spontan, transformativ und unberechenbar.

Astrologische Entsprechung: Löwe. Der Löwe ist stolz, dramatisch, hoheitsvoll, unterhaltsam, charismatisch und glamourös. Der Löwe kann auch großspurig, dogmatisch, ausbeuterisch, beherrschend und ein Aufschneider sein.

Gaben: Selbstdisziplin, Mut.

Rat: Spüre deine Vitalität, deine Kraft und Sanftmut. (*lr*)

Wahre Stärke schmälert niemals Schönheit oder Harmonie,
vielmehr verstärkt sie diese; und in allem,
das von beeindruckender Schönheit ist,
hat die Stärke viel mit der Magie gemein.
– Hermann Melville, *Moby Dick*, Kapitel 86, „The Tail“

DER EREMIT

Unsere scheue Gestalt verschmilzt mit dem Himmel und dem Gebirge im Hintergrund. Der gewundene Weg erweckt den Eindruck von Ferne und Isolation. Der Eremit ist nachdenklich; seine Mine verrät Müdigkeit und Mühsal. Dies ist kein lustiger Wanderausflug, sondern eine Anstrengung. In seiner Isolation und seinem Trost kann er reflektierten, ohne abgelenkt zu werden und nach Wahrheit und Erkenntnis suchen. Der leuchtende Kristall ersetzt die traditionelle Laterne als Mittel, das seinem Willen, den vor ihm liegenden Weg zu erleuchten, Ausdruck verleiht.

Die Verwendung des Kristalls in diesem Zusammenhang passt gut mit seiner Rolle in meiner Begleitgeschichte zusammen, ebenso wie mit seinem Auftauchen in verschiedenster Form bei den Stäben. *(cm)*

Manches Wissen zeigt sich in Form von Licht, anderes zeigt sich in Form von Schatten. Das Wissen des Lichtes ist für die Welt bestimmt. Das Wissen der Schatten ist für dich allein, doch es bleibt solange verborgen, bis du bereit dafür bist. *(ra&wa)*

Der Eremit des *Traumerbe*-Tarots hat einen lebensüberdrüssigen Gesichtsausdruck und obwohl wir uns vielleicht fragen, welche Einblicke er vermitteln könnte, ist er vielleicht, wie George Bernard Shaw es ausdrückt, „... nur ein Reisegefährte, den du nach dem Weg gefragt hast. Ich zeigte voraus – voraus auf meinem Weg, genau wie du."

Die Landschaft unter der geisterhaften Gestalt des Eremiten ist eine reizvolle Wildnis mit hoch aufragenden Gipfeln, Symbole spiritueller Sehnsucht und Errungenschaften. Genau in einer solchen Umgebung würde man einen Eremiten vermuten, sie gäbe auch ein passendes Ziel ab für einen Rückzug vor den Dringlichkeiten unseres Alltagslebens.

Ein weiteres bemerkenswertes Merkmal dieser Version des Eremiten stellt der klare blaue Kristall dar, der seinen Stab krönt. Kristalle gelten im Allgemeinen als Hilfsmittel für Meditation und Konzentration. Darüber hinaus stehen sie, die gleichsam greifbar und doch lichtdurchlässig sind, für spirituelles Bewusstsein in materieller Form – das Ziel des Eremiten auf seiner Visionssuche. *(jwr)*

Der Magus der Stimme des Lichts — Der Prophet der Götter

Schlüsselworte: Suchen, Einsamkeit, Meditation, man selbst sein, Weisheit bietet sich an, Selbstprüfung, Führung, Mysteriensuche, Forschung und Studium, produktives Alleinsein, Weiser, Suchender.

Schlüsselworte der Umkehrung: Introvertiert, paranoid, isoliert, furchtsam, Eremit, Einsiedler, verborgen, Geheimhaltung, Verkleidung, Perfektionist, Grundsatz, Furcht, unbegründete Vorsicht.

Beschreibung: Der Eremit mit seiner grauen Kapuze überblickt Eis bedeckte Gipfel und einen Bergpass. Von seinem einsam gelegenen Aussichtspunkt vermag er weit zu blicken. Blaues Licht wird von dem Kristall an der Spitze seines Stabes verströmt. Das Symbol der Jungfrau trägt er an einer Kette um seinen Hals. Er wirkt gramerfüllt und ernst.

Bedeutung: Der Eremit ist der Weise, ein erfahrener Führer und Wahrheitssuchender. Er wählt die Einsamkeit, um den Unterschied zwischen Glaubenssätzen und Konditionierung aufzuspüren.

Der Eremit lehrt durch seine Vorbildfunktion. Wie der Eremit auch sehnst du dich vielleicht nach Sinnhaftigkeit und Wissen.

Zugeordnetes Element: Erde (kalt/bindend und trocken/Gestalt gebend). Die Erde ist passiv, weiblich, erdend, solide, sich langsam bewegend, verwirklichend, produktiv, fruchtbar und praktisch.

Astrologische Entsprechung: Jungfrau. Die Jungfrau ist effizient, analytisch, bescheiden, umsichtig, organisiert und hilfsbereit und hat ein Auge für Details. Die Jungfrau kann auch eine nörgelnde Nervensäge, ein Angsthase, ein Perfektionist und ein Hypochonder sein.

Gaben: Umsichtigkeit, Selbsterkenntnis, Kontemplation.

Rat: Der Weg ist das Ziel. (*lr*)

Nur in der Einsamkeit begegnen wir uns selbst;
und indem wir uns selbst begegnen,
begegnen wir auch in uns selbst
all unseren Brüder der Einsamkeit.
– Miguel de Unamuno, *Essays and Soliloquies*

DAS RAD

Der Narr ist von seiner einsamen Reise zurückgekehrt. Er hat lange und tiefgründig nachgedacht und ist nun bereit, sich der Welt wieder zu stellen und anzuschließen. Er ist müde, doch spirituell ist er erneuert und freut sich auf die Zukunft. Und die Zukunft sieht vielversprechend aus. Als er das Rad besteigt, hat er Anfängerglück. Doch das Rad ist ein Kreis – im wahrsten Sinne des Wortes: Das, was nach oben geht, kann und wird vermutlich auch wieder herab stürzen. Was man sät, das wird man ernten.

Wie bereits in meinen vorhergehenden Decks habe ich das Rad als physisches Gebilde dargestellt. Damit möchte ich andeuten, dass das Rad nicht einfach nur irgendeine metaphysische Idee eines Schicksals ist, in dem wir nur die Bauern sind, sondern dass es zum Teil auch in unseren eigenen Händen liegt. Die Variationen auf unseren persönlichen Lebenswegen scheinen uns oft wie Glück oder Pech und obschon das Glück durchaus eine Rolle spielt, haben wir doch einen gewissen Einfluss auf die Auswirkungen und ein gewisses Maß an Kontrolle über unser Schicksal, wenn wir die richtigen Entscheidungen treffen. (cm)

Das gleichmäßige innere Uhrwerk der Räder in den Rädern der Natur ist der Antrieb des äußeren Schauspiels des Lebens als fortwährendes Drama. Wenn die Aufregung dich packt, dann bleib an der Sache dran! Wenn du dich aber nach Seelenfrieden sehnst, studiere die Gesetze des Universums, die unveränderlich und zuverlässig sind. (*ra&wa*)

In dieser Version der Karte wird die Assoziation der *Golden Dawn* Gesellschaft des Jupiters (dem Planeten des Glücks) mit dem Rad des Schicksals ziemlich deutlich. Man sollte allerdings nicht davon ausgehen, dass diese Verbindung immer auch auf *Glück* schließen lässt. Der Planet Jupiter möchte uns dabei helfen, zu wachsen und zu gedeihen, und obschon uns das Glück dabei hilfreich zur Seite stehen kann, sind doch die wertvollen Lektionen, die das Unglück uns zu lehren weiß, indem es uns nach Antworten suchen lässt, nicht zu unterschätzen. Darum ruft uns diese Karte auch in Erinnerung, dass es nicht so sehr darauf ankommt, was dir passiert, sondern darauf, wie du damit umgehst und was du daraus lernst.

Etwas allgemeiner betrachtet, geht es bei dieser Karte um den kontinuierlichen Wandel und die zyklische Natur des Lebens. Damit einher geht der gute Rat, den Talfahrten des Lebens mit einer Einstellung zu begegnen, die besagt: „Auch das geht vorüber." (*jwr*)

Der Fürst der Mächte des Lichts

Schlüsselworte: Bewegung, Schicksal, große Veränderungen, neue Abenteuer, Karma, Geschick, Kreativität, Wendepunkt, persönliche Visionen, neues Leben, Zyklen, Evolution, Fortschritt, Muster, Fügung, Selbsterkenntnis, Glück, Rotation.

Schlüsselworte der Umkehrung: Pech, kleinere Rückschläge, schwierige Veränderungen, verleugnete Talente, gescheiterte Unternehmungen.

Beschreibung: Der Narr springt auf das Schicksalsrad auf und lernt den Aufstieg, den Gipfel, den Abstieg und die Talsohle des Schicksalsrades kennen. Im Zentrum des Rades sehen wir die Buchstaben T-A-R-O, was man als *Tarot, Taro* (Lebensweg), *Rota* (Rad), *orat* (sprechen) oder *Tora* (Wissen) lesen kann. Das Rad ist verziert mit dem fortlaufenden Tierkreis. Auf dem äußeren Rad finden wir die vier Symbole für die Münzen, Kelche, Schwerter und Stäbe. Am Nachthimmel ist der Planet Jupiter zu sehen.

Bedeutung: An seiner Basis ist der Wandel gleich Stabilität. Alles im Universum ist unbeständig und in stetigem Fluss. Das Rad ist Dank der Zuordnung zum Jupiter äußerst optimistisch. Das Rad ist glücklich und anpassungsfähig. Neue Gelegenheiten werden deinen Weg kreuzen und du wirst auf beiden Füßen landen.

Zugeordnetes Element: Feuer (heiß/trennend und trocken/Gestalt gebend). Feuer ist aktiv, maskulin, dynamisch, tatkräftig, vitalisierend, stärkend, spontan, transformativ und unberechenbar.

Zugeordneter Planet: Jupiter. Jupiter ist der Planet des Glücks und der glücklichen Wendungen. Er verursacht eine Sehnsucht nach der Erforschung von Gedanken und Orten. Jupiter ist gütig und wohlwollend und bringt Wohlstand und Erfolg. Jupiter kann auch nachsichtig, faul und gleichgültig sein.

Gaben: Glück, Geschick, Timing.

Rat: Binde dein Bewusstsein von den Zyklen in deine Entscheidungen mit ein, auch die Jahreszeiten und Mondphasen. (*lr*)

> *Den Mutigen gehört die Welt.*
> – Vergil, *Aeneis*

GERECHTIGKEIT

So ist es wohl: Je mehr Erfahrungen wir im Leben sammeln, desto besser sind wir dafür gerüstet, die Vorzüge einer bestimmten Situation zu beurteilen und zu bewerten, sowohl unser eigenes Handeln als auch das der Anderen. Als Menschen sind wir allerdings auch fehlbar und die gleichen Erfahrungen könnten den Wert und die Gerechtigkeit unseres Urteils beeinflussen und sie mit unseren Vorlieben, Vorurteilen und vorgefassten Meinungen beeinträchtigen.

Um dieser menschlichen Schwäche zu begegnen, hat unser Rechtssystem eine Gestalt mit verbundenen Augen ersonnen, als Symbol für das Bemühen um Neutralität. In älteren Decks wird die Gerechtigkeit allerdings nicht auf diese Weise dargestellt, da sie sich vielmehr mit spiritueller Gerechtigkeit befasst. Und dennoch: Ganz gleich auf welcher Ebene und ganz gleich, wie gebildet wir sind oder welche guten Absichten wir auch verfolgen mögen, als Menschen ist es für uns stets eine Herausforderung, wahre Gerechtigkeit walten zu lassen.

Darum habe ich mich entschieden, dieses Unvermögen mit den Augen zu sehen weiterhin als Metapher zu benutzen, ebenso wie die beiden Figuren, die Unvoreingenommenheit, Fairness und Gleichgewicht transportieren. Der Konsul im alten Rom versuchte, dieser Einschränkung durch Befangenheit zu begegnen, indem er die Verantwortung aufteilte und die Autorität zwei Einzelpersonen übertrug, von denen jede das Vetorecht besaß. Wie erfolgreich dieser Versuch war, ist fraglich. Die Absicht dahinter war allerdings eine gute. Man ging davon aus, dass durch die gegenseitige Kontrolle gerechtere Entscheidungen herbeigeführt werden würden.

Das ist die Essenz meiner Darstellung. Hier wird die Gerechtigkeit geteilt. Die beiden behelmten Gestalten sind mit symbolischer Blindheit geschlagen. Auch wenden sie sich voneinander ab, jede von ihnen nachdenklich, grübelnd und eine Entscheidung findend, unbeeinflusst von der anderen. Und doch haben sie beide gleichberechtigten Einfluss und Einwirkung auf die Richtung des Pendels, aus der sich das Urteil ergeben wird. Jede von ihnen bringt auch einen Aspekt eines Prozesses mit ein – die eine durch die Regeln des Gesetzes (die Schriftrollen) und die andere durch Macht und Autorität, um für Gehorsam und die Vollstreckung des Urteils zu sorgen (das Schwert).

In diesem Bild gibt es auch einen Hinweis auf die Handlung meiner Geschichte. Die Charaktere der „Blinden" passen hervorragend in die Rollen dieser beiden Figuren hinein. (cm)

Gerechtigkeit ist ein Präzisionsinstrument, das in allen Dingen die Mitte findet, indem es exakt den Unterschied ihrer Gegensätzlichkeit ermittelt – Yin und Yang, Licht und Finsternis, Schwert und Schriftrolle. Die Feuer der Gerechtigkeit verbrennen jede Übertreibung und legen zuverlässig die Wahrheit hinter einer jeden Situation offen. *(ra&wa)*

Die Karte der Gerechtigkeit im *Traumerbe*-Tarot stellt eine interessante Abweichung von der Tradition dar. Anstelle nur einer Frau, die als „Justitia" fungiert, gibt es hier zwei Frauen, die unterschiedliche Aspekte des Archetyps der Gerechtigkeit verkörpern. Und anstelle der einen Gestalt, die Schwert und Waage zugleich hält, haben wir in dieser Version zwei Frauen, von denen die eine das Schwert und die andere die Schriftrollen trägt, während die Waage zwischen beiden hängt.

Wir könnten diese beiden Frauen als Personifikationen gnädiger Gerechtigkeit und unbarmherziger Gerechtigkeit betrachten. Wir könnten aber auch in Betracht ziehen, dass die Zweiteilung der Justitia darauf hindeutet, dass Weisheit und Verständnis (die Frau mit den Schriftrollen) und rechtes Handeln (die Frau mit dem Schwert) voneinander getrennt sind. Da sie aber die Waage gemeinsam halten, könnte dies auch auf ein Gleichgewicht dieser beiden Aspekte der Karte hindeuten. Ähnlich verkörpern diese beiden Frauen eine traditionelle Bedeutung dieser Karte durch die astrologische Entsprechung der Waage, die ein ausgeglichenes Verhältnis zwischen den Menschen darstellt. (*jwr*)

Tochter des Herrn der Wahrheit — Hüterinnen des Gleichgewichts

Schlüsselworte: Fairness, Verantwortlichkeit, Entscheidung, Ursache und Wirkung, Pendel, Ausgleich, Zentrierung, Gleichgewicht, Integrität, Gleichwertigkeit, weg von Extremen.

Schlüsselworte der Umkehrung: Besserwisser, eingebildet, Perfektionist, rachsüchtig, kritisch, Ungerechtigkeit und Verlust, Unentschlossenheit, komplizierte Angleichung, Ungleichheit, rechtliche Komplikationen, Rückschläge, Vorurteil, Exzess, Pech, rechtlicher Aufschub, Gnade ist erforderlich.

Beschreibung: Zwei Blinde stehen zu beiden Seiten eines Pendels, das die Waage des Gleichgewichts verkörpert. Sie umfassen einen Torques, der in einer goldenen Darstellung der Erde ausläuft. Das Yin/Yang Symbol auf dem Pendel verdeutlicht die jeweiligen Seiten der Frauen im Licht und im Dunkel. Die Frau zur Linken ist in Weiß gekleidet und hält ein paar weiße Schriftrollen des Wissens im Arm. Die Frau zur Rechten, gekleidet in indigofarbene, mit Sternen verzierte Seide, trägt das Schwert der Gerechtigkeit in der linken Hand. Goldene Helme bedecken ihre Augen. An den Wänden ist das Symbol der Waage zu erkennen.

Bedeutung: Gerechtigkeit steht für Fairness und Gleichgewicht und verleiht die Fähigkeit, die wahren Vor- und Nachteile einer Situation zu erkennen. Die Gerechtigkeit kann auf rechtliche Angelegenheiten hindeuten. Vielleicht musst du auch dem Impuls widerstehen, deine persönliche Art von Gerechtigkeit walten zu lassen. Gerechtigkeit erfordert eine äußerst kühle, unparteiische Betrachtung einer Situation. Wenn du selbst das nicht vermagst, gibt es möglicherweise jemanden, der für dich vermitteln kann.

Zugeordnetes Element: Luft (heiß/trennend und feucht/sich anpassend). Luft ist aktiv, maskulin, intellektuell, logisch, kommunikativ, erfinderisch, mühselig, idealistisch, kritisch und klar.

Astrologische Entsprechung: Waage. Die Waage ist diplomatisch, ausgeglichen, objektiv, vermittelnd und kooperativ. Die Waage kann auch unzufrieden, unbestimmt, unselbständig, unentschlossen und distanziert sein sowie mangelndes Selbstvertrauen besitzen.

Gaben: Klarheit, Unparteilichkeit.

Rat: Finde einen Weg, um dein Leben ins Gleichgewicht zu bringen. (*lr*)

> *Das Schwert der Gerechtigkeit hat keine Scheide.*
> – Antoine de Rivarol

DER GEHÄNGTE

Hier macht der Narr eine Ruhepause auf seiner Reise. Dies ist der Mittelpunkt und ein Moment, in dem wir uns zurücklehnen und die Dinge einmal aus einer anderen Perspektive betrachten sollten. Es gibt einige visuelle Wortspiele in diesem Bild. Dass die Hälfte des Weges hinter uns liegt, wird durch viele Dinge deutlich, zum Beispiel durch die Anzahl der Säulen und ihrer Spiegelbilder, die mit der Zahl dieser Karte und der Mitte seiner Reise übereinstimmen. Die reflektierende Kontemplation findet sich auch im Bild wieder und wird sowohl durch das Wasser als auch durch den Spiegel dargestellt. Auch das Gleichnis der Sanduhr für den Fortschritt des Narren findet wieder Verwendung. Hier liegt sie in der Horizontalen und diese Position lässt weder den Sand durchrieseln noch die Zeit vergehen. Der Narr hängt nicht unbedingt, vielmehr ist er im Gleichgewicht und Gleichgewicht erfordert zwei gleiche Hälften von Gewicht oder Kraft, in diesem Fall steht der bisherige Weg dem noch verbleibenden gegenüber.

Die neun Münzen des Odin lässt er in das stille Wasser unter sich fallen, wobei die Neun der Zahl entspricht, von der im Allgemeinen angenommen wird, dass er so viele Tage in diesem Zustand verharrt habe. (*cm*)

Wenn du wahrhaftig zur Ruhe kommst, ist alles aufgeschoben. Die Zeit steht still, die Schwerkraft hört auf zu wirken und die Tore zu außergewöhnlichen Wahrnehmungen sind geöffnet. (*ra&wa*)

Traditionelle Bedeutungen für diese Karte sind Selbstaufopferung, Ergebenheit, Geduld, Loslassen und sich eine neue Perspektive verschaffen. Oder, wie Eckhart Tolle es ausdrückt: „Wenn du dich hingegen innerlich fügst, wenn du dich ergibst, eröffnet sich eine neue Bewusstseinsdimension" (Eine neue Erde, 67). Daneben gibt es in der Karte des Gehängten des *Traumerbe*-Tarots noch einige weitere interessante Elemente zu entdecken, die wir betrachten können. Zunächst einmal können wir erkennen, dass in dieser hängenden Position die Maske des Narren herunter gefallen ist, was darauf hindeutet, dass wir die (metaphorischen) Masken fallen lassen, die wir für gewöhnlich tragen. Mit anderen Worten rät dir diese Karte, dein wahres Selbst zu zeigen. Weiter liegt die Sanduhr des Narren auf der Seite – ein Hinweis darauf, dass die Zeit aufgehoben ist – und er lässt einige Goldmünzen fallen, womit symbolisiert wird, dass er nicht länger an materiellen Anhaftungen festhält, um auf eine höhere spirituelle Ebene zu gelangen. Dieser letzte Punkt wird noch verstärkt durch den Planeten Neptun (der traditionell mit dieser Karte in Verbindung gebracht wird) im Hintergrund, denn in der Astrologie herrscht der Neptun traditionell über das Reich der Spiritualität. (*jwr*)

Der Geist der mächtigen Wasser

Schlüsselworte: Initiation, Loslassen, die Zeit abwarten, Entsagung, Hingabe, freiwilliges Opfer, Schwebezustand, das Schicksal akzeptieren, Mystik, Opfer, Loslösung, die eigene Identität überdenken.

Schlüsselworte der Umkehrung: Abtauen, Überwindung, erzwungenes Opfer, Martyrium.

Beschreibung: Der Narr hängt nun an einem violetten Band wie ein Akrobat über einem stillen See, umgeben von silbernen Säulen. Aus der linken Hand lässt er Münzen fallen und erinnert damit an Odin, wie er im Weltenbaum hängt und die Runen entdeckt. Die herabfallende Sanduhr wird im

Spiegel reflektiert. Der Narr hat seine Maske abgenommen, die nun von seiner rechten Hand herabhängt. Am nächtlichen Himmel ist Neptun zu sehen.

Bedeutung: Der Gehängte befindet sich in einem Schwebezustand, freiwillig verändert er seinen Blickwinkel und seine Wahrnehmung. Diese Karte spricht davon, dass du einen Teil deines Selbst opferst, um zu etwas Höherem zu gelangen. Dies ist der Beginn einer Initiation, die Ebene des Opfers und des sich als würdig Erweisens. Dieser Prozess setzt sich in der nächsten Karte, dem Tod fort, der für eine symbolische Verwandlung vor der Wiedergeburt in eine neue Rolle steht. Auf der weltlichen Ebene kann sie eine verzögerte Belohnung oder ein bindendes Muster bedeuten.

Zugeordnetes Element: Wasser (kalt/bindend und feucht/sich anpassend). Wasser ist passiv, weiblich, empfänglich, nährend, rätselhaft, fruchtbar, mitfühlend, fließend, sinnlich, sexuell und emotional.

Zugeordneter Planet: Neptun. Der Neptun ist der Planet des Wandels und der Illusion. Er kann für Träume und Fantasien stehen. Neptun kann aber auch suchterzeugend, verblendet und geistig verwirrt sein.

Gaben: Selbstbeherrschung, neue Perspektive, die Fähigkeit, auch unter schwierigen Umständen zu funktionieren.

Rat: Versuche, die Dinge aus einer neuen Perspektive heraus zu betrachten. (*lr*)

Im Inneren musst du nach der Tugend suchen,
doch im Außen nach der Perspektive.
– Denis Waitley

TOD

Nach den Tagen der Reflexion geht der Narr nun weiter auf seinem Weg und seine Welt kommt ihm merkwürdig vor. Da sind Ruin und Verfall, eine phantomartige Gestalt auf einem Pferd erscheint im Hintergrund. Der Narr geht davon aus, dass er gestorben ist und gewissermaßen ist er das auch oder vielmehr existiert er nicht mehr als dieselbe Person. Seine Sicht auf die Welt und sein Verständnis von ihr haben sich dramatisch verändert und nun fühlt und denkt er ganz und gar nicht mehr so wie früher.

Und doch ist das nicht das Ende. Der Ruin und Verfall der Vergangenheit, die gezahlten Preise und die gelernten Lektionen liegen nicht nur im Vergangenen – sie bilden auch den fruchtbaren Boden für die Wiedergeburt und künftiges Wachstum. Die weiße Rose der Freimaurer nährt sich von dem Verfall, sie erblüht und steht für die Wiedergeburt. Der Narr mag vielleicht körperlich nicht gestorben sein und doch wird er wiedergeboren. Eine Spinne und ein Skorpion, Symbole des Todes und der astrologischen Entsprechung, kriechen über einen geschnitzten Totenschädel. Die Himmel werden auch durch das metallene Medaillon des Pluto repräsentiert, des Herrschers der Unterwelt und des großen Erneuerers, der die Macht besitzt, den Tod zu transformieren und die Wiedergeburt einzuleiten. (*cm*)

Spinne, Schädel und Skorpion bewachen die Tore zu Tod und Wiedergeburt. Alles, was stirbt, wird wiedergeboren in die Welt, jedoch nicht als das, was es war, sondern als das, was es sein soll. (*ra&wa*)

Diese Karte ist der ultimative Vorbote für eine größere Transformation in deinem Leben. Sie kann auch für die „Brachzeit“ stehen, die oftmals einfach notwendig ist, wenn wir neues Wachstum erfahren wollen, und sie kann uns mahnen, dass wir die Vergangenheit hinter uns lassen müssen. Diese Bedeutungen werden in der Karte des Todes des *Traumerbe*-Tarots überaus deutlich, doch es gibt noch weitere bedeutungsschwere Symbole zu entdecken.

Deutlich sichtbar im oberen Teil der Karte ist ein menschlicher Schädel, der in alten Gemälden traditionell als Erinnerung an unsere Sterblichkeit fungierte. Er erinnert uns daran, dass wir im Heute leben und in Demut verharren angesichts der unendlichen Weiten und der Ewigkeit des Universums, das uns umgibt (das genaue Gegenteil der Hybris, der wir in der Karte des Turms begegnen werden).

Im Hintergrund dieser Karte bäumt sich ein finsterer Reiter bedrohlich auf. Diese klassische Personifizierung des Todes kündigt das Nahen einer unerbittlichen Macht an, die dich verwandeln wird. In der traditionellen Version dieser Karte von Rider-Waite-Smith (RWS) trägt dieser Reiter eine Flagge, auf der eine weiße Rose auf schwarzem Grund zu sehen ist, wodurch das neue Leben angekündigt wird, das aus jedem Sterben hervorgeht – sowohl im wahrsten Sinne des Wortes als auch sinnbildlich gesehen. Im *Traumerbe*-Tarot wird diese Deutung durch die weiße Rose angedeutet, die inmitten all des Verfalls erblüht.

Schließlich ist da noch ein Skorpion, ein Hinweis auf das Sternzeichen, sowie ein Bildzeichen für Pluto, der über das Sternzeichen Skorpion herrscht. Beide stehen im Zusammenhang mit Transformation, Regeneration und Wiedergeburt. (*jwr*)

Das Kind des Großen Verwandlers — Fürst der Tore des Todes

Schlüsselworte: Loslassen, das Ego stirbt, Veränderung, Wiedergeburt, Erneuerung, Ende, einschätzen und umgestalten, Vernichtung, Wandel, Regeneration, Metamorphose, Gegensätze vereinen sich, Bewegung, Spiritismus, Psychopomp.

Schlüsselworte der Umkehrung: Verfall, Gram, Festhalten, Katastrophe, Zerstörung, Umbruch, Depression, Trauer, Korruption, Selbsthass, Widerstand gegen die Transformation, vorübergehend, Stagnation, Tod eines Politikers oder Umsturz, Verschlechterung.

Beschreibung: Durch die Tore des Todes sehen wir einen schwarzen Ritter auf einem schwarzen Ross. Das Ross bäumt sich auf und die schwarzen Flaggen wehen. Der Morgen dämmert. Die weiße Rose steht für Reinheit und Wiedergeburt. Die schwarze Witwe und der Skorpion sind Kreaturen des Todes. Der Skorpion symbolisiert das Sternzeichen, der astrologischen Entsprechung für den Tod. Der neuzeitliche Herrscher über den Skorpion ist Pluto, der Gott der Unterwelt. Die schwarze Witwe verschlingt ihr Männchen und ist danach fähig, sich für den Rest ihres Lebens fortzupflanzen; der Tod erschafft also neues Leben.

Bedeutung: Als Psychopomp durchtrennt der Tod die Bande, die die Seele an den Körper binden und führt sie zu ihrem nächsten Leben. Das Leben ist ein stetiger Strom vieler kleiner Tode. Der Winter ist der Tod des Jahres, das im Frühling wiedergeboren wird. Die Aufgabe des Todes ist es, alles hinweg zu raffen, was nicht weiter bestehen kann, damit Platz für Neues geschaffen wird. Diese gewaltige Transformation kann durchaus furchteinflößend sein, aber sie kann auch eine berauschende Initiation sein. Der Tod richtet nicht, er sorgt lediglich für eine sichere Reise.

Zugeordnetes Element: Wasser (kalt/bindend und feucht/sich anpassend). Wasser ist passiv, weiblich, empfänglich, nährend, rätselhaft, fruchtbar, mitfühlend, fließend, sinnlich, sexuell und emotional.

Astrologische Entsprechung: Skorpion. Der Skorpion ist lebhaft, anziehend, leidenschaftlich, sexuell und liebt die Extreme. Der Skorpion kann auch obsessiv, rachsüchtig, eifersüchtig, gehässig, unversöhnlich und selbstzerstörerisch sein.

Gaben: Auflösung, Bewusstsein im Wandel.

Rat: Löse dich von alten Glaubensmustern, Routinen und Gesinnungen. Akzeptiere und erkenne, dass ein Ende hin und wieder notwendig ist. (*lr*)

Das Sterben ist eine äußerst langweilige, eintönige Angelegenheit.
Ich rate dir sehr, dass du dich besser niemals darauf einlässt.
– W. Somerset Maugham

MÄßIGKEIT

Wie schon im Bild des Gehängten erlebt der Narr wiederum, wie ein Gleichgewicht sich einstellt. Hier schwebt ein Engel mitten in der Luft, wobei die gegensätzlichen Kräfte von Wasser und Feuer sich aus ihren ausgestreckten Händen ergießen, das Feuer steigt in die Luft, während das Wasser zur Erde fließt. Damit sind alle vier Elemente dargestellt, auch wenn sie nicht im Einzelnen abgebildet sind.

Der weibliche Engel fliegt in keine bestimmte Richtung. Stattdessen ruht sie in der Luft, sie schwebt und sorgt für den Ausgleich, indem sie die gleichwertigen und gegensätzlichen Elemente in Bewegung und im Gleichgewicht hält. *(cm)*

Dein heiliger Schutzengel erscheint in einem flüchtigen Moment, schwebend in einem Lichtstrahl. Sie holt das Feuer des Himmels herab und bewirkt, dass irdische Energie von unten her aufsteigt. Hier wirst du vorbereitet auf eine alchemistische Hochzeit, die dich für immer verändern und ermächtigen wird. *(ra&wa)*

Denkt man einmal über das Wort *Mäßigkeit* nach, werden bereits viele Bedeutungsebenen dieser Karte deutlich. So finden wir heraus, dass es bei dieser Karte um das Maßhalten im Denken und Handeln geht, was wiederum Selbstkontrolle und Selbstdisziplin erfordert. Gleichsam geht es auch darum, ein Gleichgewicht und Harmonie zu finden, insbesondere im Hinblick auf deine spirituelle und deine physische Existenz. Das Verb „sich mäßigen" ist interessant, denn es beinhaltet die Neuausrichtung von etwas durch den Ausgleich von Kräften oder das Beimischen neuer Ansätze. Es bedeutet auch, einer Sache mehr Stärke zu verleihen, indem man sie einer Prüfung oder einer gewissen Erschwernis unterzieht. Der Engel der Mäßigung, der auf dieser Karte in der Luft schwebt, in der einen Hand ein prasselndes Feuer, aus der anderen Hand fließendes Wasser, verkörpert eben diese Bedeutungsebenen von Gleichgewicht und Ausgleich. Gleichzeitig erweckt sie in uns ein erhebendes (das Wortspiel ist Absicht) Gefühl, das eine erfrischende Abwechslung bildet zu dem farblosen und statischen Engel, dem wir in den meisten Decks auf dieser Karte normalerweise begegnen. *(jwr)*

Tochter der ausgleichenden Kräfte — Die das Leben hervorbringt

Schlüsselworte: Mäßigen, Maßhalten, Abwandlung, Management, Kompatibilität, Timing, Anpassung, Erkenntnis, Prüfung, Probe, Vermischung, Verfeinerung, Reinigung, Heilung, Fluss.

Schlüsselworte der Umkehrung: Zwietracht, Wettstreit, Interessenkonflikt, mangelnde Zusammenarbeit, Überreaktion, „nicht harmonieren", schlechtes Timing, schlechtes Management, zerstreut, impulsiv, labil.

Beschreibung: Der goldene Engel der Mäßigung schwebt in der Luft. Das Licht strömt durch ein Bleiglasfenster an der Decke. Sie verbindet das Feuer ihrer linken Hand mit dem Wasser ihrer Rechten und erschafft damit eine perfekte alchemistische Vermischung polarer Gegensätze.

Bedeutung: Die Mäßigkeit hat zwei Hauptthemen. Das erste ist das Maßhalten. Ein Gleichgewicht wird erzielt, indem wir die rechte Mischung finden und immer wieder Angleichungen vornehmen. Das zweite Thema ist das Temperieren. Glas wird härter, wenn es erhitzt und wieder abgekühlt wird. Wir werden stärker und verbessern uns, wenn wir schwierige Zeiten durchleben.

Zugeordnetes Element: Feuer (heiß/trennend und trocken/Gestalt gebend). Feuer ist aktiv, maskulin, dynamisch, tatkräftig, vitalisierend, stärkend, spontan, transformativ und unberechenbar.

Astrologische Entsprechung: Schütze. Der Schütze ist abenteuerlustig, ein Freigeist, enthusiastisch, freiheitsliebend, nach Wahrheit strebend, philosophisch, optimistisch und humorvoll. Der Schütze kann auch unorganisiert, zögernd, taktlos und ein intellektueller Wichtigtuer sein und neigt zur Übertreibung.

Gaben: Verfeinerung, Ausgeglichenheit.

Rat: Lerne durch Versuch und Scheitern. (*lr*)

> *Mäßigung ist nichts weiter als eine Gemütsart des Geistes,*
> *durch welche die Leidenschaften gezügelt werden.*
> – Thomas von Aquin

DER TEUFEL

Kein gehörntes Tier, keine monströse Erscheinung, ganz im Gegenteil: Der Teufel wirkt recht anziehend. Er präsentiert sich dem Narren keineswegs bedrohlich. Man kann sich sogar vorstellen, wie er zu ihm sagt: „Schau mich an, Narr, ich bin genau wie du. Vertrau mir, du kannst den Weg ruhig beschreiten, den ich dir zeige, schau hier die Geschenke, die ich dir biete."

Der Kopfputz des Teufels legt nahe, dass es tatsächlich irgendeine Verbindung zwischen den beiden geben könnte. Ist der Teufel wirklich ein eigenständiges Wesen oder ist er vielleicht nur eine andere Version unserer Selbst, unseres inneren Dämons? Der Teufel hält den Narren samt der Sanduhr, wieder in einer liegenden Position, in seiner Hand, die Reise ist einmal mehr unterbrochen. Doch zusammen mit all den Versuchungen, die er zu bieten hat, lässt der Teufel ihm auch die Wahl. Der Narr besitzt, wie wir alle, die Freiheit, selbst zu entscheiden, ob er annehmen oder ablehnen soll. (*cm*)

Im feurigen unterirdischen Licht lässt der Meistermanipulierer die vier Welten wie Marionetten von seinen Fingern baumeln. Die eindrucksvolle Präsenz des Teufels ist zu viel für den Narren; er hockt in der Ecke und fürchtet sich vor der Zukunft. Doch seine Reise setzt sich fort, sobald der Sand der Zeit wieder in Bewegung kommt, was nur einer kleinen Bewegung der Hand des Teufels bedarf. (*ra&wa*)

Der Teufel des *Traumerbe*-Tarots gehört zu den attraktivsten Dämonen aller Tarot-Decks. Eine Schlussfolgerung, die wir daraus ziehen dürfen, ist, dass die Versuchungen, denen wir begegnen werden, ziemlich verführerisch sein werden. Es könnte aber auch auf Oberflächlichkeit hindeuten, d.h. dass wir unser Urteil anhand von äußeren Erscheinungen fällen und in die gefährliche Falle gehen, uns mit der äußeren Form zu identifizieren. Darüber hinaus herrscht eine eigenartige Ähnlichkeit zwischen der Maske des Teufels und der des Narren, wobei Ersterer eine Art perverser Parodie des Zweiten darstellt. Das könnte ein Hinweis auf den Jung'schen Gedanken des eigenen „Schattens" sein, jenem Teil unseres Unterbewusstseins also, den wir nicht anschauen wollen, all die Eigenschaften, die uns selbst abstoßen, so dass wir so tun, als gäbe es sie gar nicht. Die Haltung des Narren in dieser Abbildung scheint diese Interpretation sogar zu unterstützen.

Bemerkenswert ist auch, wie viel größer der Teufel ist als der Narr. Das kann bedeuten, dass die Themen, Dämonen und Süchte, mit denen wir uns auseinander setzen müssen, oftmals übermächtig erscheinen. Darüber hinaus kann diese Karte jedoch auch auf die negativen Auswirkungen eines aufgeblasenen Egos hindeuten sowie auf den Sinnspruch „Hochmut kommt vor dem Fall", was uns zur nächsten Karte führt, dem Turm. (*jwr*)

Der Fürst der Tore zur Materie — Kind der Mächte der Zeit

Schlüsselworte: Materialität, materielle Kraft, Versuchung, Heiterkeit, Gefangenschaft, Falle, Versuchung, goldene Handschellen, Ignoranz, Hoffnungslosigkeit, Schwäche, Gier, Furcht, Arroganz, finanzielle Probleme, Verwirrung, Obsession, Zweifel, Fixierung, Einschränkung, hinter die Fassade blicken.

Schlüsselworte der Umkehrung: Die Nase voll haben, Versuchungen überwinden, die Falle erkennen, in materiellen Gedanken gefangen.

Beschreibung: Der muskulöse Teufel mit freiem Oberkörper betrachtet die Symbole der vier Welten, die von seiner klauenhaften rechten Hand herab hängen. Der Narr sitzt, zusammengekauert, auf der Sanduhr in seiner linken Hand. Aus seinem maskenartigen Kopfschmuck treten Tentakeln hervor. Hinter einem Säulenpaar, das gekrönt ist mit dem Symbol des Steinbocks, leuchtet hell eine riesige Münze. Der Teufel wird traditionell mit dem Erzengel Uriel assoziiert, dessen Name „Feuer Gottes" bedeutet. Das Feuer, das im Hintergrund glüht, ist jene Macht, welche die Materie erschafft, auch das Universum und das Leben. Das nach Unten deutende Pentagramm, das seinen Umhang zusammenhält, steht für das Herrschen der Materie über den Geist oder, einfacher ausgedrückt, für die Anbetung materieller Dinge.

Bedeutung: Schlimmstenfalls steht der Teufel für Gefangenschaft, Sucht, Materialismus, Finsternis und Ignoranz. Der Teufel kann dir zeigen, wie trügerisch die äußere Form sein kann. Es gibt aber auch positive Aspekte beim Teufel. Oswald Wirth beschreibt den Teufel als den „Prinzen der materiellen Welt", ein Ort, der ohne ihn nicht existieren könnte. „Er ist die Basis der Differenzierung zwischen den Dingen." (*Die Magie des Tarot*) Die Gabe des Teufels ist die Fähigkeit zur Selbsterkenntnis.

Zugeordnetes Element: Erde (kalt/bindend und trocken/Gestalt gebend). Die Erde ist passiv, weiblich, erdend, solide, sich langsam bewegend, verwirklichend, produktiv, fruchtbar und praktisch.

Astrologische Entsprechung: Steinbock. Der Steinbock ist entschlossen, ehrgeizig, sinnlich, an Regeln orientiert, vorsichtig, zurückhaltend und produktiv. Der Steinbock kann auch ignorant, pessimistisch, sparsam, zögerlich und schicksalsergeben sein.

Gaben: Erkennen, Erfahrung.

Rat: Durchschaue die Erscheinungen. (*lr*)

Wer beschäftigt ist, wird von nur einem Teufel versucht,
wer eitel ist, von einer ganzen Armee.
– Thomas Fuller, *Gnomologia*

DER TURM

Ein Weckruf. Vermutungen, die wir getroffen haben, Wahrheiten, die wir übernommen haben, oberflächliche Werte, an die wir uns gehalten haben – all dies schien doch so stark und unbestritten und doch hat es von einem Augenblick zum nächsten keine Gültigkeit mehr. Die Fundamente, auf die diese Werte gebaut waren, haben sich als instabil erwiesen. Diese Erkenntnis bringt uns Angst und Verzweiflung; unsere Welt ist in den Grundfesten erschüttert und wir haben keine andere Wahl, als diese neue Wirklichkeit zu akzeptieren. Nun müssen wir den Mut aufbringen, diesen Verlust zuzugeben und zu akzeptieren, daraus zu lernen und unsere Stärke daraus ziehen, diese Ruinen wieder aufzubauen, dieses Mal mit kraftvolleren Werten. (*cm*)

Es sieht aus wie der Anfang vom Ende.

Ob die Zerstörung nun in großem Umfang stattgefunden hat oder einfach nur das Pech eines Einzelnen betrifft, es ist in jedem Fall nichts Persönliches. Wenn du natürlich an einem Ort baust, der immer wieder von Unwettern heimgesucht wird, dann sollte es dich nicht überraschen, wenn auch dich ein Unwetter erwischt.

Aber vielleicht ist dies ja ein neuer Anfang und heute ist dein Glückstag! (*ra&wa*)

In den Bergen, wo ich lebe, gibt es viele Häuser, die an einem unsicheren Platz (jedenfalls scheint es mir so) an einen Berghang gebaut sind, und zwar so, dass ein Teil ihres Fundaments von Pfählen gebildet wird. Wann immer ich solch ein Haus sehe, frage ich mich, wie sicher das sein kann und ob seine Bewohner sich darin wirklich sicher fühlen. Die Karte des Turms im *Traumerbe*-Tarot erinnert mich an diese Häuser, denn sie spricht quasi Bände darüber.

Ein weiteres Thema dieser Karte, das mit Sicherheit zu tun hat, ist unsere Komfortzone, für die der Turm ebenfalls steht. Wenn wir uns weigern, unsere Komfortzone zu verlassen, bleiben wir auf ausgefahrenen Gleisen stecken und das verhindert unsere spirituelle Weiterentwicklung. Darum gibt uns das Universum hin und wieder einen Tritt, damit wir diesen Bereich verlassen … natürlich nur zu unserem eigenen Besten. Eine abrupte Veränderung in unserem Leben ist deshalb oft einfach die Art des Universums, uns unsanft aus unserem Schlaf zu wecken, was uns hoffentlich auf eine neue Bewusstseinsstufe in unserem Leben bringen wird. (*jwr*)

Fürst der Gastgeber der Mächtigen

Schlüsselworte: Heftiges Wachrütteln, Gefühl der Unsicherheit, Konflikte, Abtrennung, unerwartet, Durchbruch, verheerende Bedingungen, finanzielle Probleme, Scheidung, Untergang, Katalysator, plötzliche Veränderung, Katastrophe, unerwarteter Schock, zerbrochene Illusionen, unausweichliche Veränderung, sich an eine physische Veränderung gewöhnen.

Schlüsselworte der Umkehrung: Der Staub legt sich, Paradigmenwechsel, Verbesserung, Wiederaufbau, Befreiung.

Beschreibung: Meteore regnen vom Himmel herab und zerstören die tragenden Säulen des Kaiserpalastes. Feuer und Erde prallen direkt aufeinander. Ein felsiger Gebirgszug ist in der Ferne zu sehen. Der Himmel scheint in Flammen zu stehen.

Bedeutung: Der Turm steht für plötzliche und tiefgreifende Veränderungen. Die Dinge werden niemals mehr so sein, wie sie einmal waren. Auf einer äußerst weltlichen Ebene kann der Turm für

Unfälle stehen. Auf einer höheren Ebene werden alte Muster, Strukturen und Glaubenssysteme von einem Moment zum anderen ausgelöscht. Das kann einen großen Durchbruch bedeuten. Der Geistesblitz spiritueller Erkenntnis räumt alle Irrtümer und Unwissenheit aus dem Weg.

Zugeordnetes Element: Feuer (heiß/trennend und trocken/Gestalt gebend). Feuer ist aktiv, maskulin, dynamisch, tatkräftig, vitalisierend, stärkend, spontan, transformativ und unberechenbar.

Zugeordneter Planet: Mars. Der Mars ist der Planet der Leidenschaft und des Krieges. Er ist gebieterisch, ehrgeizig und wetteifernd. Diese Energie kann gleichermaßen konstruktiv als auch zerstörerisch sein. Seine guten Eigenschaften sind Mut, Wagemut, Furchtlosigkeit und Ehrenhaftigkeit. Der Mars kann jedoch auch feindselig, grausam, aggressiv, brutal gewalttätig sein und zu Unfällen neigen.

Gaben: Eine zerstörerische Kraft macht den Weg frei für Neues.

Rat: Du hast die Wahl, selbst die Kraft der Veränderung zu sein (der Geistesblitz) oder ihr ausgeliefert zu sein. (*lr*)

Das Leben ist eines jener kostbaren, flüchtigen Geschenke und
alles kann sich binnen eines Herzschlags verändern.
– Unbekannter Autor

DER STERN

Der Narr betrachtet, was von der Zerstörung des Turms noch übrig geblieben ist. Seine Ruinen zeichnen ein Bild der Hoffnungslosigkeit und Endgültigkeit. Alles scheint verloren. Aller Fortschritt und alle Errungenschaften seiner bisherigen Reise scheinen umsonst gewesen und in der Finsternis verloren gegangen zu sein. Er blickt hinauf in den Nachthimmel. Doch trotz seiner Verzweiflung dringt ein Licht durch die Dunkelheit. Eine engelsgleiche Erscheinung verströmt das Licht der Sterne, bringt Licht und lässt ihn auf die Zukunft hoffen. Ja, da war Zerstörung, aber es war nur physische Zerstörung; das Wissen und die Weisheit, die er während seiner Reise bis hierhin erlangt hat, sind weder verloren noch vergessen und sie machen Hoffnung auf die Zukunft. Die schimmernden Sterne dieser engelsgleichen Erscheinung fallen sanft zur Erde und auf das Wasser darunter, und im Fallen verwandeln sie sich in Hoffnungsschimmer, auf denen eine neue Zukunft erwachsen kann.

In meiner Geschichte sagt der Kaiser an einer Stelle, dass „wir von den Sternen" stammen. Damit verwebt sich die Geschichte mit dem Deck und darüber hinaus … und umfasst nun auch wissenschaftliche Zusammenhänge. Die Sterne sind die Essenz und Teil des endlosen Kreislaufs des Universums von Zerstörung und Schöpfung. Diese Karte verleiht diesem Vorgang Ausdruck in Form einer ätherisch wirkenden weiblichen Gestalt. (cm)

Die himmlische Tänzerin benetzt die zerstörte Landschaft vergangener Katastrophen mit Sternenlicht und Magie und taucht auf diese Weise selbst die Ruinen noch in ein Licht der Schönheit. Die Stürme sind nunmehr Erinnerung und die Luft ist gereinigt und lässt Raum für Stille. *(ra&wa)*

Wie sich in Sprichwörtern wie „nach den Sternen greifen" oder „beim Anblick einer Sternschnuppe, darf man sich etwas wünschen" widerspiegelt, stehen diese funkelnden Lichter, die wir des Nachts hoch am Himmel erblicken, traditionell für Gedanken wie Hoffnung und Sehnsucht, göttliche Inspiration und Führung sowie für innere Ruhe und Frieden.

Im *Traumerbe*-Tarot sieht man auf der Karte des Sterns wie in den meisten anderen Decks auch eine himmlische Frau, die mindestens ebenso sehr im Mittelpunkt steht, wie die himmlischen Sterne selbst. Diese Frau repräsentiert die Anima Mundi – die Weltenseele – und verkörpert somit auch unser Streben nach einem höheren Bewusstsein. Da diese Karte direkt auf die Katastrophe der Turm-Karte folgt (was im *Traumerbe*-Tarot noch verdeutlicht wird durch die Ruinen des Turms im Hintergrund), birgt der Stern das Versprechen der Ruhe nach dem Sturm. Dies ist eine Zeit, in der wir die Überbleibsel zusammen suchen und unsere Hoffnung auf die Zukunft setzen, manchmal ist es eine Zeit, in der wir nichts mehr besitzen außer unserer Hoffnung. *(jwr)*

Tochter des Firmaments — Bewohnerin der Zwischenwasser

Schlüsselworte: Idealismus, Selbstfindung, Sinnhaftigkeit, Befreiung, Frieden, klare Sicht, Großzügigkeit, Gelassenheit, Rampenlicht, spirituelle Gaben, Offenbarung, Astrologie, Einsicht, Vorahnungen, Selbsterkenntnis, Zufriedenheit.

Schlüsselworte der Umkehrung: Hoffnungslosigkeit, Verträumtheit, betrogene Hoffnungen, hochmütig, arrogant, deprimiert, Zweifel, Pessimismus, Verbohrtheit, Verlust einer Freundschaft oder einer Liebe, körperliche oder geistige Krankheit, Verzögerung, Krankheit, ausgelaugt, enttäuscht.

Beschreibung: Sternenstaub fällt von einer feenhaften Gestalt, die in ein fließendes Gewebe gehüllt ist. Auf der Brust trägt sie einen hell leuchtenden Diamanten und ihr Körper ist mit Sternen verziert. Die Venus, der Morgen- und Abendstern, leuchtet hell am Himmel. Im stillen Wasser wächst Moos auf den zerbrochenen Säulen und Ruinen des Turms. Der nächtliche Himmel steckt voller Magie.

Bedeutung: Das Feenvolk wacht über uns und führt uns zu unserer Bestimmung. Der Stern steht für Hoffnung und Inspiration, die wir sowohl von Oben (von den Göttern) als auch aus dem Inneren (dem inneren Bewusstsein) erhalten. Segen und Liebe strömen von oben herab. Wenn du dir selbst treu bleibst, bekommst du vielleicht unerwartete Hilfe.

Zugeordnetes Element: Luft (heiß/trennend und feucht/sich anpassend). Luft ist aktiv, maskulin, intellektuell, logisch, kommunikativ, erfinderisch, mühselig, idealistisch, kritisch und klar.

Astrologische Entsprechung: Wassermann. Der Wassermann ist sozial, gewissenhaft, menschenfreundlich, individualistisch, intellektuell, unorthodox, freundlich, fortschrittlich und freiheitsliebend. Der Wassermann kann aber auch eitel, fanatisch, exzentrisch, pervers, abgehoben, konträr, nachtragend und gefühlskalt sein.

Gaben: Inspiration, Hoffnung.

Rat: Wünsch dir was, wenn du eine Sternschnuppe siehst, und folge deinem Glück. (*lr*)

> *Ich werde das Licht lieben, denn es zeigt mir den Weg,*
> *aber auch die Dunkelheit will ich ertragen, denn sie zeigt mir die Sterne.*
> – Og Mandino

DER MOND

Der Narr folgt dem Sternenengel nach und gerät in eine weitere traumähnliche Szene hinein. Er findet sich in einem alten, mystischen Tempel wieder. In dieser passiven Umgebung spiegelt sich im Wasser das Mondlicht, welches wiederum das Sonnenlicht reflektiert. Die emotionale Achterbahnfahrt des Narren während der letzten Karten zahlt sich endlich aus. Er hat einen Blick in jene andere Welt erhascht, als er bei der Hohepriesterin verweilte und während seiner Zeit als Gehängter. Doch nun steht die Illusion an vorderster Stelle und er hört förmlich das Heulen der Wölfe. Seine Instinkte zaudern; im einen Moment hat er sich unter Kontrolle, im nächsten Moment fühlt er sich wild und primitiv. Wieder einmal muss er den Willen aufbringen, weiter zu gehen, oder aber er riskiert es, für immer in dieser anderen Realität gefangen zu bleiben, die eine Folge seines Gefühlszustands ist. (*cm*)

Im Licht der aufgehenden Mondin wird das Mystische zur Wirklichkeit und das Wirkliche wird unfassbar schön. Wie sie sich dort widerspiegelt in den uralten Wassern, wird sie Zeuge deiner persönlichen Weiterentwicklung und Verwandlung. (*ra&wa*)

Die Mondin ist die Königin der Nacht und somit repräsentiert sie sowohl unsere Träume als auch unsere Selbsttäuschung. Deshalb werden dieser Karte oft eher negative Bedeutungen zugeschrieben, wie Irrationalität, Verwirrung und verborgene Programme. Die gebräuchliche Darstellung von Wölfen, die mit Wildheit und Lykanthropie in Verbindung gebracht werden, erweitert die negative Deutungsebene dieser Karte noch um Geisteskrankheit. Allerdings finde ich, dass die einander spiegelnden, Ibis-köpfigen Thoth-Figuren im *Traumerbe*-Tarot eine interessante Erweiterung ihrer Ikonografie darstellen, denn sie zeigen uns noch eine ganz andere Seite der Mond-Karte. Aufgrund des geschwungenen Schnabels des Ibis, der eindeutig an einen aufgehenden Mond erinnert, wurde Thoth in der ägyptischen Mythologie mit diesem Himmelskörper assoziiert. Und da die Religion und die Regierung im alten Ägypten zum Großteil von den Mondzyklen abhängig waren, war Thoth gleichzeitig auch der Gott der Weisheit und der Magie. Somit kann man diese Karte auch mit Intuition, Imagination und Kreativität als auch mit Verzauberung und Magie in Verbindung bringen. (*jwr*)

Herrscher über den Fluss und den Rückfluss — Kind der Söhne der Mächtigen

Schlüsselworte: Unbekanntes, weibliche Energie, Intelligenz des Körpers, instinktive Energie, Körperbewusstsein, Natur, Kunst, lunar, unbewusst, Gefühle, geheime und verborgene Ängste, trügerisch, Illusion, Verwirrung, Scheu, düstere Vorahnung, Anpassungsfähigkeit.

Schlüsselworte der Umkehrung: Lügen, Falschheit, Täuschung, Entwürfe, Bedrohung, Unsicherheiten, Verzweiflung, Angst, Missverständnisse, falsche Anschuldigungen.

Beschreibung: Eine schöne nackte Frau badet im Mondlicht am Rande eines Beckens zwischen einem Paar von Säulen, die mit dem Torso des ägyptischen Gottes Thoth gekrönt sind. Ein Krebs schwimmt im Wasser zwischen einem Paar von Anubis-ähnlichen Statuen, die auf steinernen Quadern ruhen und mit dem nach unten zeigenden Dreieck des Wassers verziert sind. Eine goldene Kette mit dem Zeichen der dreifachen Mondphase hängt zwischen den Hunden. Der Vollmond verströmt sein blasses Licht.

Bedeutung: Die Nacht ist wahrlich ziemlich dunkel geworden. Das Licht des Mondes zeigt die Dinge, wie sie sein könnten. Dies ist das Reich der Imagination, des Unterbewussten, der Illusion und der Fantasie. Tiefe Ängste könnten an diesem einsamen Ort an die Oberfläche gelangen. Der Mond ist ebenfalls die Quelle der Intuition und der Vorahnung. Aus der Fülle des Mondes lässt sich künstlerische Kreativität schöpfen.

Zugeordnetes Element: Wasser (kalt/bindend und feucht/sich anpassend). Wasser ist passiv, weiblich, empfänglich, nährend, rätselhaft, fruchtbar, mitfühlend, fließend, sinnlich, sexuell und emotional.

Astrologische Entsprechung: Fische. Die Fische sind einfühlsam, intuitiv, selbstlos, übersinnlich, mitfühlend, sanft, einfallsreich und formbar. Fische können auch unrealistisch, schüchtern, unterwürfig, suchtgefährdet, klammernd, betrügerisch, lethargisch und geheimniskrämerisch sein.

Gaben: Intuition, Imagination.

Rat: Lausche in die Tiefen deines Unterbewusstseins hinein. Deine Träume halten möglicherweise Antworten für dich bereit. (*lr*)

Alles fließt und nichts ist von Dauer;
Alles gibt nach und nichts ist unveränderlich.
– Heraklit

DIE SONNE

Nun ist der Narr endlich erwacht und lässt die Dunkelheit und die beunruhigenden Szenen hinter sich. Die Prüfungen und Mühen tragen schließlich Früchte und werden belohnt. Nun sind da Licht und Wirklichkeit. Von der Sonne erfrischt und erleuchtet, lässt er Zweifel und Illusionen hinter sich und sie lösen sich in Nichts auf. Nun ist alles klarer und an seinem rechten Platz. Der Narr kann den Weg nach vorn erkennen und frohlockt angesichts seiner baldigen Wiedergeburt. In einer tempelartigen Halle sehen wir die Silhouette einer Gestalt, die der dominanten Rolle der Sonne huldigt – ihr Kern aus Licht, ihre Größe und ihre zentrale Position werden durch das majestätische Modell des Sonnensystems eindrucksvoll veranschaulicht. (*cm*)

Die leuchtende Sonne im Zentrum aller Dinge weiß alles und sieht alles. Eben danach strebt jeder Alchemist, doch die Geheimnisse der Sonne liegen nicht im Verborgenen. Nimm dir einfach die Zeit, sie zu beobachten, dann werden sie sich dir erschließen. Dann wirst du fähig sein zu großen Visionen, zu großen Taten und wirst zum Dirigenten der sphärischen Klänge. (*ra&wa*)

Im Gegensatz zu den traditionell eher finsteren Interpretationen der Mond-Karte wird die Sonne im Allgemeinen als Vorbotin von Freude und Vitalität, von Optimismus und Erleuchtung sowie von Revitalisierung und neuen Möglichkeiten betrachtet. Sie steht für eine nährende Wärme und ein Licht, das alle Schatten und Zweifel auslöscht und das uns aus unserer Finsternis erwachen lässt, damit wir vielleicht unsere innere Göttlichkeit erkennen mögen. Dies ist jedenfalls der Eindruck, den der Mann auf dieser Karte in mir erweckt, wie er dort in einer Art Planetarium steht, die Hände in Ehrfurcht und Begeisterung hoch erhoben. Und so, wie die aufgehende Sonne den Anbruch eines neuen Morgens ankündigt, so kann diese Karte auf die Vollendung einer Lebensphase und den Beginn einer neuen hindeuten. Andererseits könnte man in der Metapher des Planetariums auf dieser Karte auch einen negativen Aspekt sehen. Bedenken wir die gewaltige Größe und zentrale Position der Sonne, könnte das, was wir sehen, auch nur Einbildung und eine egozentrische Betrachtung der Welt sein. (*jwr*)

Fürst des Feuers der Welt

Schlüsselworte: Ruhm, Gewinn, Reichtum, Selbstbewusstsein, Lebenskraft, maskuline Energie, reines Licht, Beförderung, Errungenschaften, Befreiung, hell, Tageslicht, klar, Dankbarkeit, Wohlstand, Leben, Licht.

Schlüsselworte der Umkehrung: Engstirnig, Hitzschlag, Sonnenbrand, überaus zornig, arrogant, aufdringliches Ego, pessimistisch, negativ, Depression, Krankheit, Scheitern, Verlust.

Beschreibung: Ein in ein langes Gewand gehüllter Priester steht vor einem mechanischen Modell des Sonnensystems. Er beobachtet und kalkuliert astronomische Positionen. Der Raum ist erleuchtet vom Licht der riesigen Sonne. An der Decke erkennt man einen Teil des Tierkreises. Das deutet auf die Idee hin, dass es einen Zusammenhang gibt zwischen den Himmelskörpern und dem menschlichen Leben. Dieser Gedanke findet sich auch in dem hermetischen Axiom „Wie oben, so unten" wieder.

Bedeutung: Die Sonne steht für das kreative, elementare Feuer des Lebens. Die materiellen Kräfte der Natur symbolisieren eine Energie, die ihrem Charakter und Potenzial nach im Wesentlichen menschlich ist. Die Sonne steht für Individualität, Freude und das Leben.

Zugeordnetes Element: Feuer (heiß/trennend und trocken/Gestalt gebend). Feuer ist aktiv, maskulin, dynamisch, tatkräftig, vitalisierend, stärkend, spontan, transformativ und unberechenbar.

Zugeordneter Planet: Sonne. Die Sonne ist der Planet, dessen Strahlen das Leben in die Welt bringt. Sie ist majestätisch, königlich und lebensnotwendig und steht für die Fähigkeit eines Einzelnen, den Herausforderungen des Lebens mutig entgegen zu treten. Die Sonne kann aber auch anmaßend, dominant, sengend und größenwahnsinnig sein.

Gaben: Selbstvertrauen, Erfolg, Freude.

Rat: Nimm ein Sonnenbad. (*lr*)

Jene, die Sonnenschein in das Leben Anderer bringen,
können es auch sich selbst nicht vorenthalten.
– J.M. Barrie

DAS GERICHT

Die Reise nähert sich ihrem Ende. Das Licht der Sonne offenbart die letzten notwendigen Schritte. Der Narr ist unterwegs an verschiedenen Stationen seiner Reise Herausforderungen begegnet und hat sie gemeistert, Dämonen und Ängste gleichermaßen. Seine Wunden heilen nun. Doch aus dem Auge ist nicht immer gleich aus dem Sinn. Um etwas wirklich zu beenden, muss die Vergangenheit manchmal nicht einfach nur verborgen und vergessen werden, sondern sie muss noch einmal auferstehen und wir müssen uns einmal mehr mit ihr auseinandersetzen. Wir müssen uns mit ihr konfrontieren und sie bewerten, um sie endgültig zu besiegen. Dadurch können wir wahrhaftig mit ihr abschließen und wirklich wiedergeboren werden. (*cm*)

Durch die Schwingung seines eigenen Geistes beschwört Gabriel die Musik der Auferstehung herauf. Alles, was längst tot gewesen, hört nun den unwiderstehlichen Ruf des Lebens und wird wiedergeboren in eine neue Welt, um einen neuen Zweck zu erfüllen. (*ra&wa*)

Diese Karte trägt für mich die Botschaft von Erlösung und Sühne und damit auch von Vergebung, die die Grundlage für diese beiden Deutungen bildet. Sie gibt uns auch den Rat, unsere Bewertungen loszulassen, damit wir erkennen können, dass wir alle Teil eines größeren Ganzen sind.

Die *Traumerbe*-Karte des Gerichts orientiert sich stark an der traditionellen Darstellung für diese Karte, bis auf die Tatsache, dass die aufsteigenden Seelen eher ein Gefühl des Feinstofflichen und Spirituellen hervorrufen anstatt an Zombies zu erinnern, die aus ihren Gräbern steigen (wie in der RWS Version dieser Karte). Dieses Bild ist eine Metapher für ein Erwachen hin zu einer tiefgreifenden Wahrheit oder Perspektive, was besonders durch den Engel deutlich gemacht wird, der über den Menschen aufragt, denn Engel sind ein Symbol für Offenbarungen und für den Kontakt mit dem Göttlichen. Dieser Engel könnte aber auch für einen Ruf aus dem Inneren (oder von einer „höheren Quelle") stehen, der uns mahnt, dass eine wichtige Veränderung in unserem Leben ansteht. (*jwr*)

Der Geist des Urfeuers

Schlüsselworte: Weckruf, unbegrenzte Möglichkeiten, Erkenntnis, spirituelles Erwachen, Erneuerung, Belohnung, Wiedergeburt, Absolution, Segen, Führung, Gesundheit.

Schlüsselworte der Umkehrung: Einen Rechtsstreit verlieren, Karma, Verlust, schlechte Gesundheit, innere Unruhe, Bitterkeit, Einsamkeit, Krankheit.

Beschreibung: Der Engel des Gerichts steht vor einer himmlischen Orgel und weckt die Toten. Sie auferstehen durch die Elemente in ihrer natürlichen Ordnung: von der Erde zum Wasser zur Luft zum Feuer. Das Gewand und die Schwingen des Engels sind von einem strahlenden Weiß, der Farbe der Reinheit.

Bedeutung: Diese Karte steht für den Prozess des Erkennens der Folgen des eigenen Handels, Nichthandelns und falschen Handelns; für Kommunikation des Göttlichen mit dem Einzelnen; Gruppen, die religiöse Gedanken erforschen; und für den Gehorsam gegenüber einer höheren Führung.

Zugeordnetes Element: Feuer (heiß/trennend und trocken/Gestalt gebend). Feuer ist aktiv, maskulin, dynamisch, tatkräftig, vitalisierend, stärkend, spontan, transformativ und unberechenbar.

Zugeordneter Planet: Pluto. Pluto ist der Planet der Transformation und der Regeneration sowie der Wiedergeburt. Das Motto von Pluto lautet: „Raus mit dem Alten und rein mit dem Neuen." Pluto erschafft neu und zerstört zugleich. Pluto hat eine starke Schattenseite, die uns mit der Unterwelt, Obsession, Zwängen und Verbrechen konfrontiert.

Gaben: Erkenntnis des Potenzials, einem inneren Ruf folgen.

Rat: Folge dem Weckruf. Befreie dich selbst. (*lr*)

> *Richte über dich selbst mit Aufrichtigkeit und*
> *du wirst mit Barmherzigkeit über andere richten.*
> – John Mitchell Mason

DIE WELT

Nun ist die Reise vollendet, sie ging keineswegs immer nur geradeaus, sondern vielmehr im Kreis herum und der Narr befindet sich nun wieder an seinem Ausgangspunkt. Hier erinnern wir uns an Einsteins Theorien zur Krümmung der Raum-Zeit. Doch die Erfahrungen, die der Narr gemacht hat, haben ihm eine vollkommen andere Perspektive verliehen. In seiner anfänglichen naiven Unschuld hat er nur sehr wenig sehen können, nicht einmal die Gefahren, die auf ihn warteten. Doch nun ist er zurückgekehrt voller Selbstvertrauen, mit der Klarheit von Körper und Geist und die Welt liegt ihm wiederum zu Füßen. Um ihn herum kreisen anmutig die Tierkreiszeichen, der Kreis des Lebens, das Rad, doch aus dieser Perspektive ähnelt das Bild einer Yoni, dem Eingang vom Tod zur Wiedergeburt.

Die Reise ist vorbei, die Aufgabe erfüllt, die Schlüsse sind gezogen. Diese Symbolik war einfach zu unwiderstehlich, um sie außer Acht zu lassen, darum habe ich mir diese Karte bis zuletzt aufgehoben. (cm)

Der Sand der Zeit hat seinen Weg vollendet und der Narr hat seine Maske abgelegt. Was erfahren sein wollte, wurde erfahren, was entstehen sollte, ist entstanden. Der Narr ist nun kein Außenseiter mehr, endlich ist er in das Universum eingetreten und mit ihm eins geworden. *(ra&wa)*

Mir gefällt außerordentlich gut, dass der Narr selbst die jubilierende Figur in der Welt-Karte des *Traumerbe*-Tarots ist, die Arme weit ausgestreckt in einem Ausdruck reiner Freude. Er erscheint stolz und freudig erregt, wodurch die Assoziationen dieser Karte mit Vollendung und Erfolg nochmals verdeutlicht werden. Zudem befindet er sich wieder genau dort, wo er begonnen hat, die Welt zu seinen Füßen, nur dass er sich dieses Mal die Maske herunter gerissen hat (ein Zeichen für Aufrichtigkeit und Offenheit) und der Sand in der Sanduhr ist vollständig nach unten geflossen, wenn man sie auch, wie jede andere Sanduhr, einfach wieder herumdrehen und damit den Lauf der Zeit erneut in Gang setzen kann. Die Botschaft hier lautet, dass ein größerer Lebenszyklus nun vollendet ist und sich die Gelegenheit bietet, einen neuen zu beginnen. Darüber hinaus wurde hier der traditionelle Kranz der Welt-Karte ersetzt durch die Zeichen des Tierkreises, die in einer eiförmigen Mandorla um den Narren herum tanzen. Auch hier wird wieder die Vollendung eines Zyklus impliziert und dieses Bild steht für die Erkenntnis, dass das Göttliche sich überall um uns herum manifestiert. *(jwr)*

Der große Herr der Nacht der Zeit

Schlüsselworte: Kosmisches Bewusstsein, Erfolg, globale Angelegenheiten, die Welt erschütternde Ereignisse, karmische Vollendung, Belohnung, Befreiung, Integration, Vollendung, Einbindung, Erfüllung, Involution und Evolution.

Schlüsselworte der Umkehrung: Geschwächt, gestresst, ausgebrannt, Zwietracht, Verzögerung, unrealistisch, halsstarrig, Machtmissbrauch, Aggressivität, Intoleranz.

Beschreibung: Der Narr hat seine Maske abgenommen und steht mit ausgestreckten Armen auf der Sanduhr. Wie zu Beginn schwebt er im Äther hoch über der Erde, doch nun steht er im Zentrum des Tierkreises. Sein Verständnis von der Planetenbewegung im Verhältnis zur Sonne offenbart, dass er nun ein Meister darin ist, Veränderungen auf Erden zu bewirken.

Bedeutung: Die Welt steht für den Triumph der Vollendung. Sie ist die letzte Karte in der Abfolge der hohen Arkana und das Ziel des spirituellen Weges. Du erlebst im Moment vielleicht viele Synchronizitäten und hast das Gefühl, an genau dem richtigen Ort zur richtigen Zeit zu sein. Du hast die Lektionen gelernt und bist nun bereit für die nächste Stufe, was auch immer sie für dich bereithalten mag.

Zugeordnetes Element: Erde (kalt/bindend und trocken/Gestalt gebend). Die Erde ist passiv, weiblich, erdend, solide, sich langsam bewegend, verwirklichend, produktiv, fruchtbar und praktisch.

Zugeordneter Planet: Saturn. Saturn ist der Planet der Disziplin; er ist ein Lehrmeister für Recht und Ordnung, Grenzen und Verantwortlichkeit. Saturn liebt Traditionen und Vorherwissen. Saturn lässt sich auch als Aufruf zur Organisation, zum Durchhalten und Beschneidung interpretieren. Saturn kann aber auch einschränkend, deprimiert und furchtsam sein.

Gaben: Synchronizität, Erfüllung.

Rat: Erspüre deinen Platz im Universum. (*lr*)

Du kannst alles haben, was du nur willst,
wenn du es nur von ganzem Herzen willst.
Du musst es mit einer inneren Überschwänglichkeit wollen,
die dir aus allen Poren strömt und sich mit jener Energie verbindet,
die die Welt erschaffen hat.
– Sheila Graham

DIE KLEINEN ARKANA

ASS DER STÄBE

Die Essenz dieser Farbe wird verkörpert durch einen leuchtenden, mit Kristallen verzierten Stab. Er steigt hinauf aus den Eingeweiden eines glühenden Vulkans und sein majestätischer Aufstieg wird von Drachen begleitet, wodurch ein Versprechen angedeutet wird, dass du eigenhändig an neuen Unternehmungen für die Zukunft beteiligt sein wirst. (*cm*)

Ein Drachenschatz wird aus Drachenfeuer geboren, das Ass der Stäbe ist ein Talisman der Macht. Nimm ihn dir. (*ra&wa*)

Der Stab auf diesem Ass scheint aus dem Magma eines ausbrechenden Vulkankraters aufzusteigen, wobei junge Drachen um ihn herum flattern und damit andeuten, dass hier aufkeimende Energie und Kreativität am Wirken sind. Der Kopf des Stabes ist mit Edelsteinen übersät, die wir auch auf den folgenden Stäben noch zu sehen bekommen werden, und sie stehen für die vielen Möglichkeiten, aus denen wir wählen können. (*jwr*)

Die Wurzel der Macht des Feuers

Schlüsselworte: Anstiften, entfachen, Aktion, Funke, beherrschen, Werkzeug, organisch, Inspiration, Selbstdarstellung, Verständnis, maskuline Energie, Manneskraft, Begehren, Selbstvertrauen, dominieren, pulsierende Energie.

Schlüsselworte der Umkehrung: Überforderung, zerstreut, Verzögerungen, falsche Richtung, unmotiviert.

Beschreibung: Ein Paar feuerspuckender Drachen umkreist einen verzierten Stab in einer Wüstenschlucht mit imposanten Felsenklippen. Flammen steigen aus der flüssigen Lava empor. Den Stab krönt in der Mitte ein großer Edelstein mit dem eingravierten Symbol für das Feuer. Sechs weitere Kristalle gehen strahlenförmig von der Mitte ab – einer für jeden Planeten der Alten.

Bedeutung: Ein Sturm natürlicher Energien steigt auf, um eine neue Unternehmung oder kreative Aktivitäten zu unterstützen. Das Ass der Stäbe ist die Wurzel der Mächte des Feuers, wodurch es für den ersten Impuls und Inspiration steht. Diese Energie kann man nutzen, um die Trägheit zu überwinden. Es ist nicht so wichtig, über die Details oder den Ausgang einer Sache Bescheid zu wissen, man sollte einfach anfangen!

Jahreszeitliche Zuordnung: Sommer. Das Ass der Stäbe beherrscht die Jahreszeit des Sommers durch die Tierkreiszeichen Krebs, Löwe und Jungfrau.

Zugeordnetes Element: Feuer (heiß/trennend und trocken/Gestalt gebend). Feuer ist aktiv, maskulin, dynamisch, tatkräftig, vitalisierend, stärkend, spontan, transformativ und unberechenbar.

Gaben: Inspiration, neue Richtung, große Gelegenheit.
Rat: Nutze den Tag. (*lr*)

> *Was auch immer du tust oder wovon du auch träumst, mache einen Anfang.*
> *Verwegenheit birgt Genie und Kraft und Magie.*
> – Johann Wolfgang von Goethe

ZWEI DER STÄBE

Hier ist eine Wahl zu treffen, schlicht und einfach. Eine Situation erfordert, dass wir eine Entscheidung treffen – wir müssen uns festlegen. Doch die richtige Entscheidung zu treffen, ist vielleicht gar nicht so einfach. Die Vorteile des einen Weges gegenüber dem anderen sind nicht immer offensichtlich. Wir haben die Wahl zwischen zwei Kästchen; sie sind unterschiedlich, sehen jedoch ähnlich aus. Nichts an ihrem Aussehen gibt einen Hinweis oder einen Rat, welchen wir wählen sollten. Es gibt hier auch nur einen Schlüssel und wir können davon ausgehen, dass er nur zu einem der beiden Kästchen passt. Wenn wir uns falsch entscheiden, bekommen wir vielleicht keine zweite Chance, den Schlüssel doch noch zu erhalten. Wäge alle Faktoren ab, bedenke die Möglichkeiten, greife auf deine Erfahrung und deinen Instinkt zurück und wähle weise. (*cm*)

Werde zum Herrscher des Reiches. Greife nach dem energiegeladenen Schlüssel zu dem zweiteiligen Rätsel von Oben und Unten. Öffne die Kästchen und ergreife Besitz von den Zwillingsgeheimnissen der Welt des Feuers: die Kraft des Lichtes (Wissen, Transzendenz, Macht und Spirit) und Hitze (Handeln, Enthusiasmus, Leidenschaft und Reinigung). (*ra&wa*)

Hier haben wir nun zwei Kästchen, aber nur einen Schlüssel. Daraus können wir schließen, dass es Geheimnisse zu entdecken, Gelegenheiten wahrzunehmen gibt, aber nur begrenzte Lösungen oder Mittel, mit denen wir handeln dürfen. Darum musst du dich entscheiden und dann darauf hoffen, dass der Schlüssel zu dem Kästchen passt, das du erwählt hast. Da ist auch eine gewisse Aufregung und Vorahnung, was dich wohl erwarten wird, wenn es dir gelingt, das Kästchen zu öffnen. (*jwr*)

Das Reich

Schlüsselworte: Kreatives Wachstum, Autorität, Kontrolle, Erfolg, wagemutig, Ehrgeiz, Verhandlung, Planen, Vorbereitung, Partnerschaft, Vision, tauglich, selbstsicher, König, Boss.

Schlüsselworte der Umkehrung: Rastlosigkeit, Unentschlossenheit, Halsstarrigkeit, Stolz, Jähzorn, turbulent, unversöhnlich.

Beschreibung: Ein leuchtender Schlüssel schwebt in der Luft vor einem Paar verzierter, verschlossener Kästchen. Zu beiden Seiten stehen mit Kristallen gekrönte Stäbe. Der eine ist rot und steht für die Leidenschaft, der andere ist weiß und steht für aufrichtige Absichten. Beide sind durch fließende Bänder miteinander verbunden. Der Himmel knistert vor aufgeladener Energien.

Bedeutung: Eine begrenzte Gelegenheit bietet sich dir dar, doch wenn du diese Gelegenheit nutzen willst, sind Führungskraft, Vision und Entscheidungsfreude erforderlich. Beginne damit, Pläne zu schmieden und diese umzusetzen. Handle mit reinen Absichten.

Astrologische Entsprechung: Mars im Widder.

Gaben: Gelegenheit, Einfluss.

Rat: Begehren und Willensstärke müssen kanalisiert werden. (*lr*)

Ein goldener Schlüssel öffnet jede Tür.
– Sprichwort

DREI DER STÄBE

Das Gleichgewicht und die diversen Wahlmöglichkeiten aus den Zwei der Stäbe liegen nun hinter uns. Die Zahl Drei lässt sich nicht gleichmäßig teilen. Hier gibt es keine Wahl, hier gibt es nur Ergebnisse und Schlussfolgerungen. Der Mann wartet voller Optimismus und Vorfreude. Er hat seine Wahl bereits getroffen und entsprechend danach gehandelt. Nun bleibt ihm nur, zu hoffen, dass seine Entscheidungen richtig waren und die möglichen Resultate allmählich sichtbar werden. (*cm*)

Was du dir mit Hilfe deiner Intuition vorgestellt und erschaffen hast, befindet sich nun auf direktem Weg zu dir. Entzünde die Leuchtfeuer, damit es heimkehren kann. (*ra&wa*)

Eine gewisse wehmütige oder sehnsüchtige Vorfreude spricht aus diesem Bild. Die Gestalt, die sich vor dem Hintergrund abhebt, hat möglicherweise mit großer Voraussicht für dieses Resultat vorgesorgt oder dessen Möglichkeit vorausgeahnt. Nun wartet sie, dass ihr Schiff den Hafen erreicht. Andererseits könnte das Schiff, das dort in der Luft schwebt, auch ein Produkt ihrer Fantasie sein, in dem Fall malt sie sich gerade das Ergebnis aus, das sie sich wünscht. (*jwr*)

Bewährte Kraft

Schlüsselworte: Kräfte verbinden sich, Macht, Vorhaben, Mühe, Handel.

Schlüsselworte der Umkehrung: Stolz, Arroganz, Einbildung, heimliche Motive, kreative Blockade, Tagträume, Misstrauen, Angst vor Täuschung.

Beschreibung: Eine einsame Gestalt steht bei Sonnenuntergang am Ufer zwischen drei hoch aufragenden Stäben, die mit Kristallen gekrönt sind. Sterne sind zu sehen, doch das letzte Sonnenlicht lässt die Kristalle erstrahlen. Ein Luftschiff nähert sich. Der Himmel ist geladen mit magischen Möglichkeiten.

Bedeutung: Du brauchst nun Geduld, während du darauf wartest, dass dein „Schiff einläuft". Pläne wurden umgesetzt, doch sie brauchen ihre Zeit, um sich zu entfalten. Das kalkulierte Risiko wird sich auszahlen. Lehne dich zurück und genieße, was vor sich geht.

Astrologische Entsprechung: Sonne im Widder.

Gaben: Potenzial.

Rat: Nach oben sind keine Grenzen gesetzt. (*lr*)

> *Die einzigen Grenzen sind, wie immer, die der Vorstellungskraft.*
> – James Broughton

VIER DER STÄBE

Das symbolische Schiff hat den Hafen tatsächlich erreicht, samt seiner Fracht und Belohnungen. Diese Belohnungen wecken neue Hoffnungen und auf ihnen lassen sich neue Fundamente errichten als Basis für die Zukunft. Inmitten der Trostlosigkeit erheben sich die vier Stäbe in den Himmel. Den Kristallen an ihrer Spitze entströmen Lichtstrahlen, die sich miteinander verbinden und einen Baldachin bilden. Darunter finden wir Schutz; in der Sicherheit innerhalb dieser Grenzen können wir die Vision eines verheißenen Wachstums und Wohlergehens in der Zukunft erkennen. (*cm*)

Aus der Intensität des Feuers entspringt die Schönheit des Lebens. Durch deine vorangegangenen Mühen haben sich die Tore der Gnade geöffnet und gewähren dir einen Lohn, der weit größer ist, als du dir vorgestellt oder erwartet hast. (*ra&wa*)

Geladen durch die Energie der Sonne (einer höheren Quelle der Erleuchtung), definieren die vier Stäbe auf diesem Bild einen heiligen Raum und bereiten so den Weg zu erneutem Wachstum und neuer Lebenskraft, deren Fundamente stark sind und viel tiefer reichen, als wir es mit bloßen Augen erkennen können. Auch der Regenbogen in der Ferne ist ein Hinweis auf die Hoffnung auf eine bessere Zukunft. (*jwr*)

Ein Werk ist vollendet

Schlüsselworte: Heirat, Zuhause, Ansiedlung, Familienbande, Heideland, Glücksgefühl, Harmonie, Freudenfest.

Schlüsselworte der Umkehrung: Unfertig, unzuverlässig, überstürztes Handeln, neutrale Beziehung, Mangel an Vergnügen, getrübte Schönheit.

Beschreibung: Ein Lichtstrahl bricht sich in den Kristallen von vier Stäben, die errichtet wurden, um in der Ödnis ein Heiligtum zu erschaffen. An einem sanft dahinplätschernden Bach wachsen Bäume. Vögel fliegen über einen Regenbogen hinweg.

Bedeutung: Vollendung und Erfolg wollen gefeiert werden. Wichtige Meilensteine brauchen eine entsprechende Anerkennung.

Astrologische Entsprechung: Venus im Widder.

Gaben: Erfolg, Niederlassung.

Rat: Finde eine Möglichkeit, deine Erfolge und die Erfolge Anderer zu feiern. (*lr*)

> *Feiere das, von dem du dir mehr wünschst.*
> – Thomas J. Peters

FÜNF DER STÄBE

Fünf Äste aus einem gemeinsamen Stamm – einer Familie, einem Unternehmen, einer Religion. Hier finden wir unzählige Parallelen und jede von ihnen birgt das Potenzial und sogar die Wahrscheinlichkeit für Konflikte und Uneinigkeit. Wir müssen abwägen und Entscheidungen treffen. Diese Konflikte zwingen uns, neu zu bewerten und, wenn nötig, unsere Strategie zu ändern und uns an veränderte Umstände anzupassen.

Konzeptionell empfinde ich diese Karte als Herausforderung, was die in ihr enthaltene Botschaft und die visuelle Darstellung betrifft. Doch während ich an diesem Deck arbeitete, bekam ich einen Zauberstab geschenkt. Dabei lag ein Zettel, auf dem erklärt wurde, aus welchem Holz er gemacht war und dass der Baum seine Erlaubnis gegeben hatte, dass sein Holz bei der Herstellung verwendet werden durfte. Das fand ich wunderbar und auch, dass dem Ganzen dadurch eine Ebene hinzugefügt wurde, die über das Sichtbare hinaus ging und den Baum als lebendes Wesen anerkannte. Diese Bestätigung hat mir dabei geholfen, den Baum und seine Äste als Metapher für diese Karte zu erkennen. (cm)

Aus einer einzigen Energie können viele verschiedene Absichten entstehen und um deine Aufmerksamkeit kämpfen. Untrennbar miteinander verbunden, kämpfen sie mit aller Gewalt und scheinen unterschiedliche Zwecke zu verfolgen. Doch kämpfen sie um die Vorherrschaft oder um die Befreiung? Kann es in deinem Leben mehr als eine Absicht gleichzeitig geben? Wenn ja, wie viele? *(ra&wa)*

Fünf Äste, die alle im gleichen Baum wurzeln, haben menschliche Gestalt angenommen und lehnen sich nun gegeneinander auf, entweder trotz oder gerade wegen ihres gemeinsamen Ursprungs. Deshalb kann diese Karte auf alles Mögliche hindeuten, angefangen bei gegensätzlichen Gefühlen bis hin zu einem inneren Krieg. Dabei kann es sich auch um eine Situation handeln, in der es nichts zu gewinnen gibt. Da diese Kämpfer einander ganz offensichtlich nicht aus dem Weg gehen können, werden sie, sofern ihr Konflikt sich nicht beilegen lässt, zwangsläufig leiden müssen. *(jwr)*

Streit

Schlüsselworte: Ehrgeiz, Aktivität, gefährliche Spielchen, Begehren, Machtkämpfe, überstürztes Handeln, Interessenskonflikte, Verwegenheit.

Schlüsselworte der Umkehrung: Grausamkeit, Gewalt, Lust und Verlangen, Rechtsstreit, Gegensätze.

Beschreibung: Aus einem inneren Konflikt heraus erwachsen aus einem Baum fünf Dryaden, die einander mit Zauberstäben aus demselben Baum bekämpfen. Allem Anschein nach leiden sie Seelenqualen. Der Baum trägt kein Laub. In der Ferne brennt der Wald, denn dort kämpfen auch zwei Drachen, wodurch der Eindruck entsteht, dass die Gestalten Flügel hätten.

Bedeutung: Bestenfalls bedeutet diese Karte einen gesunden Wettstreit; schlimmstenfalls Aggression und Feindseligkeit. In jedem Fall erfordert die Situation aktives Handeln. Die Angelegenheiten sind zu instabil, als dass sie sich auf zufriedenstellende Weise von selbst lösen könnten.

Astrologische Entsprechung: Saturn im Löwen.
Gaben: Die Prüfung bestehen, sich der Lage gewachsen zeigen.
Rat: Wähle weise, welche Schlacht du schlagen willst. (*lr*)

Grausam ist der Streit unter Brüdern.
– Aristoteles

SECHS DER STÄBE

Der Konflikt aus den Fünf der Stäbe war heftig, aber es gab keine Kompromisse. Ein Ideal, eine Entscheidung, eine Richtung hat die Oberhand gewonnen. Aus der Schlacht ging ein Ergebnis hervor und von vielen möglichen Ausgängen hat nur einer den Sieg davon getragen. Und hier stolziert er nun und verkündet seinen Sieg mit Prunk und Feierlichkeit, sein Gewand ist ebenso wie das seines Rosses reich verziert und prunkvoll. Er hält einen Lorbeerkranz in die Höhe, der von seinem Triumph zeugt. So werden seine Errungenschaften auch offiziell von den Massen anerkannt. Ein Triumphbogen, der ihm zu Ehren in der Tradition der alten Römer, ihre Helden ruhmreich willkommen zu heißen, errichtet wurde, verströmt ein prächtiges goldenes Licht. (*cm*)

„Was ist ein mächtiger Krieger? Einer, der sein eigenes Feuer zu beherrschen weiß." Du hast den Sieg über deine eigenen Sehnsüchte, Nöte und Taten davon getragen und kannst nun voran schreiten ohne Widerstand gegen das, was als nächstes kommen wird. (*ra&wa*)

Diese Karte bedeutet traditionsgemäß, dass wir siegreich aus einer schwierigen Schlacht hervorgegangen sind und beinhaltet das damit einhergehende Lob, den Beifall und den Ruhm. Im *Traumerbe*-Tarot wird dies dargestellt durch einen triumphierenden Reiter, auf dessen Schild und Helm Drachenmotive prangen und der an einem archetypischen Triumphbogen vorüber reitet. Bildzeichen für Löwe und Jupiter sind deutlich auf dem Triumphbogen zu erkennen und verkörpern die dazugehörigen Attribute Halsstarrigkeit, Impulsivität und einen Hang zum Dramatischen (Löwe) sowie Optimismus und Glück (Jupiter). (*jwr*)

Sieg

Schlüsselworte: Soziale Anerkennung, Teamarbeit, Gewinnen, Erfolg, erfüllte Hoffnungen und Wünsche.

Schlüsselworte der Umkehrung: Desillusionierung, hinterhältig, überheblicher Stolz, der Gegner gewinnt.

Beschreibung: Der Held kehrt aus der Schlacht zurück. Ihm zu Ehren wird eine Parade abgehalten. Er und sein Schlachtross sind in den prächtigsten Ornat gekleidet. Auf seinem Stab prangt ein Siegeskranz. Die ganze Stadt ist für die Feier erleuchtet.

Bedeutung: Diese Karte steht für einen anhaltenden persönlichen Sieg. Deine Mühen haben sich bezahlt gemacht und du hast den Lohn erhalten. Die Sechs der Stäbe deuten auch darauf hin, dass bei der Arbeit, in der Kunst und in der Wissenschaft kreative Ziele erreicht worden sind. Das Risiko zahlt sich nun aus.

Astrologische Entsprechung: Jupiter im Löwen.

Gaben: Ruhm, Ehre.

Rat: Genieße die Anerkennung, die du dir verdient hast. (*lr*)

> *Ruhm ist der Duft heldenhafter Taten.*
> – Sokrates

SIEBEN DER STÄBE

Die Feierlichkeiten zum Sieg dauern nicht ewig an und möglicherweise fanden sie nicht bei Allen Zustimmung oder Entgegenkommen. Eifersucht gibt es immer, vermutlich Seitens jener, die in der Vergangenheit besiegt wurden, oder aber von gegenwärtigen oder künftigen Konkurrenten. Unser Sieger hat nun sein Kleid aus Pracht und Festlichkeit abgelegt. Nun steht er wie eine rätselhafte Gestalt geisterhaft vor einem Portal. Was hinter diesem Portal liegt – ist eine Vision seiner bisherigen Errungenschaften und seiner Pläne für die Zukunft. Doch auf den Lorbeeren unseres Sieges sollten wir uns nun einmal nicht ausruhen. Tief müssen wir nun graben und den Mächten entgegen treten, die sich gegen uns versammeln. (*cm*)

Du näherst dich dem Tor, das du durchschreiten musst, um in den heiligen Raum einzutreten. Dein Übergangsritual besteht darin, die Herausforderung einer Begegnung mit deinem astralen Wächter zu meistern. Es gibt kein Zurück, doch du bist voller Vertrauen und gehst vorwärts. (*ra&wa*)

Die typischen Bedeutungen, nämlich die Verteidigung deiner Überzeugungen und für diese einzustehen, kommen in dieser Version der Sieben der Stäbe deutlich zum Ausdruck. Die Hauptfigur auf dieser Karte bewacht ein mystisches (oder metaphorisches) Portal und macht deutlich, dass sie eine Grenze gezogen hat, die nicht überschritten werden sollte. Und wenn er auch seinen Gegnern zahlenmäßig unterlegen sein mag, so befindet er sich doch in einer Vorteilsposition am oberen Ende einer Treppe. (*jwr*)

Tapferkeit

Schlüsselworte: Widerstand, Mut, Beharrlichkeit, Vorteil, Gewinn, Sieg, Eifer, beruflicher Erfolg.

Schlüsselworte der Umkehrung: Sich bedroht fühlen, Verletzlichkeit (tatsächliche oder eingebildete), Zerwürfnis, Ignoranz, unbedeutender Sieg.

Beschreibung: Eine in einen Umhang gehüllte Priesterin sitzt am oberen Ende einer Treppe, hinter der ein Portal zu sehen ist. Sie hält einen mit einem Kristall gekrönten Stab, der ein dreieckiges Licht verströmt. Am Fuße der Treppe erheben sich sechs Stäbe.

Bedeutung: Sei tapfer angesichts von Komplikationen. Eine frühere Errungenschaft hat zu einem Wettstreit geführt.

Astrologische Entsprechung: Mars im Löwen.

Gaben: Integrität.

Rat: Stehe ein für das, an das du glaubst. (*lr*)

> *Tapferkeit nährt sich aus Wagemut, Angst aus Zurückhaltung.*
> – Publilius Syrus

ACHT DER STÄBE

Wir wurden herausgefordert, wir haben zurückgeschlagen und waren siegreich und später haben wir uns verteidigt. Nun sind wir endlich frei, weiter zu gehen, die Dinge voran zu treiben und einige unserer Ideen umzusetzen. Nun gibt es wahrlich nach oben keine Grenzen mehr und wir fliegen eigenständig voran und wählen unser Tempo und unsere Richtung selbst. *(cm)*

Du bist in das Licht über den Wolken deiner eigenen Unwissenheit, Ignoranz und Verblendung aufgestiegen. Nun erkennst du auch, wohin dein Weg dich führt und es gibt keine Grenzen. *(ra&wa)*

Wie Raketen, die die Wolkendecke durchbrechen, erheben sich in den Acht der Stäbe des *Traumerbe-*Tarots gleichmäßig acht Stäbe. Die Art, wie die Stäbe in dieser „mit Volldampf voraus"-Karte alle im Gleichklang miteinander stehen, impliziert, dass sie dieselbe Richtung und denselben Zweck verfolgen. Diese Zurschaustellung von Schnelligkeit könnte auch auf eine Reise hindeuten, besonders, wenn wir die Abbildung des Schützen, des Wanderers und Forschers, im Hintergrund in Erwägung ziehen. *(jwr)*

Schnelligkeit

Schlüsselworte: Vorwärtsbewegung, Selbstvertrauen, Kühnheit, Mut.

Schlüsselworte der Umkehrung: Brutal, nicht von Dauer, unterdrückend, unverschämt, flüchtige Kommunikation, Reue.

Beschreibung: Acht mit Bändern verzierte Stäbe steigen durch die Wolkendecke auf. Jeder einzelne Stab wurde speziell für seinen Besitzer angefertigt. Eine Erscheinung des Schützen, des bogenschießenden Zentauren, ist am Himmel zu sehen.

Bedeutung: Diese Karte steht für rasche Veränderung und viel Aktivität. Das kann in Gestalt einer Reise wie einem Wirbelsturm, einer Kommunikation wie einem Schnellfeuergewehr oder einer Informationsüberlastung kommen. Volle Kraft voraus und deinen Zielen entgegen. Auch eine Reise durch die Luft (im Flugzeug) kann angezeigt sein.

Astrologische Entsprechung: Merkur im Schützen.

Gaben: Erregung, Vielfalt.

Rat: Strebe nach neuen Erfahrungen. *(lr)*

Nichts verrinnt schneller als deine Lebenszeit.
– Ovid

NEUN DER STÄBE

Nun sind wir so weit gekommen, haben so viel erreicht. Doch die Mühen fordern nun ihren Tribut; unsere Entschlossenheit schwankt vielleicht. Wir tragen nun die Verantwortung für uns selbst und für all jene, die von uns abhängig sind oder zu uns aufschauen. Wir müssen Führungsqualitäten zeigen und eine letzte Anstrengung auf uns nehmen. Vor dem Licht der Morgendämmerung zeichnen sich bedrohlich acht Stäbe ab und warten auf eine Entscheidung. Die Gestalt im Vordergrund antwortet auf ihre stumme Frage und rammt ihren Stab in einer trotzigen Erwiderung in den Boden. „Ich habe diese Grenze gezogen und ich werde nicht scheitern."(*cm*)

Als Herr überwältigender Kraft hast du jede Herausforderung gemeistert, bis auf diese eine letzte, die dir nun bevorsteht. Nun ist es an der Zeit, bescheiden das Haupt zu beugen in spiritueller Hingabe und die letzte Aufgabe zu akzeptieren, die noch geblieben ist. (*ra&wa*)

Durch eine Szene voller Dramatik ruft uns diese Karte das alte Sprichwort zu: „Was uns nicht umbringt, macht uns härter." Acht Stäbe erheben sich wie eine Barriere hinter einem Krieger, der im Vordergrund kniet, den eigenen Stab – den neunten – in die Luft gereckt, während im Hintergrund ein neuer Morgen anbricht. Vielleicht hat er eine schwere Prüfung hinter sich, doch obschon er gebeugt da kniet, ist er doch nicht gebrochen. Er verfügt noch über verborgene Reserven und wird den Kampf zu Ende führen, sobald die Zeit gekommen ist. Doch im Moment unterwirft er sich einer höheren Macht, einem stärkeren Willen. (*jwr*)

Große Stärke

Schlüsselworte: Große Stärke, Macht, Gesundheit, Disziplin, Verzögerung, Erwartung.

Schlüsselworte der Umkehrung: Unvorbereitet, zerstreut, angeschlagene Gesundheit, Charakterschwäche.

Beschreibung: Ein Krieger kniet mit freiem Oberkörper und Sandalen an den Füßen auf einem Knie und hebt einen großen Stab in die Luft. Vier weitere Stäbe sind in einer Linie hinter ihm aufgepflanzt. Ein großer abnehmender Mond steht am Himmel, als die Sonne untergeht.

Bedeutung: Dein Ansehen und deine Erfahrung haben dich darauf vorbereitet, den vor dir liegenden Herausforderungen zu begegnen. Das nahe Ziel gibt dir Mut.

Astrologische Entsprechung: Mond im Schützen.

Gaben: Integrität.

Rat: Nutze deine Kraftreserven. (*lr*)

> *Ich bin mir keiner ermutigenderen Tatsache bewusst,*
> *als der unzweifelhaften Fähigkeit des Menschen,*
> *sein Leben durch bewusste Anstrengung zu erheben.*
> – Henry David Thoreau

ZEHN DER STÄBE

Ganz gleich, wie stark unser Wille auch sein mag, die Bürde ist beinahe erdrückend und unsere Reise lastet auf allen Ebenen auf unseren Schultern. Unsere Energie ist so gut wie aufgebraucht und unser Fortschritt ist fast zum Erliegen gekommen. Trotz unseres Enthusiasmus' und unseres Glaubens an uns selbst schaffen wir es nicht immer ganz allein. Wir müssen unsere Situation und unsere Umstände beurteilen. Vielleicht können wir uns jetzt, da wir bereits so viel erreicht haben, den Luxus erlauben, unsere Hand auszustrecken und Andere zu bitten, uns einen Teil der Bürde abzunehmen, vielleicht können wir etwas delegieren und um Hilfe ersuchen. (*cm*)

Obwohl es Hindernisse gibt und immer geben wird, bewegst du dich dennoch bereitwillig vorwärts und trägst die Bürde der Verantwortung für all deine Absichten und vergangenen Taten. (*ra&wa*)

Im Gegensatz zu dem Mann aus der vorherigen Karte scheint der Mann, den wir hier sehen, unter der Last seines Elends zusammen zu brechen. Scheinbar hat er sich mehr aufgeladen, als er tragen kann, und geht unter der Last in die Knie. Eine interessante Abweichung von der traditionellen Darstellung der Zehn der Stäbe ist, dass die zehn Stäbe hier zu einem Dreieck zusammen gefügt wurden, dem Symbol für das alchemistische Feuer. Eine mögliche Deutung wäre, dass dieser Mann sich nicht dagegen wehren konnte, dass seine unkoordinierten (oder nicht priorisierten) Leidenschaften ihn überfordern. (*jwr*)

Unterdrückung

Schlüsselworte: Eine Bürde wird von dir genommen, Delegierung, starker Widerstand, ein Talent zum Wettstreiten und zur Stärke besitzen.

Schlüsselworte der Umkehrung: Delegierung, Unterdrückung, Schwierigkeiten, voreilig, kompromisslos, Arglist, Verleumdung, anmaßend.

Beschreibung: Ein Mann kämpft sich durch das Unterholz und trägt zehn Stäbe auf dem Rücken. Sie bilden die sperrige Form eines Dreiecks. Er ist verpflichtet, seine Bürde zu tragen, bis die Sache vollendet ist.

Bedeutung: Wenn du willst, dass eine Sache richtig ausgeführt wird, musst du sie selbst tun. Leider hat dieser Leitsatz zur Folge, dass du überfordert und überarbeitet bist. Große Anstrengung ist jetzt gefragt und du fragst dich vielleicht, warum du das Ganze überhaupt erst begonnen hast. Du wirst erst dann zufrieden sein, wenn du die Antwort darauf weißt.

Astrologische Entsprechung: Saturn im Schützen.

Gaben: Ein Gefühl der Vollendung.

Rat: Mache einen Schritt nach dem anderen. (*lr*)

Laste dir nicht mehr auf, als du tragen kannst.
– Rumänisches Sprichwort

ASS DER KELCHE

Unter der Oberfläche seines Wasserreiches ruht anmutig ein gläserner Kelch, eingefasst in einen verschlungenen Metallfuß, auf dem Grunde des Meeres. Seine Form, von organischem Äußeren, fügt sich nahtlos in seine Umgebung ein. Zwei farbenprächtige Kois umkreisen graziös das Symbol der Kelche, während von oben her Licht herein fällt und Freude und Wohlergehen verheißt. (*cm*)

Das Ass der Kelche ist der Quell des Wassers, in dem unsere Gefühle wie schillernde Fische durch die Strömungen der Leidenschaften schwimmen. In dieser rätselhaften Tiefe des Wassers leuchtet das Herz aus sich selbst heraus. (*ra&wa*)

Hier sehen wir einen zerbrechlichen Kelch, der unter der Wasseroberfläche ruht und von einem Lichtstrahl erleuchtet wird. Diese Karte ist im Allgemeinen dafür bekannt, dass sie Einfühlungsvermögen und Mitgefühl anzeigt, in dieser Version impliziert sie allerdings zusätzlich auch noch eine Überflutung mit Gefühlen (denn der Kelch befindet sich unter Wasser), ohne dabei jedoch den klaren Blick zu verlieren (denn er ist von Sonnenlicht durchflutet). Der Fuß des Kelches ist zudem mit einem organischen Motiv verziert, das dem Seetang ähnelt, den man am Meeresboden findet. Daraus können wir folgern, dass wir eine uns innewohnende Verbindung zu der emotionalen Welt um uns herum haben. (*jwr*)

Wurzel der Mächte des Wassers

Schlüsselworte: Freundschaft, Freude, Glück, Schönheit, Vergnügen, Gefühlsvielfalt, Gefäß, Heiliger Gral, Liebe, Intuition, Unterbewusstsein.

Schlüsselworte der Umkehrung: Egoistisch, unbeständige Sehnsüchte, Spaltung, Unglück.

Beschreibung: Ein Paar Kois, Symbole der Liebe und Zuneigung, umkreisen auf dem Meeresgrund einen großen Kelch. Auf dem Glas des Kelches ist das Symbol für Wasser zu sehen und der goldene Metallfuß ähnelt den Korallen im Hintergrund. Das Wasser kräuselt sich durch die Bewegungen vieler Fische.

Bedeutung: Dieses Wasser steht in seiner reinsten Form für Fruchtbarkeit, Produktivität, Intuition und das Unterbewusstsein. Das Ass der Kelche ist die Wurzel der Mächte des Wassers. Es ist tief und ohne Form und es braucht ein Gefäß, das ihm Form und Begrenzung verleiht. Dies könnte ein Zeichen dafür sein, dass eine neue Beziehung in Sicht ist.

Jahreszeitliche Zuordnung: Herbst. Das Ass der Kelche herrscht über die Jahreszeit des Herbstes durch die Zeichen der Waage, des Skorpions und des Schützen.

Zugeordnetes Element: Wasser (kalt/bindend und feucht/sich anpassend). Wasser ist passiv, weiblich, empfänglich, nährend, rätselhaft, fruchtbar, mitfühlend, fließend, sinnlich, sexuell und emotional.

Gaben: Ein neuer Anfang, spirituelle und emotionale Nahrung.

Rat: Mache es dir zur Priorität, das Gefäß deiner Gefühle immer gefüllt zu halten. Nimm dir die Freiheit, deinen Gefühlen in allen Facetten Ausdruck zu verleihen. (*lr*)

> *Der verzauberte Kelch des Lebens funkelt an seinem Rand.*
> – Lord Byron

ZWEI DER KELCHE

Diese Karte steht für Erkennen und Romantik. Die beiden Liebenden aus den hohen Arkana tauchen wieder auf. Während sie einander umarmen, reflektiert sich ihr Spiegelbild auf dem Kelch des jeweils Anderen. (*cm*)

Licht und Dunkelheit, oben und unten, männlich und weiblich, Liebende durchkreuzen und spiegeln einander. Durch ihre dynamische Bindung begegnen sie einander und wispern sich ein Versprechen von erfüllten Sehnsüchten zu. (*ra&wa*)

Das Faszinierende an dieser Version der Zwei der Kelche sind die beiden Gesichter, die sich in den Kelchen spiegeln – eine Metapher dafür, wie die Tiefe unserer Liebe sich in der Qualität unserer Beziehung widerspiegelt. Daneben sagt es uns, dass der Erfolg unserer Beziehungen zu einem Großteil davon abhängt, wie wir uns in den Augen unseres Geliebten gespiegelt sehen. Die Aspekte Liebe und Beziehungen werden durch das Zeichen der Venus, das in den Wolken schwebt, noch betont. Auch ein Krebs – Symbol für das Sternzeichen – ist am Grunde der Karte zu sehen und weist auf die Bedeutung von Heim und Familie sowie auf das Bedürfnis, Andere zu nähren, hin. (*jwr*)

Liebe

Schlüsselworte: Gutes Verhältnis, Zweisamkeit, verwandte Seelen, Heirat, gemeinsame Interessen, emotionale Kompatibilität, Freude, Reflexion, Vergnügen, Liebe, enge Freundschaft, Bindung.

Schlüsselworte der Umkehrung: Etwas zurückhalten, vorgetäuschte Liebe, Isolation, Abtrennung, emotionale Entfernung, kleinere Streitigkeiten, Krach zwischen Freunden, Missverständnisse, Ödipus-Komplex, Uneinigkeit.

Beschreibung: Die Gesichter der Liebenden spiegeln sich in Sektgläsern wider, die einander zuprosten. Perlenketten verbinden die beiden Handgelenke (Perlen stehen für Reinheit und Unschuld). Das Zeichen der Venus, der Göttin der Liebe, erstrahlt am Himmel. Am Grunde des Ozeans hält ein Krebs Herzen in den Scheren. Der Krebs ist das Symbol für das Tierkreiszeichen Krebs, dem Zeichen für Heim und Familie.

Bedeutung: Diese Karte repräsentiert sowohl hingebungsvolle Liebe als auch tiefe persönliche Beziehungen zwischen Freunden und innerhalb der Familie. Liebevolle Energien werden ausgetauscht, die uns nähren. Man darf sich an gemeinsamen Interessen freuen.

Astrologische Entsprechung: Venus im Krebs.

Gaben: Emotionale Verbundenheit.

Rat: Genieße die Vorzüge einer liebevollen Partnerschaft. (*lr*)

> *Das kostbarste Geschenk der Liebe ist ihre Fähigkeit,*
> *alles heilig zu machen, was sie berührt.*
> – Barbara de Angelis

DREI DER KELCHE

Zwei Kelche vereinen sich und daraus geht ein dritter hervor. Dies ist ein Grund zum Feiern. Es gibt Musik und Tanz und die Wellen fließen im Rhythmus und im melodischen Puls der Natur, der Wellenkamm verwandelt sich in Visionen von Musikinstrumenten und einem tanzenden Mädchen.

Ich habe bei der Arbeit an diesen Bildern oft Musik gehört, denn ich finde, das versetzt mich in die richtige Stimmung. Meistens ist es beruhigende New-Age Musik, doch zu dem Bild auf dieser Karte hat mich eines meiner Lieblingsstücke inspiriert: Borodins „Polowetzer Tänze“ aus seiner Oper „Fürst Igor“. (cm)

Komm und tanze deinen Zauberspruch zur Musik des Wassers, während die kosmische Lichterschau den Himmel mit bunten Bändern und Sternenlicht bemalt. Trinke das Elixier der Freude und der Fülle und tanze noch ein wenig mehr! *(ra&wa)*

Es gibt ein Sprichwort, das lautet „Geteiltes Glück ist doppeltes Glück“ und es passt sehr gut zu dieser Karte, die von Freundschaft und Feiern erzählt. Auf der Drei der Kelche des *Traumerbe*-Tarots sehen wir eine jubelnde Gestalt, die aus den Wellen des Ozeans ersteht, und obschon hier nur eine Person abgebildet ist, so ist sie doch von mehreren Musikinstrumenten umgeben, was eine Reihe von Begleitmusikern erahnen lässt. *(jwr)*

Fülle

Schlüsselworte: Vergnügen, Spaß, Unterhaltung, Feten, Trinken, Feiern, Hochzeiten, Taufe, Geburt, Erfolg, glückliche Wendung, eine Gruppe von Freunden, geplante Schwangerschaft.

Schlüsselworte der Umkehrung: Exzessives Feiern, übermäßiger Genuss, Alkoholismus, ungeplante Schwangerschaft, Promiskuität, scheiternde Ehe.

Beschreibung: Eine Frau mit einem seidenen Kopftuch tanzt auf den Wellen. Drei wundervolle Instrumente sorgen für Musik. In den schäumenden Wellen spiegelt sich die Fülle an Energie und Feierstimmung wider. Im Vordergrund sind drei reich verzierte Kelche zu sehen.

Bedeutung: Diese Karte steht für Frohsinn, Genuss und ein Freudenfest. Es gibt so Vieles, für das wir dankbar sein und das wir wertschätzen müssen.

Astrologische Entsprechung: Merkur im Krebs.

Gaben: Frohsinn, Unterstützung.

Rat: Finde einen Weg, die Fülle zu genießen, die dir zur Verfügung steht. *(lr)*

> *Es sind nicht die großen, gigantischen Freuden, die am meisten zählen,*
> *vielmehr kommt es darauf an, jede Menge kleine Freuden zu haben.*
> – Jean Webster

VIER DER KELCHE

Wir sollten mit dem zufrieden sein, was wir bereits haben. Die Drei der Kelche haben uns gut gedient, vielleicht ein wenig zu gut. Wir nehmen Dinge als selbstverständlich hin und schätzen nicht mehr den Wert dessen, was wir bereits besitzen. Unser Beruf, unsere Beziehungen und Aktivitäten kommen uns inzwischen vielleicht banal vor; sie haben ihren Reiz verloren. Wir sind empfänglich für die Versuchung und begehren nun mehr. Ein vierter Kelch offenbart sich; im Vergleich zu der scheinbaren Farblosigkeit der drei Kelche, die wir bereits besitzen, scheint er einladend zu funkeln. Doch der vierte ist nur eine Illusion, eine Manifestation unserer Sehnsüchte, aber keine Wirklichkeit. (*cm*)

Kontemplation ermöglicht es dir, einen perfekten Traum nach dem anderen vorzustellen und lädt die Gnade der Natur dazu ein, sie alle in Reichweite zu bringen. (*ra&wa*)

Diese Karte wird oft als Hinweis darauf betrachtet, dass man zu sehr mit sich selbst beschäftigt, apathisch oder emotional „stecken geblieben" ist und gibt uns den weisen Rat, dass wir uns unseres Gefühlszustandes stets bewusst sein sollten. Darüber hinaus könnte der wehmütige Blick des Mannes auf der Karte darauf hindeuten, dass wir nicht sehen, was genau vor uns liegt, oder auf einer tieferen Ebene, wir darin scheitern, einen Sinn in unserem Leben zu finden. (*jwr*)

Gemischte Freuden

Schlüsselworte: Stumpfsinn, Unzufriedenheit, Missbehagen, Kontemplation, Langeweile, verpasste Gelegenheiten.

Schlüsselworte der Umkehrung: Enthusiasmus, Motivation, Gelegenheiten ergreifen.

Beschreibung: Ein Mann lehnt an einem Baum und ist versunken in die Betrachtung eines ätherischen Kelches, der vor ihm in der Luft schwebt. Um ihn herum stehen am Boden drei vollendete Kelche. Er ist allein im Wald und die Sonne geht gerade unter.

Bedeutung: Die gegenwärtige Situation sorgt für Unzufriedenheit oder Apathie. Eine zu starke Versenkung in uns selbst verschleiert vermutlich die Realität. „Gemischte Freuden" bedeutet, dass du gemischte Gefühle empfindest und möglicherweise ist es notwendig, dass du diese Tatsache akzeptierst. Nichts wird jemals absolut perfekt oder vollkommen nach deinem Geschmack sein, aber genießen kannst du es dennoch.

Astrologische Entsprechung: Mond im Krebs.

Gaben: Realismus, Akzeptanz.

Rat: Suche nach Möglichkeiten, dir wieder Inspiration zu verschaffen. (*lr*)

> *Ein Mann, der keine Fantasie besitzt, hat auch keine Flügel.*
> – Muhammad Ali

FÜNF DER KELCHE

Eine Frau ist verzweifelt, alles ist falsch gelaufen, Gelegenheiten sind verpasst. Was in den Scherben der drei zerbrochenen Kelche vor ihr liegt, sind vielleicht nichts als Lügen gewesen. Verzweifelt klammert sie sich an die beiden noch unversehrten Kelche, doch das Positive, das sie bergen, schrumpft und wird übersehen.

Irgendwann müssen wir schließlich auch einmal realistisch sein und die Ereignisse und Folgen akzeptieren, die nun einmal geschehen sind. Wir müssen das Positive in ihnen erkennen und weiter gehen. (*cm*)

Warum wiegst du zuweilen deine Traurigkeit, als wäre sie ein kostbarer Schatz? Hast du Angst, dass die Kraft deines Herzens sie zerbrechen und dich zwingen wird, die Sicherheit jenes schattenhaften Elends zu verlassen, an dem du nach wie vor festhältst? (*ra&wa*)

Die Fünf der Kelche stehen oftmals für eine traurige Reise in das Königreich der Tränen. In der Version des *Traumerbe*-Tarots sehen wir Glasscherben, die vielleicht darauf hindeuten, dass möglicherweise noch eine Gefahr lauert (wie die Überreste einer zerbrochenen Beziehung), die nicht eher schwinden wird, bis wir die Scherben weggeräumt haben. Die beiden intakten Gläser (die guten Dinge, die wir in unserem Leben noch haben) dagegen werden eifersüchtig bewacht, wenn sie nicht vielleicht sogar angemessene Wertschätzung finden. (*jwr*)

Verlust in der Freude

Schlüsselworte: Enttäuschung, Leiden, Obsession, Reue, emotionales Bedauern.

Schlüsselworte der Umkehrung: Wiederkehrende Hoffnung, Genesung, allgemeine Akzeptanz, Akzeptieren der Vergangenheit.

Beschreibung: Eine deprimierte Frau umklammert ihre Knie und hält ein Paar perfekter Kelche in den Händen. Ihr zu Füßen liegen drei zerbrochene Kelche. Allein sitzt sie vor einer Steinmauer in der Dunkelheit.

Bedeutung: Diese Karte steht für das Versinken in einem Verlust und in Enttäuschung. Der Verlust ereilte uns auf einem Gebiet, in dem wir eigentlich mit Vergnügen gerechnet hatten, sehr wahrscheinlich in Liebesdingen. Das Herz tut weh und ist verkrampft.

Astrologische Entsprechung: Mars im Skorpion.

Gaben: Genug haben, die Nase voll haben.

Rat: Versuche, deine Enttäuschungen in Sprungbretter zu verwandeln, die dich vom Schmerz der Vergangenheit forttragen und dich den Triumphen deiner Zukunft näher bringen. (*lr*)

> *Der erste Schritt, die Folgen eines jeglichen Unglücks zu überwinden,*
> *besteht in der Akzeptanz dessen, was geschehen ist.*
> – William James

SECHS DER KELCHE

Ein kleines Kind blickt verträumt in die sommerliche Luft und denkt an einen Moment voller Zuneigung: das Spielen mit einem Freund. Das Mädchen gönnt sich den Luxus, zurück zu schauen und sich noch einmal an die besten Momente zu erinnern.

Vor gut einem Jahr kehrte ich zu einem Kurzurlaub nach Großbritannien zurück. Über das Internet gelang es mir, einige alte Freunde aus der Grundschule zu kontaktieren und ein Treffen zu verabreden. Wir besuchten unsere alte Schule und bekamen eine Führung. Irgendwann gingen wir einen Korridor entlang, in dem ich Jahrzehnte zuvor von einem zehnjährigen Mädchen, das ich damals sehr mochte, meinen ersten Kuss auf die Wange bekommen hatte. Dasselbe Mädchen stand nun die vielen Jahre später wieder neben mir, inzwischen als Großmutter. Diese nostalgische Wiedervereinigung war für diese Karte äußerst inspirierend und gleich nach meiner Rückkehr begann ich die Arbeit daran. (cm)

(Tag-)träume, schöne Erinnerungen. Ein Augenblick des Friedens, ein goldenes Herz. (*ra&wa*)

Diese Karte ist eine lebhafte Darstellung heiterer Erinnerungen an glücklichere, unschuldigere Zeiten. Zeiten, die vielleicht für immer der Vergangenheit angehören werden. Gleichzeitig kann sie aber auch Nostalgie und Sentimentalität anzeigen und darauf hinweisen, dass es, wenn es auch schön sein mag, sich der Vergangenheit zu erinnern, doch nicht ratsam ist, darin zu schwelgen oder schlimmer noch: sie zu idealisieren. Allgemeiner betrachtet, kann diese Karte aber auch auf das schlichte Genießen des Lebens und all seiner einfachen Freuden hindeuten sowie auf Dankbarkeit für jeden noch so kleinen Akt des Teilens und des Mitgefühls. (*jwr*)

Vergnügen

Schlüsselworte: Liebenswürdig, Geduld, Gewinn und Vergnügen, glückliche Kindheit, Nostalgie, Sehnsucht.

Schlüsselworte der Umkehrung: Fehlerhaftes Wissen, unberechtigt, selbstbestimmt, Eitelkeit, undankbar.

Beschreibung: Ein kleines Mädchen liegt im Gras und träumt davon, mit ihrem Freund einen Drachen fliegen zu lassen. Sommerblumen blühen. Es ist jener goldene Zeitraum kurz vor dem Sonnenuntergang, wenn die Luft von Möglichkeiten schwirrt.

Bedeutung: Die Sechs der Kelche stehen für die Freude an den einfachen Dingen und an dem eigenen inneren Reichtum. Vielleicht erlebst du die unmittelbaren Gefühle karmischer Verbundenheit bei Menschen, die dir noch nie zuvor begegnet sind. Der Einfluss der Vergangenheit färbt dein Urteilsvermögen und deine Entscheidungen und du musst bestimmen, ob dir das zum Vorteil gereicht. Möglicherweise kehrt ein früherer Partner oder Freund wieder zurück.

Astrologische Entsprechung: Sonne im Skorpion.

Gaben: Idealisierte Erinnerungen.

Rat: Lasse einen Nachmittag lang all deine Sorgen hinter dir. (*lr*)

> *Es ist schwer zu sagen, was unmöglich ist, denn der Traum von gestern*
> *ist die Hoffnung des Heute und die Wirklichkeit des Morgens.*
> – Robert H. Goddard

SIEBEN DER KELCHE

Hier bekommen wir ein scheinbar ideales Szenario vor Augen gehalten. Wir haben die Qual der Wahl. Sieben Kelche manifestieren sich, ein jeder birgt unterschiedliche, aber verlockende Inhalte. Sie alle sehen einladend aus, aber wir können sie ja schließlich nicht alle haben und genau das ist unser Dilemma. Welchen sollen wir wählen und wie? Die Folgen könnten bedeutsam sein und wir können nicht einfach auf gut Glück auswählen. Wir müssen unsere Hausaufgaben machen und mehr über die Optionen in Erfahrung bringen, die uns hier geboten werden. Einige sind vielleicht nicht, was sie zu sein scheinen oder passen vielleicht gar nicht zu unserer Lebenslage. *(cm)*

Du besitzt alles, was du willst – noch bevor du überhaupt weißt, dass du es willst. Unzählige Vergnügungen explodieren aus einem einzigen orgastischen Augenblick namenlosen Verlangens. *(ra&wa)*

Ein interessantes Merkmal der Sieben der Kelche im *Traumerbe*-Tarot ist die Darstellung der Zeichen der sieben klassischen Planeten auf den Kelchen. Dadurch werden die Interpretationen für die Karte vervollkommnet und es wird darauf hingewiesen, dass die Auswahl, die durch diese sieben Kelche gegeben ist, sich entweder auf die Gesamtheit oder aber auf eine Hierarchie von Optionen bezieht. In einer traditionelleren Version dieser Karte sieht man die Silhouette der Rückseite eines Mannes, der die sieben Kelche betrachtet, wohingegen in diesem Fall wir selbst, die Beobachter, diese Rolle übernehmen, was uns noch tiefer in die Bilderwelt der Kelche eintauchen lässt. *(jwr)*

Scheinbarer Erfolg

Schlüsselworte: Fantasien, romantische Illusionen, rosafarbene Brille, zu viele Auswahlmöglichkeiten, Verwirrung.

Schlüsselworte der Umkehrung: Entschlussfreudigkeit, realistische Einstellung, Entschlossenheit, gute Wahl, Zeit zum Handeln.

Beschreibung: Sieben Kelche, gefüllt mit wunderbaren Angeboten, werden uns hier präsentiert. Es gibt einen Kelch für jeden der sieben Planeten der Alten und den dazugehörigen Trumpf.

Saturn	Lorbeerkranz	die Welt
Mars	Schloss	der Turm
Venus	Frau	die Herrscherin
Merkur	Schlange	der Magier
Mond	Schleier	die Hohepriesterin
Jupiter	Edelsteine	das Schicksalsrad
Sonne	Drache	die Sonne

Bedeutung: Der Kelch, der dich besonders anspricht, enthält eine Botschaft für dich. Dir stehen viele Möglichkeiten und Angebote offen. Einige sind vielversprechender als andere. Irgendwer hält vielleicht wichtige Informationen zur Sache zurück. Diese Entscheidung wirst du wohl eher aus dem Bauch heraus treffen müssen als anhand der Fakten.

Astrologische Entsprechung: Venus im Skorpion.

Gaben: Vorstellungskraft, Möglichkeiten.
Rat: Ziehe einen Trumpf (zufällig, wenn nötig) und ziehe die Botschaft der Karte zu Rate. (*lr*)

> *Wenn du deine Wahlmöglichkeiten lediglich auf das beschränkst,*
> *was möglich oder vernünftig scheint,*
> *dann zerstörst du deine Verbindung zu dem,*
> *was du wirklich willst und alles, was noch bleibt,*
> *sind Kompromisse.*
> – Robert Fritz

ACHT DER KELCHE

Vielleicht ist es an der Zeit für eine Veränderung. Aus welchen Gründen auch immer, unsere gegenwärtige Situation scheint unseren Bedürfnissen weder gerecht zu werden, noch scheint sie sie zu erfüllen. Vielleicht ist eine Reise angesagt, eine wirkliche Reise oder auch eine symbolische Reise der Veränderung, zum Beispiel hinsichtlich einer Beziehung, des Jobs oder einer Einstellung. Die acht Kelche bleiben in ihrem Wasserreich, wohingegen der Mann die Vertrautheit der Vergangenheit hinter sich lässt und sich auf den Weg macht in eine neue Zukunft. Seine physische Gestalt verändert sich; eine Metamorphose, die an evolutionäre Schritte erinnert, betont nochmals die Notwendigkeit eines Wandels. *(cm)*

Während er aus dem eiskalten Wasser auftaucht, verwandelt sich der Oktopus in einen Menschen, eine dynamische und unmittelbare Evolution. Der rätselhafte Meeresmensch kehrt dem, was gewesen ist, den Rücken zu und hebt die Hand zum Gruße seiner Vision von der Zukunft. Diese Vision ist sein besonderes Genie. *(ra&wa)*

Die traditionelle Bedeutung, etwas hinter sich zu lassen und sich auf eine spirituelle Suche zu begeben, wird in den Acht der Kelche im *Traumerbe*-Tarot treffend dargestellt. Das Bild des Oktopus' mit seinen acht Armen macht deutlich, wie schwierig es sein kann, loszulassen und das Zeichen der Fische, das vor dem Hintergrund des Mondes deutlich erstrahlt, verweist auf einen spirituellen Menschen, der sich von seinen Gefühlen leiten lässt und sehr auf seine innere Reise konzentriert ist. *(jwr)*

Zurückgelassener Erfolg

Schlüsselworte: Vorübergehender Erfolg, nachlassende Gefühle, Instabilität, Einsamkeit.

Schlüsselworte der Umkehrung: Weigerung weiter zu gehen, falsche Entscheidung, an der Vergangenheit klammern, eine kostbare Beziehung aufgeben.

Beschreibung: Das Wasser liegt in tiefer Ruhe. Auf dem Mond ist das Zeichen der Fische zu sehen. Ein Meeresmensch, umgeben von leeren Kelchen, steigt aus der Dunkelheit des Wassers empor und greift nach dem Mond. Anstelle des gewöhnlichen Fischschwanzes entspricht der untere Teil des Meeresmenschen einem Oktopus. Bei den Minoern galt der Oktopus als Symbol für die Schöpfung und Ausdehnung des Universums.

Bedeutung: Diese Karte steht für ein sich Loslösen von der gegenwärtigen Situation und ein Weitergehen zur nächsten Ebene. Das könnte bedeuten, dass wir materiellen Erfolg hinter uns lassen, um uns auf eine spirituelle Reise zu begeben. Wenn das, was du tust, dich auslaugt, anstatt dich mit Energie zu versorgen, dann ist es an der Zeit, weiter zu gehen.

Astrologische Entsprechung: Saturn in den Fischen.

Gaben: Neue Richtung, vorübergehender Erfolg.

Rat: Löse dich aus einer stagnierenden Situation und gehe weiter. *(lr)*

> *Gehe nicht dorthin, wohin der Weg dich führt, gehe lieber dort entlang,*
> *wo noch kein Weg erkennbar ist und hinterlasse eine Spur.*
> – Ralph Waldo Emerson

NEUN DER KELCHE

Neun Kelche, umgeben von Freigiebigkeit und Fülle. Es scheint, als sei jeder einzelne unserer Wünsche in Erfüllung gegangen und noch darüber hinaus. Emotional und materialistisch haben wir nun Erfüllung erlangt. Gute Zeiten sind angebrochen. (*cm*)

Dieser Moment goldenen Wohlwollens ist von einem reichhaltigen, sich ausdehnenden Geist erfüllt. Die saftige Süße des Lebens wird dir in vollem Umfang dargeboten. (*ra&wa*)

Traditionell nennt man diese Karte die Wunsch-Karte und die Fülle herzhafter Köstlichkeiten, die hier zu sehen ist, macht wirklich deutlich, dass du bekommen hast, was du dir gewünscht hast. Die Sinnlichkeit, die aus dieser Karte spricht, weist zudem darauf hin, dass du entweder nach Schönheit, Vergnügen und Luxus strebst oder diese Dinge bereits genießt. Allerdings klingen mit dieser Karte auch die negativen Aspekte übermäßigen Genusses und der Selbstzufriedenheit mit. (*jwr*)

Materielles Glück

Schlüsselworte: Loyalität, Freiheit, Erfolg in allen Dingen, Vollendung, emotionales Glück, Freude, materielle Behaglichkeit, Zufriedenheit.

Schlüsselworte der Umkehrung: Hoffen, Warten, die Erfüllung eines Wunsches verzögert sich, eingebildet, eitel.

Beschreibung: Eine Fülle an Früchten rankt sich um neun Kelche, die im Licht der untergehenden Sonne glitzern. Hier gibt es eine Reichhaltigkeit guter Dinge zum Essen und zum Genießen. Darunter befindet sich auch eine halbierte Kokosnuss. In einigen südamerikanischen Kulturen gilt die Kokosnuss als die heiligste Frucht. Das liegt daran, dass die Kokosnuss, wenn ihre Samen reif sind, alle vier Elemente verkörpert. Ihre Hülle ist vom „Feuer“ der Sonne getrocknet und gebräunt, der Samen selbst ist hohl und enthält damit das Element „Luft“, in dem Hohlraum befindet sich zudem eine nahrhafte Milch, die dem „Wasser“ zu vergleichen ist und die Kokospalme bringt natürlich Früchte hervor, indem sie ihre Wurzeln tief in die „Erde“ gräbt und sich dort Nahrung holt.

Bedeutung: Diese Karte steht für Zufriedenheit und Behagen. Bei der Divination mit Spielkarten gilt die Herz Neun, das Äquivalent zu den Neun der Kelche, als Wunsch-Karte. Zu Beginn der Kartenlegung wünscht sich der Fragesteller etwas. Wenn diese Karte sich zeigt, geht der Wunsch in Erfüllung. Dabei solltest du allerdings nicht vergessen, darauf zu achten, was du dir wünschst.

Astrologische Entsprechung: Jupiter in den Fischen.

Gaben: Wünsche werden wahr.

Rat: Sei gut zu dir selbst. (*lr*)

> *Zufriedenheit ist nicht die Erfüllung dessen, was du dir wünschst,*
> *sondern die Erkenntnis, wie viel du bereits besitzt.*
> – Anonym

ZEHN DER KELCHE

Ein warmes Feuer, ein voller Bauch und die Gesellschaft derer, die uns nahe stehen – das ist die Idealvorstellung eines behaglichen Heims. Für gewöhnlich wird diese Karte in den meisten Tarot-Decks durch die Darstellung einer Familie repräsentiert, ich habe mich aber entschieden, zwei Tiere darzustellen, um die Botschaft zu übermitteln. Als weit verbreitete Tiere haben sie sich bereits zu beliebten Haustieren entwickelt, doch die Beziehung, die sie in diesem Bild zueinander haben, obwohl sie eigentlich dafür bekannt sind, eher miteinander in Konflikt zu stehen, ist in ihrer Ironie ein Sinnbild für die Harmonie, mit der jenes Haus gesegnet ist. (*cm*)

Der beschützende Geist des Herdfeuers wacht über dein Heim und macht es zu einem Hafen für Liebe und Freundschaft, für Wärme und Behaglichkeit, Frieden, Ruhe und Sicherheit. (*ra&wa*)

Es gibt kein besseres Bild für Zufriedenheit als schlummernde Tiere, die aneinander gekuschelt vor einem warmen Feuer liegen und nichts verkörpert bedingungslose Liebe so treffend wie ein Haustier. Das Herz erwärmende Bild, das uns die Zehn der Kelche offenbart, erinnert mich an ein Zitat von Bernard von Clairvaux: „Wir finden innere Ruhe bei denen, die wir lieben, und wir schaffen in uns einen ruhigen Ort für jene, die uns lieben." In diesem Sinne können wir dieser Karte Bedeutungsebenen wie Gelassenheit, Harmonie und Gastfreundschaft zuschreiben, außerdem steht sie für das „Zuhause" als friedlichen Ort. (*jwr*)

Vollkommener Erfolg

Schlüsselworte: Gegenseitige Liebe, Glückseligkeit, Ruhe, Einheit, Vertrauen, Teilen, Familie.

Schlüsselworte der Umkehrung: Verrat, sitzen gelassen, unerwiderte Liebe, Familienstreitigkeiten, Disharmonie, Streit.

Beschreibung: Ein rotes Kätzchen und ein Golden Retriever halten vor einem Kaminfeuer ein Nickerchen. Der Herd ist mit Kelchen bestückt und offenbart damit die emotionale Erfüllung, die in diesem Haus herrscht. Vom Kaminsims hängen die Zeichen für Mars und die Fische herab.

Bedeutung: Diese Karte steht für Harmonie in zwischenmenschlichen Beziehungen. Aus Freundschaft ist Liebe geworden. Mit Freude erkennst du, dass alles und jeder, das und den du brauchst, um dich herum ist.

Astrologische Entsprechung: Mars in den Fischen.

Gaben: Zufriedenheit.

Rat: Alles ist vollkommen, genau so wie es ist. (*lr*)

> *Zuhause ist eine Bezeichnung, ein Wort, aber ein sehr starkes;*
> *es ist ein stärkeres Wort, als ein Magier je sprechen könnte*
> *oder auf das der Geist jemals geantwortet haben mag,*
> *selbst in der stärksten Beschwörung.*
> – Charles Dickens

> *Wenn es kalt ist in der Welt, mache es dir zur Aufgabe,*
> *Feuer zu entzünden.*
> – Horace Traubel

ASS DER SCHWERTER

Zwei Greifvögel umkreisen das Flaggschiff-Schwert dieser Farbe, das majestätisch durch die Wolken herauf schwebt. Ein prachtvolles Licht entströmt seinen ineinander greifenden metallenen Formen und lässt den Himmel in einem leuchtenden Glanz von Triumph und Sieg erstrahlen. *(cm)*

Das Ass der Schwerter ist das komplizierte Instrument des Geistes und allen, die es schwingen, verleiht es Ehre und Edelmut. Die grimmigen, weit gereisten Adler sind seine Diener, die deine Gedanken augenblicklich überall hin tragen können. Dieses Schwert ist der Schlüssel, der die Tore zu den Geheimnissen des Universums öffnet. *(ra&wa)*

Die Grundform des Schwertes auf diesem Ass erinnert an ein Kreuz, was auf Opfer und Erlösung schließen lässt. Diese Deutung passt zu der esoterischen Bedeutung der Farbe des Amethysten, der in das Heft des Schwertes eingearbeitet ist, denn Amethysten stehen für innere Ruhe und geistige Heilung. Schließlich haben wir hier ein äußerst faszinierendes Schwert vor uns, denn es reflektiert die Komplexität der Wahrheit und den labyrinthartigen Weg, den wir manchmal gehen müssen, um sie zu entdecken und zu prüfen. *(jwr)*

Wurzel der Macht der Luft

Schlüsselworte: Intellekt, Geist, Autorität, Anspannung, schneidend, stechend, mentale Schärfe, kreative Gedanken, Obsessionen, Angewohnheiten, maskulin, Entschlossenheit, Tapferkeit.

Schlüsselworte der Umkehrung: Verleumdung, Ungerechtigkeit, Tyrannei, Hindernisse, Behinderung, zu energisch, brachiale Gewalt, zweischneidiges Schwert, unnötiger Konflikt, Instabilität, schwacher Wille.

Beschreibung: Zwei Greifvögel, Adler und Falken, umkreisen ein nach unten weisendes Schwert, das im Himmel schwebt. Auf dem Heft des Schwertes ist das Symbol für Luft zu sehen, das Schwert glänzt hell. Über den Wolken leuchtet der Tierkreis. Der Adler steht für das Aufsteigen und für Edelmut. Die Wolken zeigen an, dass das Göttliche gegenwärtig ist.

Bedeutung: Das Schwert ist ein Symbol für die Luft und den Geist. Es zeigt nach unten und leitet die Ideen des Göttlichen (Inspiration) zur Erde hinunter. Das Schwert ist heraufbeschworene Kraft (im Gegensatz zu der natürlichen Kraft der Stäbe). Diese Geisteskraft kann zum Guten wie auch zum Schlechten angewandt werden, denn die beiden scharfen Kanten des Schwertes stehen für Frieden und Leiden.

Jahreszeitliche Zuordnung: Winter. Das Ass der Schwerter herrscht über die Jahreszeit des Winters durch die Zeichen Steinbock, Wassermann und Fische.

Zugeordnetes Element: Luft (heiß/trennend und feucht/sich anpassend). Luft ist aktiv, maskulin, intellektuell, logisch, kommunikativ, erfinderisch, mühselig, idealistisch, kritisch und klar.

Gaben: Intelligenz, Entschlossenheit, Logik.

Rat: Mache dich bereit, voran zu schreiten in neue Richtungen und mit neuen Ideen. *(lr)*

> *Mir ist unverständlich, weshalb sich die Menschen vor neuen Ideen fürchten.*
> *Ich fürchte mich nur vor den alten.*
> – John Cage

ZWEI DER SCHWERTER

Zwei Schwerter, zwei voneinander getrennte Ideen, die im Moment im Gleichgewicht zueinander stehen. Wie schon in der Karte der Gerechtigkeit stellt sich die verschleierte Gestalt auf keine bestimmte Seite. Mögliche Konflikte konnten vermieden werden und es wurde ein vorübergehender Kompromiss geschlossen. Das ist für den Moment in Ordnung, doch irgendwann wird wohl eine dauerhafte Entscheidung, eine langfristige Lösung gefragt sein. (*cm*)

Die Gestalt ist souverän und zum Angriff bereit, doch der Moment der Kontemplation trennt den Gedanken von der Handlung. (*ra&wa*)

Traditionell birgt diese Karte Bedeutungen wie Waffenstillstand oder Kompromisse, eine ausweglose Situation oder einen Stillstand. Bemerkenswert ist allerdings, dass die beiden Schwerter des *Traumerbe*-Tarots nicht gekreuzt sind, wie es typischerweise der Fall ist. Dadurch strahlt die Karte mehr Ruhe aus und zeugt eher von einem Gleichgewicht und Gelassenheit denn von Konflikt oder Anspannung.

Das Zeichen der Waage hängt an einer Kette um den Hals der Gestalt und erinnert an die Karte der Gerechtigkeit und assoziiert so deren Bedeutungen von Gleichgewicht und Karma mit den Zwei der Schwerter. Gleichsam verweist das violette Tuch, das die Augen der Gestalt verschleiert, auf die Unparteilichkeit, die für die menschliche Rechtssprechung unablässlich ist. (*jwr*)

Wiederhergestellter Frieden

Schlüsselworte: Ausgeglichen, gleichbleibend, Waffenruhe, Einfühlungsvermögen, Harmonie, Proportionen, Kompromiss, Paradoxon.

Schlüsselworte der Umkehrung: Doppeltes Spiel, nicht überzeugt, unfähig, widerwillig, unsicher, Falschheit, Bewegung.

Beschreibung: Die Sicht des Schlichters wird durch einen violetten Schleier behindert, was ihm erlaubt, unparteiisch zu sein. Er hält ein Paar zusammen passender Schwerter in den Händen, was an die Waagschalen des Sternbilds Waage erinnert. Unten ist der sich wandelnde Mond zu sehen.

Bedeutung: Es gibt keine einfache Lösung und alle möglichen Lösungen erscheinen uns wie Kompromisse. Die Entscheidung scheint schwierig zu sein und möglicherweise ist eine neue Herangehensweise erforderlich. Vielleicht musst du Menschen zu Hilfe eilen, die in Schwierigkeiten oder schwach sind oder unterdrückt werden. Eine Lösung ist durchaus möglich.

Astrologische Entsprechung: Mond in der Waage.

Gaben: Perspektive, Gleichgewicht.

Rat: Unparteilichkeit ist gefragt. (*lr*)

> *Versuche Rechtsstreitigkeiten zu vermeiden.*
> *Überzeuge deine Nachbarn von einem Kompromiss, wann immer dies möglich ist.*
> *Als Friedensstifter hat der Anwalt vor allen Anderen Gelegenheit,*
> *sich als guter Mann zu erweisen.*
> *Es wird dennoch genug zu tun geben.*
> – Abraham Lincoln

DREI DER SCHWERTER

Nicht immer gibt es ein Happy End. Die Kompromisse aus den Zwei der Schwerter haben sich nicht ausgezahlt. Trotz all unserer Bemühungen sind sie gescheitert, gleich, ob es unsere eigene Schuld war oder nicht. Unsere Zweifel und Ängste haben sich als zutreffend erwiesen und wir sind untröstlich und werden dies vielleicht auch noch eine ganze Weile bleiben. Doch die Wahrheit ist nun heraus und darin können wir ein wenig Behaglichkeit finden. Nun kann immerhin die Heilung beginnen.

Ich habe es vermieden, die, wie ich finde, zu oft verwendete und farblose Symbolik für diese Karte zu verwenden. Das traditionelle, von drei Schwertern durchbohrte Herz habe ich durch diese Nahaufnahme ersetzt, denn ich finde, dass sie der gefühlsgeladenen Botschaft dieser Karte besser gerecht wird. (*cm*)

Das Leiden erklingt von einem Orte her, an dem es keine Worte gibt. Ein Blick und eine Träne sagen alles aus. (*ra&wa*)

Die Drei der Schwerter im *Traumerbe*-Tarot weichen von dem scharfen Bild eines von Schwertern durchbohrten Herzens ab, das wir für gewöhnlich auf dieser Karte zu sehen bekommen. Dadurch wird die tief betroffene Reaktion der Menschen, wenn sie die Drei der Schwerter sehen, etwas abgemildert und erlaubt uns auf diese Weise, uns auf Bedeutungsebenen dieser Karte zu konzentrieren, die vielmehr mental als emotional geladen sind, Bedeutungen wie das Bedürfnis, etwas anzuerkennen, zu verstehen oder dem eigenen Schmerz und Leiden Ausdruck zu verleihen; das Entdecken einer schmerzlichen Wahrheit; und bittere, verletzende Worte, die nicht mehr zurückgenommen werden können. (*jwr*)

Kummer

Schlüsselworte: Tränen, emotionales Leid, emotionaler Schmerz, Kummer, intensiver Schmerz, Sorgen, Dreiecksbeziehung, Abtrennung.

Schlüsselworte der Umkehrung: Tiefes Mitgefühl, Durcheinander, Verwirrung, Verlust (jedoch nicht in so extremer Form, wie bei der aufrechten Position der Karte).

Beschreibung: Eine einzelne Träne läuft über das Gesicht einer jungen Frau mit straff geflochtenen Zöpfen. Sie trägt das Herz nicht auf der Zunge, sondern auf der Wange. Der Himmel im Hintergrund ist düster und stürmisch.

Bedeutung: Beziehungen, Gedanken und Worte können Schmerz und Kummer verursachen. Es ist von größter Bedeutung, im richtigen Moment sowohl angenehme wie auch schmerzhafte Gefühle in ihrer Ganzheit zu empfinden und auch zu kommunizieren. Diese Karte kann eine Beziehungskrise anzeigen, für die es eine funktionierende Lösung geben kann oder aber auch nicht. Die wahre Herausforderung liegt in dem überwältigenden Gefühl, dass dein Kummer dich umbringen könnte.

Astrologische Entsprechung: Saturn in der Waage.

Gaben: Einfühlungsvermögen, Mitgefühl.

Rat: Das Herz lehrt den Geist. (*lr*)

Je tiefer der Schmerz, desto weniger Worte findet er.
– *Talmud*

Ein Herz, das schmerzt, ist ein gesundes Herz.
– Juliana Hatfield, „Universal Heart-Beat“

VIER DER SCHWERTER

In einer stillen Halle oder Kammer liegt ein Mann und schläft, getragen von vier Schwertern. In anderen Decks gibt es unterschiedliche Meinungen darüber, ob die dargestellte Gestalt tot ist oder einfach nur schläft. In beiden Fällen wäre das Wort „ruhen" zutreffend und ist die logische Folge der emotionalen Anspannung und Erschöpfung nach den Drei der Schwerter. Nun ist es an der Zeit, dass diese Anspannung aufhört oder wir uns zumindest davon erholen können und dieses Refugium schweigender Stille ermöglicht dies. Ich habe die Gestalt auf eine Weise abgebildet, die beide Interpretationen zulässt. Der Vogel, der über sie hinweg fliegt, erinnert an die ägyptische *ba* oder Seele. Er trägt zwei Blumen, die rote für den Tod, die weiße für den Schlaf. Das Licht strömt durch ein Bleiglasfenster, auf dem das Symbol „Chi Ro" zu sehen ist.

… ist das griechische Symbol für Christus und wird im Griechischen „Chi Ro" ausgesprochen. Es war ein wahrer Augenöffner, als ich entdeckte, dass dies der Ursprung meines eigenen Namens ist, denn genau so wird mein Name korrekt ausgesprochen. (cm)

Unbewaffnet, doch verwundbar schwebt der schlafende Held in einem alchemistischen Traum von einer Welt des Friedens und der Sicherheit. Hier kann der Geist zur Ruhe kommen. *(ra&wa)*

Gemeinhin wird diese Karte als Ruhe nach dem Kampf und Heilung der Wunden gedeutet, auf dass man sich erfrischt wieder dem Leben zuwenden kann. In der Version des *Traumerbe*-Tarots sehen wir eine Krähe oder einen Raben, der über den schlafenden Mann hinweg fliegt und zwei Rosen trägt, eine rote und eine weiße. Ein schwarzer Vogel deutet auf einen metaphorischen Tod hin, doch die Rosen verweisen auf eine Art Auferstehung – die rote steht dabei für die erlösende Liebe Gottes, während die weiße für Wiedergeburt steht. *(jwr)*

Ruhe nach dem Kampf

Schlüsselworte: Genesung ist erforderlich, Ruhe, Inaktivität, physische Heilung.

Schlüsselworte der Umkehrung: Bereit, die vorhergehende Aktivität wieder aufzunehmen, Freiheit von Angst, Zufriedenheit von Körper und Geist.

Beschreibung: Ein Mann schwebt über einem Bett aus Schwertern. Ein Falke, Symbol für die Seele, lässt eine rote (Leben) und eine weiße (Tod) Mohnblume fallen. In der griechischen Mythologie wohnt der Schlaf in einer Höhle, in der Mohnblumen blühen. Die Schwerter zeigen nach unten und stehen damit für das nach Innen gerichtet Sein des Geistes und der Wahrnehmung. Ein schwaches Licht fällt durch das Bleiglasfenster mit dem Monogramm Chi Ro herein, dem Zeichen für Erlösung als Schutz vor jeglichen gegnerischen oder feindlichen Mächten.

Bedeutung: Die Gestalt auf dieser Karte ist in einem Zustand tiefer Trance oder Meditation und für die Welt ist er tot. Jetzt ist genau die rechte Zeit, um dich von deinem geschäftigen Leben zurück zu ziehen. Abstand und eine Ruhepause sind unumgänglich.

Astrologische Entsprechung: Jupiter in der Waage.

Gaben: Erholung, Meditation.

Rat: Nimm dir Zeit für dich selbst, damit du dich erholen und wieder aufladen kannst. *(lr)*

Wahres Schweigen ist die Ruhe des Geistes;
für den Geist ist es das Äquivalent dessen,
was der Schlaf für den Körper ist,
Nahrung und Erfrischung.
– William Penn

FÜNF DER SCHWERTER

Eine Schlacht ist geschlagen und gewonnen. Der siegreiche Kämpfer hat das möglicherweise nicht verdient oder ist seines Sieges nicht würdig oder auch noch nicht einmal im Recht, dennoch hat er gesiegt. Der Sieg war allumfassend, der Sieger zeigt gegenüber den Besiegten weder Gnade noch Trost. Er sammelt ihre Schwerter ein und besitzt sie nun allesamt. In dieser Szene könnten wir die Besiegten sein und der Sieger ist vielleicht eine Person oder eine Situation, die in diesem speziellen Fall zu viel für uns war und gegen die wir nichts unternehmen konnten. Manchmal bleibt uns gar nichts anderes übrig, als uns die Niederlage einzugestehen und weiter zu ziehen. (*cm*)

Bis an die Zähne bewaffnet hat der letzte noch stehende Mann, der eine gute Schlacht gekämpft hat, alles verloren bis auf seine Entschlossenheit, weiter zu machen. (*ra&wa*)

Der Mann auf dieser Karte kehrt aus einer vernichtenden Schlacht zurück und ist mehr oder weniger unverletzt, die Zerstörung liegt zu seinen Füßen und hinter ihm lodert noch immer die Feuersbrunst. Er trägt mehrere Schwerter, vermutlich seine Kriegsbeute. Das könnte bedeuten, dass du erbarmungslos deinem Sieg entgegen gegangen bist, ohne Rücksicht darauf, welchen Schaden du den Menschen um dich herum damit zugefügt hast. Andererseits ist es aber auch möglich, dass diese Person gar nicht in den Konflikt verwickelt war und einfach nur seinen Vorteil aus den Verlusten der Anderen zieht, was ihn zu einer Art Aasfresser macht. (*jwr*)

Niederlage

Schlüsselworte: Niederlage, Verlust, Scheitern, Furcht, Gier, schamloser Opportunist, Zwietracht, Ehrlosigkeit.

Schlüsselworte der Umkehrung: Rechtfertigung, Wiederherstellung, Vergebung.

Beschreibung: Ein Mann steht allein auf einem brennenden Schlachtfeld. Er trägt fünf Schwerter, drei an seinem Gürtel und zwei in den Händen. Der Boden ist von Schilden und Pfeilen übersät. Hinter ihm wehen zwei Banner. Aus den Überresten der Schlacht steigt Rauch auf.

Bedeutung: Hier sehen wir die Niederlage, aber auch den gesamten Prozess von Verlieren und Gewinnen. Manchmal bist du der Besiegte, manchmal der Sieger. Mache dir klar, was du zu tun bereit bist, um deinen Weg fortzusetzen. Möglicherweise ist es an der Zeit, die Verluste einzuschränken.

Astrologische Entsprechung: Venus im Wassermann.

Gaben: Akzeptanz von Grenzen, den eigenen Ruf wiederherstellen.

Rat: Arbeite an deinen Grenzfragen. (*lr*)

> *Es gibt Niederlagen, die siegreicher sind als die Siege.*
> – Michel de Montaigne

SECHS DER SCHWERTER

Eine Reise, ein Übergang: Eine Frau bewegt sich von einem Ort zum anderen. Das kann bedeuten, dass du weiter ziehst, körperlich oder emotional, oder es könnte eine Veränderung in deinem Leben anzeigen – ein neues Zuhause, eine neue Arbeit, einen neuer Beruf oder eine neue Beziehung oder aber ein neues Selbst. Vollzieht sich diese Veränderung auf deine eigene Entscheidung hin oder wurde sie durch die Umstände bewirkt? Es könnten Gefahren lauern und das Ende der Geschichte ist vielleicht unklar. Doch dessen ungeachtet, steht die Frau voller Stolz vorn in ihrem Boot. Sie blickt buchstäblich nach vorn, was auch immer die Zukunft für sie bereithält, wenn schon nicht mit Optimismus, dann doch auf jeden Fall voller Entschlossenheit. Doch der Weg nach vorn ist nicht immer klar und unterwegs erwarten uns vielleicht Hindernisse. Schwerter erheben sich aus dem Wasser und hängen gefährlich von der Decke herab. Uns fehlen möglicherweise die Erfahrung oder das Wissen, um ihnen aus dem Weg zu gehen. Vielleicht bedürfen wir der Führung anderer Menschen oder Quellen, die uns die richtige Richtung weisen. (*cm*)

Der Geist erschafft raffinierte Labyrinthe und navigiert sie dann völlig mühelos. (*ra&wa*)

Die düstere Bootsfahrt, die wir normalerweise auf den Sechs der Schwerter zu sehen bekommen, erinnert an die Reise einer Seele über den Fluss Styx und diese Karte kann bedeuten, dass wir Konflikte und Sorgen hinter uns lassen, um vielleicht nach Frieden oder einer neuen Lebensperspektive zu streben. In der Version des *Traumerbe*-Tarots hängen drei Schwerter von der Decke und drei weitere durchbrechen gefährlich die Wasseroberfläche, was uns mahnt, mit äußerster Vorsicht durch diese potenziell tückische Passage zu navigieren. (*jwr*)

Verdienter Erfolg

Schlüsselworte: Hilfe, Arbeit, Bote, Liebeserklärung, Ende der Sorgen, Flucht, Ärger anziehen, Verzögerung, keine Hilfe, außer Kontrolle, vergebliche Mühen.

Schlüsselworte der Umkehrung: Planänderungen, Verzögerung, Egoismus, keine sofortige Lösung, Hilfe ablehnen, Zögern.

Beschreibung: Eine Frau steht vorn in einem Wikingerboot und wird von einem Fährmann durch eine unterirdische Passage geführt. Von der Decke hängen Kronleuchter und Schwerter. Drei weitere Schwerter erheben sich aus dem Wasser, die Spitzen nach oben gerichtet.

Bedeutung: Diese Karte kann einen Wendepunkt von Schwierigkeiten hin zum Erfolg ankündigen. Schiffe deuten im Allgemeinen darauf hin, dass du selbst über dein Schicksal herrschst. Der Fährmann weist darauf hin, dass dir auch Hilfe zuteil wird, wenn du das möchtest. Sehr wörtlich genommen, kann diese Karte auch auf eine Reise zu Wasser hindeuten.

Astrologische Entsprechung: Merkur im Wassermann.

Gaben: Erhabenheit.

Rat: Du hast dein Schicksal selbst in der Hand. (*lr*)

> *Wir erhalten die Weisheit nicht einfach so; wir müssen sie selbst entdecken auf einer Reise, die niemand sonst für uns unternehmen kann.*
> – Marcel Proust

SIEBEN DER SCHWERTER

Einbruch und Diebstahl: Fünf Schwerter wurden gestohlen und zwei bleiben übrig. Wie bei vielen anderen Karten auch bietet sich in den Sieben der Schwerter eine Szene, die gleichsam Risiko und Gewinn darstellt, Auswahl und Entscheidung. Doch im Gegensatz zu den positiveren Absichten in den anderen Karten, haben die Absichten hier einen weniger ehrenhaften Hintergrund. Nichtsdestotrotz erfordern auch sie ein gewisses Geschick, gewisse Erfahrungen und einen gewissen Mut.

Im Schatten der Dunkelheit, in den gerade genug Mondlicht hereinfällt, um den Zugang zu erhellen, nutzt der Dieb die Gelegenheit eines offenen Fensters. Er betrachtet die Schwerter, die zurückbleiben. Ob er wohl bedauert, dass er sie nicht alle tragen kann? Interessant ist, dass die beiden übrigen Schwerter die Tatsache des Diebstahls noch betonen, denn sie sind die Überbleibsel einer größeren Sammlung, von der wir vermuten, dass sie einmal vollständig gewesen ist.

Neben uns als Beobachter ist der einzige Zeuge dieses Verbrechens der Vogel, der oben in einem Ring hockt. Es handelt sich um eine Elster und sie steht im Zusammenhang mit dieser Szene, denn auch sie hat einen Ruf als „Sammlerin" glitzernder Gegenstände. (*cm*)

Im Lichte des Wassermann-Mondes verschafft sich ein agiler Geist der Nacht (der in Gestalt eines Diebes daher kommt) Zugang zur Kammer des Zauberers, den Blick auf die magischen Schwerter geheftet. Doch der Zauberer (der die Gestalt eines Vogels angenommen hat) hält Wache. Die Dinge sind nicht so, wie sie scheinen. (*ra&wa*)

Die Karte der Sieben der Schwerter im *Traumerbe*-Tarot bietet einige interessante Abweichungen von den typischen Darstellungen auf dieser Karte. Zunächst einmal bricht die Gestalt, die wir hier sehen, in ein Schloss ein und stiehlt sich nicht etwa davon. Vielleicht ist sie zurückgekehrt, um die beiden noch verbliebenen Schwerter zu holen, die sie zuerst zurückgelassen hat? Und dann ist da noch die deutliche Zurschaustellung des Zeichens des Wassermannes, was darauf hindeuten kann, dass hier ein erfinderischer, origineller oder gar exzentrischer Geist am Werk ist. Vielleicht ist also der Diebstahl, dessen Zeugen wir hier werden, nebensächlich gegenüber der schlauen Planung, die dahinter steckt. (*jwr*)

Unsichere Anstrengung

Schlüsselworte: Teilerfolg, Heimlichtuerei, betrogenes Vertrauen, Gaunerei, Element des Chaos, verborgene Motive, Umsturz.

Schlüsselworte der Umkehrung: Guter Rat, Ergebnis, wieder erlangen, Sieg über die Gaunerei, lernen zu vertrauen.

Beschreibung: Ein Dieb verschafft sich über ein offenes Balkonfenster Zutritt. Auf dem Rücken trägt er fünf Schwerter. Der Wind bläst die dünnen weißen Vorhänge in den Raum, wo weitere zwei Schwerter an der Wand hängen. Der Mond schenkt genügend Licht für die Aufgabe. Eine listige Krähe hält ein glänzendes Wassermann-Amulett im Schnabel und billigt die Motive und Methoden des Diebes.

Bedeutung: In dieser Karte geht es vor allem um negative Dinge wie Diebstahl, Betrug und illegale Aktionen. Verträge solltest du äußerst genau studieren, da die Dinge nicht unbedingt den

Gegebenheiten entsprechen müssen. Andererseits kann es auch sein, dass die Führungsebene korrupt ist und du sie untergraben musst, ganz ähnlich wie Robin Hood.

Astrologische Entsprechung: Mond im Wassermann.

Gaben: Irreführung, die Gabe, deinen Gegner vor der Schlacht heimlich zu entwaffnen.

Rat: Indirektes Handeln ist hier gefragt. (*lr*)

> *Betrüger sind nicht vertrauenswürdig.*
> – J.R.R. Tolkien, Gandalf zu Saruman, *Die Zwei Türme*

ACHT DER SCHWERTER

Gefesselt und gefangen, kann die Gefangene keinen Weg erkennen, der sie aus ihrer misslichen Lage heraus führen könnte. Jeder Versuch, sich zu befreien, scheint sie nur noch fester zu binden. Doch untätig kann sie auch nicht bleiben. Es gibt Situationen, die scheinen hoffnungslose Fälle zu sein, ganz gleich, was wir tun, aber tun müssen wir irgendetwas. Hier ist auch Gefahr spürbar – die Schwerter sind bedrohlich. Doch gleichzeitig sind vielleicht gerade sie die Lösung und können zur Flucht verhelfen. Ja, sie könnten uns durchaus Schaden zufügen, sie könnten allerdings auch das Netz durchtrennen, das uns gefangen hält.

Ein Spinnennetz als Metapher für Gefangenschaft war für mich ein unwiderstehliches Bild. Während der Kampf des Opfers sich als kontraproduktiv erweist, wartet die Spinne mit ihren acht Beinen in aller Ruhe ab, wie die Sache sich entwickelt. (cm)

Eine Urkraft im Vollbesitz ihrer Macht ist in einem Netz aus Gedanken gefangen und geht vorerst einmal nirgendwo hin. *(ra&wa)*

Das für diese Karte typische Gefühl, machtlos und gefangen zu sein, wird im *Traumerbe*-Tarot treffend dargestellt durch eine Frau, die in einem Spinnennetz gefangen ist, das vielleicht auf das sprichwörtliche Netz aus Lügen und Täuschung verweist. Auf einer eher symbolischen Ebene deutet diese Karte auf eine Person hin, die durch ihre eigenen Gedanken, vorgefassten Meinungen und Vorurteile begrenzt oder behindert wird, wobei der erdähnliche Planet am Himmel Hoffnung macht auf Optimismus und Glück. *(jwr)*

Gestutzte Macht

Schlüsselworte: Das Gefühl festzustecken, unwissend, Blockaden, Behinderung, Grenzen, schlechte Neuigkeiten, Schwierigkeiten, Ängste, Anhaftungen.

Schlüsselworte der Umkehrung: Freiheit, Befreiung, Gefängnisausbruch.

Beschreibung: Eine Frau mit verbundenen Augen und eingehüllt in schmale Seidentücher ist in einem riesigen Spinnennetz gefangen. Acht Schwerter zeigen mit den Spitzen auf sie. Am Nachthimmel zeichnet sich der Jupiter ab. Die boshafte schwarze Spinne trägt das Zeichen der Zwillinge auf dem Bauch.

Bedeutung: Hier haben wir es mit ernsthafter Begrenzung und Einschränkung zu tun. Es mag schwer zu verstehen sein, wie du hier gelandet bist und wie du dich befreien könntest. In vielen Fällen ist die Einschränkung selbstverschuldet.

Astrologische Entsprechung: Jupiter in den Zwillingen.

Gaben: Freiheit und Aufstieg, die zuvor nicht möglich schienen.

Rat: Um diese Situation zu überwinden, brauchst du Geduld und Ausdauer. *(lr)*

Höre auf, in Grenzen zu denken und beginne,
in Möglichkeiten zu denken.
– Terry Josephson

Du musst in dir selbst nach Erlösung suchen,
denn jeder Mensch errichtet sich sein eigenes Gefängnis.
– Sir Edwin Arnold

NEUN DER SCHWERTER

Manchmal nehmen wir uns zu viel vor und sind dann überwältigt und geraten zunehmend unter Druck. Dann geht es mit unserer Fantasie durch. In ruhelosen Nächten kauen wir wieder und wieder unsere Probleme durch und bauschen sie unnötig auf. Wir sehen nur noch den ungünstigsten Fall eintreten und noch mehr. Manchmal nehmen sie alptraumhafte Züge an und quälen uns noch stärker. Diesen Kreislauf müssen wir durchbrechen, wir müssen einen Schritt zurück treten und die Dinge realistisch und im richtigen Größenverhältnis betrachten. (*cm*)

Liegst du nachts wach und erlaubst den gespenstischen Dämonen deines Geistes, ihre nächtlichen Zauber zu wirken? Sie sind äußerst stark und dennoch so immateriell wie Nebel und du kannst sie durchaus fort schicken, wenn du das wünschst. (*ra&wa*)

Die geisterhaften Hände, die sich nach der ruhenden Frau ausstrecken, lassen uns schaudern, was in Übereinstimmung mit einer der Grundbedeutungen dieser Karte ist. Die Neun der Schwerter offenbaren oftmals die Qualen, die wir uns selbst aufbürden, wie Sorgen, Schuld und Verzweiflung, vor allem, wenn es dabei um Dinge geht, die in Wirklichkeit kaum Substanz besitzen. (*jwr*)

Verzweiflung und Grausamkeit

Schlüsselworte: Verlust, Leiden, Zweifel, Schmerz, Entscheidungen hinterfragen, Arglist, Bürde, Mitleid.

Schlüsselworte der Umkehrung: Sonnenschein nach dem Sturm, Hoffnung, Befreiung.

Beschreibung: Eine Frau liegt im Bett. Neun Schwerter hängen Furcht einflößend über ihr, umgeben von geisterhaften Schwaden. Phantomhafte Hände greifen nach ihr. Sie kann weder schlafen noch wachen.

Bedeutung: Es ist ein Gefühl, wie um drei Uhr nachts panisch aufzuwachen. Der Geist befindet sich auf einer Astralebene mit Mars, Geistern, Dämonen und Alpträumen. In den finsteren Stunden, in denen niemand da ist und nichts unternommen werden kann, sind die Gedanken gemein und schmerzhaft. Wenn du wirklich Grund zur Sorge hast, dann sicher nur um eines der neun Dinge, die dich beschäftigen. Diese Schrecken verschwinden mit dem Anbruch des Tages.

Astrologische Entsprechung: Mars in den Zwillingen.

Gaben: Prioritäten, Perspektive.

Rat: Es wäre hilfreich, wenn du deine Sorgen mit einem mitfühlenden Freund teilst. (*lr*)

Das älteste und stärkste Gefühl der Menschheit ist die Angst
und die älteste und stärkste Form der Angst
ist die Angst vor dem Unbekannten.
– H.P. Lovecraft

ZEHN DER SCHWERTER

Unsere schlimmsten Befürchtungen haben sich als richtig erwiesen. Alles ist schief gegangen und es nützt nichts, dies jetzt noch zu leugnen. Der Schmerz und die Qualen sind real. Doch wenn es hier etwas Positives zu sagen gibt, dann dass es nicht mehr schlimmer kommt, als es jetzt ist. Dies ist der absolute Tiefpunkt, alle weiteren Wege führen aufwärts. (*cm*)

Dies ist eine Aufführung eines rituellen Todes, ein zeremonieller Todestanz. Doch die inneren Qualen sind echt. Das Ende. (*ra&wa*)

Allgemeine Deutungen dieser Karte sind Niederlage, den absoluten Tiefpunkt erreichen und einen Dolchstoß verpasst bekommen. Doch obschon in der traditionellen Darstellung der Zehn der Schwerter ein Mann zu sehen ist, der von zehn Schwertern durchbohrt wird, sehen wir im Bild des *Traumerbe*-Tarots, wie die feige Tat gerade durchgeführt wird und so wird die Identität des Missetäters endlich offenbart. Doch wer ist es denn nun? Überraschenderweise ist keine Hand zu sehen, die diese mörderischen Waffen schwingt und den entscheidenden Schlag vollführt und so erkennen wir schließlich, dass all das nur in unserem Geist passiert. Wie Eckart Tolle sagt: „Je schneller wir Dinge mit Etiketten versehen, umso hohler und lebloser wird unsere Wirklichkeit" (*Eine neue Erde*, 35). (*jwr*)

Ruin

Schlüsselworte: Zu viel des Guten, Übertreibung, zu viel Druck, es ist vorbei, völlige Niederlage, Ruin, Schmerz, Neid, Verlust, Tränen, Krankheit, karmische Folgen, Krankheiten des Gehirns und des zentralen Nervensystems, Betrug, Traurigkeit, Scheitern, Scheidung, Bankrott, Entlassung.

Schlüsselworte der Umkehrung: Die bösen Mächte werden zu Fall gebracht, Zeit des Wiederaufbaus, Erholung, innere Stärke.

Beschreibung: Ein Mann mit freiem Oberkörper krümmt sich vor Schmerzen, als zehn Schwerter ihm in den Rücken fahren. Er befindet sich unmöglich hoch in der Luft und ist von Wolken umgeben.

Bedeutung: Dies ist das Ende – es ist vorbei! Die Situation ist elendig gescheitert. Nun ist es Zeit, weiter zu ziehen. Frühere Ideen und Annahmen besitzen keine Gültigkeit mehr. Was einst gewesen ist, stirbt und wird wieder geboren. Doch wenn es auch grauenvoll ist, so ist es doch nicht nur schlecht. Es gibt Dinge, die du wirklich zu einem Ende bringen willst und die auch zu Ende gebracht werden müssen.

Astrologische Entsprechung: Sonne in den Zwillingen.

Gaben: Ende aller Illusionen, ein Neustart ist möglich.

Rat: Höre auf zu kämpfen und gib dich vollkommen hin. (*lr*)

> *Die Tiefe der Finsternis, in die du hinab steigen und dennoch überleben kannst,*
> *ist ein exaktes Maß für die Höhe, die du erreichen kannst.*
> – Laurens Van du Post

ASS DER MÜNZEN

Im sich sanft wiegenden Gras rühren sich Kreaturen, schwirren Insekten; ein Schatten spendendes Blätterdach wird von einer goldenen Münze erleuchtet. Ihre Oberfläche ist mit Smaragden in Form von Pentagrammen verziert. Fein ziseliertes Blattwerk ziert den äußeren Ring. Die Münze ist ein Werk voller Schönheit und steht für materiellen Reichtum ebenso wie für spirituellen und zeugt von künftigem Wohlstand und Wohlergehen. (*cm*)

Das Ass der Münzen ist der Quell der Fülle, des Glücks, der Zufriedenheit und Behaglichkeit. Es ist das Geschenk von Allem, was du brauchst, ganz ohne Bedingungen. (*ra&wa*)

Ein beachtenswertes Merkmal in diesem Ass der Münzen des *Traumerbe*-Tarots ist die Darstellung diverser nützlicher Tiere – Marienkäfer, die sich von Blattläusen und Milben ernähren, ein Igel, der ebenfalls Feld und Garten von Schädlingen befreit sowie eine Biene, die mit ihrer Bestäubung und ihrer Honigproduktion regelrecht den Archetypen nützlicher Insekten darstellt. Die Eicheln im unteren Teil des Bildes symbolisieren natürlich die Samen für etwas Großes und Gewaltiges. Diese Karte hält ganz eindeutig Wohlwollen und das Potenzial für neuen oder erneuerten Reichtum für uns bereit. (*jwr*)

Wurzel der Macht der Erde

Schlüsselworte: Ungestörtheit, Gesundheit, Rechtmäßigkeit, der physische Körper, Besitz, neue Perspektiven, Fülle, Fruchtbarkeit, Produktivität, Geldangelegenheiten, neue finanzielle Unternehmungen, Materialismus, gute Aussichten, vollkommene Zufriedenheit, Geschenke.

Schlüsselworte der Umkehrung: Banalität, schlechter Start, Gier, Extravaganz, missbrauchter Reichtum, ungeschützt, überzogen, Geiz, schlechtes Timing.

Beschreibung: Tief im Herzen des Waldes und umrankt von grünem Laub steht eine große goldene Münze, die mit Smaragden in Pentagramm-Form bestückt und mit einem Weinrankenmuster verziert ist. Am Boden liegen Eicheln, Symbole für Wohlstand und Potenzial. Ein Paar Marienkäfer, Überbringer von Geschenken und Glück, klettern an der Münze hoch. Oben fliegt eine geschäftige Biene und unten im Bild hockt ein Igel. Der Igel steht für Schutz und Einfallsreichtum.

Bedeutung: Deine Inspiration, deine Motivation, deine Idee oder dein Plan muss sich in der physischen Welt manifestieren, wenn er Bedeutung haben und Kreise ziehen soll. Das Ass der Münzen markiert den Beginn eben diesen Prozesses. Du musst Zeit, Geld, Energie und alles Weitere investieren, was notwendig ist. Es ist der perfekte Zeitpunkt, um los zu legen, denn dein neues Projekt ist sehr vielversprechend.

Jahreszeitliche Zuordnung: Frühling. Das Ass der Münzen herrscht über die Jahreszeit des Frühlings durch die Zeichen des Widders, des Stiers und der Zwillinge.

Zugeordnetes Element: Erde (kalt/bindend und trocken/Gestalt gebend). Die Erde ist passiv, weiblich, erdend, solide, sich langsam bewegend, verwirklichend, produktiv, fruchtbar und praktisch.

Gaben: Manifestation, Stabilität.

Rat: Eine Gelegenheit, die sich dir bietet, besitzt großes Potenzial. Dies ist ein äußerst günstiger Zeitpunkt, um Neues zu beginnen. (*lr*)

Die Natur verträgt selbst die innigste Betrachtung.
Sie lädt uns dazu ein,
unseren Blick auf ihrem winzigsten Blatte ruhen zu lassen
und seine Fläche mit Insektenaugen anzuschauen.
– Henry David Thoreau

ZWEI DER MÜNZEN

Eine farbenfrohe Gestalt hält zwei Münzen. Diese könnten für materielle wie auch für spirituelle Werte stehen und der Mann möchte an beidem festhalten. Dazu wird er Entscheidungen treffen müssen, die von verschiedensten Einflüssen abhängig sind, von seiner Ausbildung und Lebenserfahrung, Lektionen aus der Vergangenheit, bis hin zu Instinkt und Bauchgefühl die Zukunft betreffend. Dieser Balanceakt wird hier symbolisiert durch das Fahrrad, auf dem sein Fortkommen beständig im Schwanken zwischen einem Regenbogenpfad der Hoffnung und dem ewigen Rollen der turbulenten Wellen des Lebens begriffen ist. *(cm)*

Alles ist im Wandel, aber alles ist gut – gut im Gleichgewicht und in Bewegung. *(ra&wa)*

Die Bedeutungsebene des Gleichgewichts (sowie von Spaß und guter Laune), die den Zwei der Münzen traditionell beigemessen wird, ist im *Traumerbe*-Tarot treffend dargestellt durch einen Hofnarren auf einem Fahrrad, wobei die Tatsache, dass dieses Fahrrad keinen Lenker besitzt, für ein wenig Anspannung sorgt. Darüber hinaus erinnert uns das Bild der Meereswellen an die Mahnung, „im Fluss zu bleiben". *(jwr)*

Harmonischer Wandel

Schlüsselworte: Schwankungen, zwei Jobs im Gleichgewicht halten, Harmonie, Balance, Talent, Spiel, Überraschung, mit Finanzen jonglieren.

Schlüsselworte der Umkehrung: Streitsüchtig, einengend, Alternativen abwägen, überwältigt sein.

Beschreibung: Ein Hofnarr fährt auf einem Hochrad und trägt dabei ein Paar Münzen. Auf der einen prangt das Symbol für Jupiter, auf der anderen das Zeichen für den Steinbock. Er ist vertieft in die Betrachtung einer der Münzen, anstatt zu schauen, wo er hinfährt. Aus der Jupiter-Münze entströmt ein Regenbogen und erleuchtet seinen Weg. Jupiter ist der Gott des Wohlstands und der Fülle.

Bedeutung: Alles ist im Fluss; die einzige Konstante ist die Veränderung. Das Geheimnis besteht darin, zu lernen, wie man mit dem Fluss geht. Um voran zu kommen, braucht es Talent und Übung. Diese Karte kann dafür stehen, dass du an mehreren Projekten arbeitest oder aber einen Beruf ausübst, der dir ermöglicht, deinen eigentlichen Interessen zu folgen.

Astrologische Entsprechung: Jupiter im Steinbock.

Gaben: Fließen, Multitasking, Geschicklichkeit.

Rat: Gleite mit der Veränderung wie ein Surfer mit der Welle. *(lr)*

> *Wandle auf einem Regenbogenpfad;*
> *wandle auf einem Pfad aus Liedern*
> *und alles um dich her wird Schönheit sein.*
> *Aus jedem finsteren Nebel gibt es einen Ausweg,*
> *er führt über den Regenbogenpfad.*
> – Robert Motherwell

DREI DER MÜNZEN

Hier geht es schon etwas behaglicher zu; der Balanceakt aus den Zwei der Münzen liegt hinter uns und alle damit verbundenen Ängste und Sorgen gehören der Vergangenheit an. Hier macht einer seine Arbeit aus Liebe, nicht der Notwendigkeit wegen. Dies ist die Liebe des Handwerkers zu dem kreativen Prozess, in den er vertieft ist. Seine Mühen zahlen sich auf mehreren Ebenen aus.

Ich finde mich in dieser Karte sehr stark selbst wieder und das Bild ist im Grunde ein Selbstportrait, allerdings habe ich noch ein paar Falten und graue Haare hinzugefügt. (*cm*)

Der Herr des Handwerks veredelt die Gaben der Natur durch Arbeit, Liebe, Geduld und Geschick. Ein Meister des eigenen Lebens hat gelernt, selbst das Gold noch schöner zu machen. (*ra&wa*)

In dieser Karte zeigt sich die Akribie kreativer Geschicklichkeit und Handwerkskunst. Was wir in dieser Szene beobachten können, ist nicht einfach nur irgendeine Arbeit; es ist eine Berufung – ein Beruf oder vielleicht auch ein Hobby, dem dieser Mann voller Leidenschaft nachgeht. Diese Arbeit erfordert sorgfältige Planung und Vorbereitung, doch umso größer ist auch der Gewinn, der daraus zu ziehen ist. (*jwr*)

Materielle Arbeit

Schlüsselworte: Erfolg, Vollendung, bezahlte Arbeit, konstruktive Kraft, Schläue, Geschäftsgewinne, Produktivität, finanzieller Gewinn, sachkundiges Arbeiten, Ruhm, Status.

Schlüsselworte der Umkehrung: Überqualifiziert, auflockern, eng, Vorurteil, selbstsüchtig, gelangweilt, faul, übertrieben kritisch.

Beschreibung: Ein Handwerker schnitzt emsig an einer Münze mit Smaragdeinlagen. Er ist vollkommen in seine Arbeit vertieft. Zwei bereits vollendete Münzen hängen an der Wand. Im Hintergrund liegen unbearbeitete Münzen und Werkzeuge im Regal.

Bedeutung: Talent, Geschicklichkeit und Mühe können, wenn sie miteinander vereint werden, Dinge von Wert und Schönheit erschaffen. Der Erfolg kommt mit der Zeit und durch Hingabe. Diese Karte steht für den rechten Lebenserwerb, also sorge dafür, dass du einer Arbeit nachgehst, auf die du dereinst mit Stolz zurückblicken kannst.

Astrologische Entsprechung: Mars im Steinbock.

Gaben: Hingabe, die eigene Arbeit lieben.

Rat: Arbeite hart und achte sorgsam auf die Details. (*lr*)

> *Vergnügen an der Arbeit macht das Werk perfekt.*
> – Aristoteles

VIER DER MÜNZEN

Der dargestellte Mann ist gut gekleidet, sein mit Juwelen besetztes Gewand deutet auf materiellen Wohlstand hin und darauf, dass sich seine Mühen ausgezahlt haben. Doch hier liegt auch die Ironie, denn nun hat er auch etwas zu verlieren. Besitz geht also einher mit der Angst, ihn wieder zu verlieren. Die Behaglichkeit, die sich durch einen solchen Besitz eigentlich einstellen sollte, kann man mit einer solchen Geisteshaltung nicht voll und ganz genießen. Er ist nicht bereit, sein Eigentum zu teilen oder auf eine Weise einzutauschen, die ihm selbst oder seiner Familie und seinen Freunden Freude bereiten könnte, stattdessen häuft er seine Besitztümer nur an.

Dies ist ein interessanter Punkt, den man von verschiedenen Blickwinkeln aus betrachten sollte. In einer finanziell schwierigen Zeit lassen wir, was unsere Besitztümer betrifft, ein wenig mehr Vorsicht walten. Eine Ausgewogenheit zwischen Maßlosigkeit und Sparsamkeit ist nötig. Man könnte die Haltung und die Absichten der Gestalt auf diesem Bild also auch als Sparen für magere Zeiten deuten. *(cm)*

Der Herr der Macht der Erde ist die unsichtbare Quelle allen Wohlstands. Sein Wesen verströmt Licht und Leben als überreiches Geschenk des Spirits. *(ra&wa)*

Da wir hier eine „vierte" Karte in einer Farbe haben, in der es um materielle Dinge geht, kann die Vier der Münzen auf finanzielle Stabilität und ökonomische Sicherheit hindeuten. Allerdings wird diese Deutung gemeinhin so ausgeweitet, dass sie auch Habgier und Geiz umfasst, was (ironischerweise) auf eine grundlegende Unsicherheit schließen lässt. Darum mag diese Karte vielleicht die Frage stellen, was wahrer Wohlstand denn eigentlich ist. *(jwr)*

Materielle Macht

Schlüsselworte: Materieller Wohlstand, finanzielle Stabilität, gute Investitionen, ein Geschenk, Meisterschaft über die materielle Welt, Recht und Ordnung, Stabilität.

Schlüsselworte der Umkehrung: Falsche Sparsamkeit, Geiz, defensiv, argwöhnisch, Angst sich zu öffnen.

Beschreibung: Ein reich gekleideter Mann, vollständig in Grün gewandet, liebkost vier große Goldmünzen. Er scheint ihren Duft einzusaugen und in dem reflektierten Licht zu baden. Die Feder stammt von einem Quetzal und ist ein Symbol für die Macht des Himmels und der Erde.

Bedeutung: Durch diese Karte fließen alle guten Dinge und der Reichtum des Universums. Es ist das ewige Fließen und die Quelle physischer Fülle. Diese Karte steht für die Fähigkeit, für sich selbst zu sorgen. Achte darauf, nicht zu beherrschend und beschützend zu sein, wenn es um deinen Besitz geht; Großzügigkeit folgt auf Großzügigkeit.

Astrologische Entsprechung: Sonne im Steinbock.

Gaben: Kapital, Sicherheit.

Rat: Gehe davon aus, dass das Universum für dich sorgt. *(lr)*

> *Das Gold kann entweder Sklave oder Meister sein.*
> *Es steht ihm besser zu Gesicht, dass es von uns geführt wird als wir von ihm.*
> – Horaz

FÜNF DER MÜNZEN

Wir haben einen Verlust erlitten und empfinden eine gewisse Verzweiflung, entweder materiell oder aber emotional. Aus unserer Perspektive wirkt die Situation von Armut geprägt. Doch selbst wenn die Umstände düster sein mögen, so sind sie doch nicht von Dauer. Von unserem gegenwärtigen, düsteren Blickwinkel aus können wir dies vielleicht nicht erkennen, aber es gibt auch noch Licht. Und mit dem Licht kommt die Hoffnung. In einen leuchtenden Lichtstrahl gebadet, erblühen fünf Knospen und verheißen bessere Zeiten. *(cm)*

Die Gutherzigkeit im Leben kann man wirklich unmöglich verpassen. Doch selbst in Gegenwart von Reichtum fragt der Herr materieller Schwierigkeiten nach etwas anderem. *(ra&wa)*

Das strahlende Fenster, das hinter der Bettlerin aufleuchtet, deutet auf Wohlstand hin, der in der Vergangenheit liegt, oder auf Besitz, der im Moment außer Reichweite ist, und die Almosenschale in ihrer ausgestreckten Hand versinnbildlicht den Wunsch nach Hilfe. Und so steht diese Karte treffenderweise zwischen dem Geiz der vorangegangenen Karte und der Mildtätigkeit der nachfolgenden, denn es ist das Bewusstwerden all der Wünsche und Bedürfnisse um uns herum, das Gier in Großzügigkeit zu verwandeln vermag. *(jwr)*

Materieller Engpass

Schlüsselworte: Sorgen, Unsicherheit, Anspannung, emotionale Krise, Chaos, Schwierigkeiten, Arbeitslosigkeit, Entlassung, Geldprobleme, Gesundheitsprobleme, Familienkrise.

Schlüsselworte der Umkehrung: Sorgfalt, wiedererlangter Besitz, erfolgreiche Kostenplanung.

Beschreibung: Eine zerzauste, in Lumpen gehüllte Bettlerin streckt eine Almosenschale von sich. Vom Inneren eines Gebäudes fällt ein Lichtschein durch ein reich verziertes Bleiglasfenster. Die Umgebung wirkt kalt, schmutzig und trostlos.

Bedeutung: Diese Karte steht dafür, draußen in der Kälte zu stehen, sowohl emotional als auch physisch und/oder finanziell. Sie kann auch ein Gefühl des verlassen Seins und ignoriert Werdens anzeigen. Einschränkung und ein einfaches Leben sind nun erforderlich.

Astrologische Entsprechung: Merkur im Stier.

Gaben: Mildtätigkeit.

Rat: Bitte um Hilfe, wenn du ihrer bedarfst. Biete deine Unterstützung an, wenn du kannst. *(lr)*

> *Die Menschen sind wie Buntglasfenster.*
> *Sie glitzern und glänzen, solange die Sonne scheint,*
> *doch sobald die Dunkelheit kommt,*
> *zeigt sich ihre wahre Schönheit nur dann,*
> *wenn ein inneres Licht aus ihnen leuchtet.*
> – Elisabeth Kübler-Ross

SECHS DER MÜNZEN

Ein Akt des Gebens, der Mildtätigkeit oder der Entschädigung? Im Ergebnis finden wir Balance und Harmonie, im übertragenen Sinne wie auch spirituell. Ein wohlhabenderer Mensch gibt etwas ab an jemanden, der weniger besitzt. Die Extreme von Haben und nicht Haben werden abgemildert, wenn nicht gar vollkommen aufgehoben.

Ich habe diese Szene als eine Art eingefangenen Augenblick dargestellt, als Standbild eines animierten Bildes. Im Moment herrscht noch Ungleichgewicht – rein zahlenmäßig befinden sich zwei Münzen in der einen Hand und drei in der anderen. Dieses Ungleichgewicht ist auch visuell dargestellt, die drei Münzen wiegen schwerer als die zwei und folglich reicht eine Hand höher als die andere. Doch wenn die sechste „geschenkte" Münze fällt, ist das Gleichgewicht in Zahlen wieder hergestellt und wir ahnen bereits, dass die Waagschalen dann wieder auf gleicher Höhe stehen werden. (*cm*)

Die zum Empfangen ausgestreckte Hand erschafft zugleich das umgekehrte Bedürfnis zu geben – eine Hierarchie aus Großzügigkeit und Bedürftigkeit. Doch der entscheidende Punkt ist, zu wissen, wie und wann man bitten und was und wie viel man geben sollte. In einer perfekten Welt besitzt die gebende Hand eine sehr feine Wahrnehmung für den Grad der Bedürftigkeit und strebt in ihrer Mildtätigkeit nach einem Gleichgewicht. (*ra&wa*)

Neben der einfachen Bedeutung von Mildtätigkeit, die oben bereits genannt wurde, weist die Waage, die das Bild deutlich dominiert, auf eine sorgfältig bemessene Großzügigkeit hin. Doch was bedeutet das? Einerseits könnten damit ein gewisser Widerwille zu geben oder unangemessene Unterstützung gemeint sein. Es könnte aber auch heißen, dass Mildtätigkeit in vernünftigen Maßen gewährt werden sollte und mit einem sinnvollen Betrag, der nicht am Ende zur Trägheit ermuntert oder Abhängigkeit erzeugt. (*jwr*)

Materieller Erfolg

Schlüsselworte: Wohltäter, Geben und Nehmen, gutes Karma in Bezug auf Geld, Mildtätigkeit, Geschenke, gewährte Darlehen.

Schlüsselworte der Umkehrung: Rückzahlung, Eifersucht, Geiz, Zeit Kredite zurück zu zahlen, Geschenke erweisen sich als Bestechung, an Bedingungen geknüpft.

Beschreibung: Eine Hand in einem grünen Handschuh verteilt Münzen an ein Paar ausgestreckter Hände. Die Hände bilden die Waagschalen der Waage. Die letzte Münze bringt die Waage wahrscheinlich ins Gleichgewicht.

Bedeutung: Die Macht des Universums sorgt auf magische Weise dafür, dass deine Bedürfnisse bedient werden. Diese Karte kann für die Unterstützung durch einen Wohltäter stehen, was nicht zwangsläufig mit Geld zu tun haben muss. Wo stehst du im Verhältnis von Geben und Nehmen? Fülle deine Position taktvoll aus.

Astrologische Entsprechung: Mond im Stier.

Gaben: Erfolg, Rückhalt.

Rat: Kultiviere deine Großzügigkeit. (*lr*)

Mir ist zu Bewusstsein gekommen,
dass Geben und Empfangen letztlich ein und dasselbe sind.
Geben und Empfangen – nicht Geben und Nehmen.
– Joyce Grenfell

SIEBEN DER MÜNZEN

Wir haben gearbeitet und uns große Mühe gegeben. Dadurch hatten wir ein gewisses Maß an Kontrolle und Einfluss auf das Ergebnis. Doch oft kommt irgendwann der Punkt, wo wir nichts weiter tun können. Nun liegt es in den Händen Anderer oder in der Hand des Schicksals. Wir haben unser Bestes gegeben und sind optimistisch und vermutlich auch ein wenig ungeduldig, doch das Ergebnis lässt sich so viel Zeit, wie es nun einmal braucht.

Die Arbeiterin erstrahlt in einem zufriedenen Lächeln. Der goldene Weizen lässt vermuten, dass die Erntezeit heran naht. Sie wartet mit dem Korb in der Hand auf die Früchte (ihrer Arbeit). Die Münzen reifen prall heran, ihr Grün wandelt sich langsam in Gold. Die Zeit ist nah ... Nur Geduld. *(cm)*

Die Früchte einer autarken Arbeit schmecken sehr süß. Es sind keine Almosen notwendig. Alles ist vollbracht, es muss nur noch geerntet werden. *(ra&wa)*

Die Mehrdeutigkeit des Gesichtsausdrucks des Mannes in der RWS Version dieser Karte, die zu vielseitigen Deutungen von Zufriedenheit bis Enttäuschung einlädt, ist in den Sieben der Münzen des *Traumerbe*-Tarots weniger vorhanden. Hier ist eine deutliche Vorfreude und Zufriedenheit angesichts der bevorstehenden Ernte zu erkennen, doch wir müssen uns dennoch fragen, weshalb der Korb der Frau leer ist. Hat sie mit der Ernte noch nicht begonnen, hat sie entschieden, dass die Zeit noch nicht reif ist oder malt sie sich die Ernte lediglich aus? *(jwr)*

Unerfüllter Erfolg

Schlüsselworte: Früchte der Arbeit, Enttäuschung, Neubewertung, Elend, Sklaverei, Notwendigkeit.

Schlüsselworte der Umkehrung: Schlechte Investition, Unkosten, Furcht, Ungeduld, unprofitables Unternehmen.

Beschreibung: Neben einem Baum, der voller Münzen hängt, steht eine Bauersfrau in einem Weizenfeld. Auf ihrer rechten Hüfte hat sie einen Korb aufgestützt. Es ist ein herrlicher Tag und sie scheint bereit zu sein, ihr Getreide zu ernten.

Bedeutung: Es ist an der Zeit, deinen Fortschritt neu zu bewerten und neu einzuschätzen. Vielleicht hast du das Gefühl, der Fortschritt ging zu langsam und dass das volle Potenzial noch nicht ausgeschöpft wurde. Die Gewinne wurden ehrlich verteilt, wenn sie auch nicht ganz den Erwartungen entsprachen. Vielleicht sind dies nur die ersten Gewinne eines sehr viel langfristigeren Projekts.

Astrologische Entsprechung: Saturn im Stier.

Gaben: Starke Arbeitsmoral, Ernte.

Rat: Beurteile, ob die Arbeit den Gewinn wert ist. *(lr)*

> *Schönheit lässt sich auch im Tagwerk finden.*
> – Mamie Sypert Burns

ACHT DER MÜNZEN

Ehe einer zu dem Handwerker werden kann, wie er in den Drei der Münzen abgebildet ist, muss ein großes Maß an Arbeit und Anstrengung investiert werden. Diese Herausforderung ist vielleicht nicht einfach – manche Dinge kann man eben ohne einen gewissen Aufwand nicht erreichen. Ausdauer ist der Schlüssel, eine Entschlossenheit, zu lernen, zu üben und durch Versuch und Scheitern schließlich die Meisterschaft zu erlangen. Der Lehrling hier ist ins Studium vertieft und grübelt über die Aufgabe nach. Er ist umgeben von acht Münzen, von denen jede eine andere Stufe des Fortschritts anzeigt, angefangen bei grundlegenden anleitenden Diagrammen bis hin zu zunehmend ausgewogeneren Objekten – eine dauerhafte Lernkurve, eine stetig fortlaufende Aneignung von Fertigkeiten und Wissen. (*cm*)

Wann immer du dich entscheidest, etwas von Wert zu erschaffen, musst du dir die Zeit nehmen und der Sache die Aufmerksamkeit und Zuwendung schenken, die sie verdient. Wichtig ist auch, zu wissen, dass kein bedeutendes Unternehmen ohne sorgsame Überlegung Früchte tragen kann. (*ra&wa*)

In dieser Karte geht es um Kompetenz, Fleiß und Liebe zum Detail, sie kann aber auch anzeigen, dass man sehr viel schaffen kann, wenn man sich immer nur auf eine Aufgabe gleichzeitig konzentriert. Allerdings bereichert die Version dieser Karte im *Traumerbe*-Tarot die Bedeutungsebenen um ein interessantes Detail. Der Mann, den wir hier sehen, scheint müde zu sein, verwirrt oder entmutigt, was eine Reaktion auf eine verwirrende Bestellung oder eine Besorgnis erregende Rechnung sein könnte, die er gerade liest. Das könnte auf ein mögliches Hindernis auf dem Weg zum Erfolg hindeuten. (*jwr*)

Sorgfalt

Schlüsselworte: Ausbildung, Lernen, etwas verkaufen, Wirtschaft, Gerissenheit, praktischer Erfolg, Auftragsarbeit, Eitelkeit.

Schlüsselworte der Umkehrung: Übertriebene Sorgfalt, Horten, hohler Ehrgeiz, überqualifiziert.

Beschreibung: In einem gemütlichen Zimmer sitzt ein Mann neben einem Fenster und studiert die Entwürfe für Münzen. Licht strömt durch das grün getönte Glas herein. Er arbeitet mit der heiligen Geometrie, um das Erlangen von Wohlstand mit ehrenvollen Absichten zu studieren. Seine Werkzeuge auf dem Tisch sind Dreieck und Kompass.

Bedeutung: Ehrliche Arbeit bereitet Vergnügen und ist gewinnbringend. Weitere Fähigkeiten und Techniken können erworben werden, vielleicht mittels einer Lehre. Übung macht den Meister und aus der Erfahrung, die du erlangst, kannst du viel lernen.

Astrologische Entsprechung: Sonne in der Jungfrau.

Gaben: Vervollkommnung, Überkorrektheit.

Rat: Strebe nach dem rechten Lebenserwerb. (*lr*)

> *Das einzig Kluge im Leben ist die Konzentration.*
> – Ralph Waldo Emerson

NEUN DER MÜNZEN

Eine schöne Frau streckt den Arm aus, auf dem ein Paradiesvogel hockt; dies ist eine treffende Symbolik für diesen erhabenen Rückzug, der, bis auf ein paar wenige Privilegierte, Allen unzugänglich bleibt. Von einem geschwungenen Balkon, verziert mit neun, in Girlanden verschlungenen, goldenen Münzen überblicken wir ein ungestörtes Panorama der Welt dort draußen. Ein Sturm hat sich gerade verzogen und nun ist alles still und hell. Ein Garten voll frischer Blumen erfüllt die feuchte Luft mit seinem Duft. Ob es nun unser Lieblingsplatz in der realen Welt oder aber ein meditativer Rückzugsort in unserem Inneren ist, dies ist unser Raum abgeschiedener Einsamkeit und des Rückzugs, den wir in Muße genießen. *(cm)*

Wenn du endlich das Leben deiner Träume lebst, mag es auf Andere wirken, als wärst du über Nacht erfolgreich geworden. Doch du weißt, wie lange und schwer du arbeiten musstest, damit dieser Eindruck entsteht. *(ra&wa)*

Dies ist eine Karte der Vollendung und alles an diesem Bild, vom Garten bis zur Kleidung der Frau, zeugt von Üppigkeit und Überfluss. Die Ernte, deren Zeuge wir in den Sieben der Münzen geworden sind, hat sich als gewinnbringend erwiesen und die Mühsal aus den Acht der Münzen hat zum Erfolg geführt. Und doch ist da etwas Surreales an diesem Bild – der fantastische Vogel, der Himmel –, wodurch der Eindruck entsteht, der Garten befände sich mitten in den Wolken. Vielleicht erzählt diese Karte also vielmehr von einem hochfliegenden Ziel als von vollendeten Tatsachen. *(jwr)*

Materieller Gewinn

Schlüsselworte: Erbe, großer Geldzuwachs, vollkommener materieller Erfolg, Zuwachs an Gütern, Behaglichkeit.

Schlüsselworte der Umkehrung: Diebstahl, Schurkenstreich, habsüchtig, materialistisch, goldene Handschellen.

Beschreibung: Eine Frau steht inmitten eines herrlichen Gartens. Alle Freuden, aller Luxus ist zivilisiert und gezähmt. Sie ist gewandet in ein ärmelloses, fließendes Kleid, das Haar hoch aufgesteckt. Auf ihrem Handrücken landet ein Paradiesvogel. Die Sonne erstrahlt durch einen goldenen Bogen aus Münzen. In die Steinmauer sind die Zeichen von Venus und Jungfrau eingraviert. Um ein vollkommen rundes Wasserbecken herum stehen Pflanzen in Kübeln.

Bedeutung: Rückzug aus der „realen Welt“ in eine private Welt des Vergnügens. Die Umgebung ist harmonisch und behaglich und erlaubt dir, dich auf intellektuelle und spirituelle Dinge zu konzentrieren.

Astrologische Entsprechung: Venus in der Jungfrau.

Gaben: Überfluss, Behaglichkeit.

Rat: Verschönere deine Umgebung. *(lr)*

> *Es gibt nichts auf der Welt, das einen direkteren Weg*
> *zu unseren Herzen findet, als die Schönheit.*
> – Joseph Addison

ZEHN DER MÜNZEN

Reichtum strahlt uns von dem glänzenden Inhalt dieser hölzernen Kiste entgegen. Hier sehen wir materiellen Reichtum, der, wenn er vernünftig verwaltet wird, all unseren Bedürfnissen angemessen gerecht werden wird und uns inneren Frieden schenken kann. Die Tulpen oben im Bild sind ein traditionelles Symbol für Reichtum und Eigentum und ergänzen die Bedeutung und den Wert der zehn Münzen und Edelsteine darunter, doch sie mahnen uns auch zur Vorsicht. Sie sind zerbrechlich und sollten sorgsam behandelt werden. (*cm*)

Dies ist die Vollendung der Manifestation. Alles, was möglich war, hat nun Vollendung und Erfüllung gefunden. Dein Leben erstrahlt im Reichtum deiner Errungenschaften. (*ra&wa*)

Der Hinweis dieser Karte auf Wohlstand und Überfluss wird ganz offen zur Schau gestellt durch eine Schatztruhe voller Münzen und durch das Hinzufügen von Edelsteinen, die Familienerbstücke darstellen könnten, impliziert sie zudem auch Erbschaft. Bedeutsam ist auch die Tatsache, dass diese Schatztruhe unverschlossen ist, woraus wir schließen können, dass der Wohlstand, den sie verspricht, nun für dich zugänglich oder zumindest leicht zu erlangen ist. (*jwr*)

Wohlstand

Schlüsselworte: Reichtum und Wohlstand, Erbschaft, Vollendung, Vermächtnis, Geburtsrecht, Gemeinschaft, Freunde und Familie.

Schlüsselworte der Umkehrung: Hohes Alter, Faulheit, Trägheit, Raub, Verlust, Unsicherheit, Ungewissheit, Loyalitätskonflikt.

Beschreibung: Ein Paar Tulpen liegt auf dem Deckel einer Schatztruhe voller Münzen, Juwelen und Ketten. Die Truhe wurde durch einen goldenen Schlüssel geöffnet, der nun gemeinsam mit einer Kette, die die Zeichen des Merkurs und der Jungfrau trägt, auf dem Deckel liegt.

Bedeutung: Diese Karte kann darauf hinweisen, dass du dein Erbe antrittst oder die Sicherheit einer größeren Gruppe, wie Familie, Freunde, Gemeinschaft und Mitarbeiter genießt. Hierbei handelt es sich um langfristige, nicht liquide Investitionen, wie Land, Familienunternehmen oder um ein Geburtsrecht.

Astrologische Entsprechung: Merkur in der Jungfrau.

Gaben: Erfolgreiche Manifestation.

Rat: Anerkenne deine Wurzeln und deine Reichtümer. (*lr*)

> *Die einzige Frage, die sich bei Reichtum stellt, lautet: Was tust du damit?*
> – John D. Rockefeller

DIE HOFKARTEN

Für mich waren die Hofkarten eine besondere Herausforderung. Während die Karten der Arkana sich mit Gegebenheiten und Situationen beschäftigten, geht es bei den Hofkarten um menschliche Charakter- und Persönlichkeitseigenschaften, die mit einer Lesung in Zusammenhang gebracht werden müssen. Diese beinhalten vielleicht verschiedene Eigenschaften, die man in Anführern und Nachfolgern erkennen kann – sie sind entweder aktiv oder reaktiv, extrovertiert oder introvertiert. Allerdings sind dies keine Konstanten; entgegen jeder angeborenen Neigung reagieren wir dennoch oftmals unterschiedlich und den Umständen oder Personen entsprechend, mit denen wir in einer bestimmten Situation interagieren.

Es wäre also eine zu starke Verallgemeinerung, die Hofkarten mit bestimmten starren Charaktereigenschaften auszustatten und es ginge die Flexibilität abhanden, um auch die Feinheiten im Bezug auf eine Lesung mit zu umfassen. Sicherlich haben bestimmte Archetypen ihren festen Platz, aber ich fühle mich unwohl dabei, müsste ich die Hofkarten in einem vorbestimmten Lebensalter oder mit bestimmten physischen Merkmalen darstellen. Dunkle Haut für die Stäbe und helle Haut für die Kelche waren mir einfach zu starke Rollenfestlegungen, auch wenn irgendwann einmal entschieden wurde, dass das eben so sein müsste. Außerdem könnten derartige Charakteristika durchaus auf die Farbgebung in älteren Decks zurückzuführen sein – ein Thema, das ich an früherer Stelle bereits berührt habe.

Also habe ich königliche Familien abgebildet, die im Grunde eher als Richtlinien betrachtet werden sollten, wenn man so will. Sicherlich kann man sie anhand ihrer Kleidung, der generellen Farbgebung und ihrer jeweiligen Umgebung eindeutig ihren jeweiligen Elemente-Farben zuordnen. Doch in ihrer Darstellung und ihrem Ausdruck sind sie bewusst neutraler gehalten und lassen sich durchaus als unterschiedliche Gestalten interpretieren, was dir den Spielraum lässt, ihnen Individualität, Persönlichkeit, Leben und Seele zu verleihen.

Die Pagen, Königinnen und Könige blicken uns direkt an und es bleibt jedem selbst überlassen, ihren Blick zu interpretieren. Was wollen sie und durch ihre Augen wohl sagen? Was denken sie? Angefangen bei formlosen gesellschaftlichen Anlässen bis hin zu offiziellen Bewerbungsgesprächen scannen wir durch den ersten Blickkontakt den Anderen ab, wägen ab und ziehen unsere Schlüsse. Genauso ist es auch hier. Durch ihren direkten Blick kommunizieren und interagieren diese königlichen Familien unmittelbar mit uns. Bleibt allein die Frage, wie wir ihre Blicke zu deuten haben.

Die Könige sind Anführer, motivierende Kraft und mächtige Männer aus sich selbst heraus, sie sind die Urheber von Ideen, Projekten und neuen Ausrichtungen. In der Tat hat ein Großteil dieser Macht und Autorität mit ihrer Position und ihrem Titel zu tun, die durch Symbolik, Rituale und Tradition projiziert und bekräftigt werden. Darum habe ich die Könige in einer gewissen Distanz dargestellt und sie in ihrer königlichen Umgebung abgebildet, die ihren Status erneut bestätigen und die Elemente-Farben in den Zusammenhang ihrer entsprechenden Königreiche stellen.

Die Königinnen sind nicht die absoluten Herrscherinnen ihrer Königreiche, doch mit größter Wahrscheinlichkeit üben sie einen erheblichen Einfluss aus und haben einige Macht über die Entscheidungen bei Hofe. Indem sie ihre Vasallen unterstützen, werden für sie gewisse Dinge erledigt. Und indem sie aus Ideen Wirklichkeit werden lassen, sind sie ohne Zweifel die eigentliche Macht hinter dem Thron. Ihre Macht kommt aus dem Inneren und sie wirken durch diese Macht, ohne dabei auf materielle Verstärkung angewiesen zu sein.

Die Königin der Stäbe blickt uns aus dunklen, schwermütigen Augen an, ihr Gesicht ist kunstvoll mit einem roten Flammenmotiv verziert, das ihre innere Leidenschaft und das Element Feuer ihrer Farbe reflektiert.

Die Königin der Kelche umgibt eine ruhige und gütige Aura. Ihr Haar und die Spitzenbänder wiegen sich sanft in den rhythmischen Strömungen ihres Unterwasserreiches. Goldene Kois schwimmen frei zwischen ihren Händen hindurch.

Die Königin der Schwerter hält einen Fächer, dessen feines Gespinst von miteinander verbundenen Schwertern zusammen gehalten wird. Ein melancholisches Gesicht schaut uns da entgegen. Sie ist überraschend jung, doch ihr stählerner Blick lässt Entschlossenheit und Überzeugung hinter ihren jungen Jahren vermuten.

Die Königin der Münzen steht vor einer großen goldenen Scheibe, die stark der großen Münze aus dem Ass dieser Farbe ähnelt. Ihr Geist manifestiert sich in Form einer goldenen, sich verströmenden Aura, die von ihr ausstrahlt und die Frangipaniblüten ihres erdigen Reiches erhellt.

Die Königin der Stäbe geht zurück auf eine Tänzerin, die ich auf einem Wicca-Festival tanzen sah. Ich habe sie mir sofort als die Königin der Stäbe vorgestellt und sie gebeten, für einige Fotovorlagen zu posieren. Tatsächlich war sie die allererste Karte, die ich für dieses Deck gemalt habe und sie hat den Tenor für den Illustrationsstil vorgegeben. Wie sich herausstellte, war diese Frau irischer und kolumbischer Abstammung – eine faszinierende und ungewöhnliche Mischung eines keltischen und lateinamerikanischen Erbes, aber, wie ich fand, sehr passend für die Königin der Stäbe.

Die jungen Pagen sind Gesandte und Botschafter ihres jeweiligen Hofes. Reich gekleidet in farbige Gewänder, ausgebildet und geprüft in der angemessenen Etikette blicken sie uns feierlich entgegen, wobei jeder von ihnen voller Stolz das Zeichen ihrer oder seiner Farbe trägt.

Der Page der Stäbe blickt uns nicht ganz so direkt an, ist aber nicht weniger entschlossen und trägt stolz den kostbaren Stab. Er nimmt seine Rolle und seine höfischen Pflichten sehr ernst.

Im Pagen der Kelche spiegeln sich – trotz des großspurigen Gewandes und der Kopfbedeckung – ein gewisser Übermut, Köpfchen und ein trickreicher Schwindler.

Der Page der Schwerter ist engelhaft und jugendlich und dennoch sehr ernst, beinahe ein wenig bekümmert.

Der Page der Münzen ist stolz und trotzig. Sie ist ihren männlichen Gegenstücken mehr als gewachsen.

Die Ritter sind ein wenig rätselhafter. Warum haben sie keine Gesichter und was hat das zu bedeuten? Gewiss werden den Rittern in der Tarot-Tradition entsprechende Charaktereigenschaften und Persönlichkeiten zugeschrieben, allerdings kann ich diesen Normen nicht vollkommen zustimmen und habe sie demnach in Frage gestellt. Wer hat ihnen eigentlich diese Charaktereigenschaften zugeschrieben und aus welchen Gründen? In jedem Fall wollte ich mich ihnen auf andere Weise annähern.

Wenn die Könige die Anführer ihrer Farben sind, die Initiatoren von Ideen und neuen Richtungen und die Königinnen diese Ideen in die Tat umsetzen, dann könnten wir die Ritter gewissermaßen als Vollstrecker betrachten, die dafür sorgen, dass den Anweisungen Folge geleistet wird. Wir dürfen auch ihre Rolle in historischen Zusammenhängen nicht außer Acht lassen, die über die übermäßig romantisierten Vorstellungen vom Rittertum der Artus-Legende hinaus gehen. Sie waren kriegerische Männer, die den Nöten und Realitäten ihrer Zeit gerecht werden mussten. Darüber hinaus waren viele von ihnen, vom Blickwinkel eines Söldners aus betrachtet, ihren Lehnsherren treu ergeben. Sie trugen die Wappen derer, die ihren Sold zahlten. Ihre Lanzen standen dem Höchstbietenden zur Verfügung.

Da sie natürlich auch Menschen und Individuen sind, besitzen diese Ritter, wie die meisten uniformierten Personen – ob es sich dabei nun um Soldaten oder Mitglieder eines religiösen Ordens oder sogar einer Sportmannschaft handelt – eigene Persönlichkeiten und Wesenszüge. Doch diese Persönlichkeiten und Wesenszüge sind in gewisser Weise verdeckt und den Werten, Idealen und Merkmalen untergeordnet, die durch die Uniform dieser Ritter symbolisiert werden. In vielen Lebenslagen reagieren wir zunächst auf die Uniform selbst und dadurch steigen Gefühle wie Angst, Respekt, Loyalität usw. in uns auf. Polizisten, Krankenschwestern, Priester oder Soldaten würden wir zunächst immer erst einmal als allgemeine Instanzen betrachten, bevor wir in ihnen, wenn überhaupt, die Individuen sehen, die einfach nur eine Uniform tragen. Damit will ich keinesfalls andeuten, dass die individuelle Persönlichkeit komplett überschattet wird. In jeder Persönlichkeit ist genügend Platz für den guten „Bullen" und den bösen „Bullen", doch diese Eigenschaften stehen erst an zweiter Stelle nach dem ersten symbolischen Eindruck, der durch die Uniform erweckt wird.

Darum habe ich diesen Gedanken auf seine absolute Essenz reduziert. In diesem Fall spiegeln die prachtvollen Helme jeweils die Attribute ihrer jeweiligen Farben und die Loyalität ihnen gegenüber wider. Doch die Individuen, die dahinter stecken, sind zum Großteil verborgen oder verkleidet, ganz wie maskierte Gestalten, und es bleibt uns überlassen, uns eine Vorstellung zu machen und unsere Schlüsse zu ziehen über die Menschen hinter diesen Masken. (*cm*)

PAGE DER STÄBE

Wie jedes kleine Feuer ist auch der Page der Stäbe in der Lage, eine wahre Feuersbrunst in Gang zu setzen. Obschon er noch jung ist, setzt dieser Page Dinge in Bewegung und lässt Dinge geschehen. *(ra&wa)*

Eine weit verbreitete Interpretation für den Pagen der Stäbe ist eine Person, die voller Wagemut, Entschlossenheit und mit dem Enthusiasmus eines „Neulings" in ein neues Abenteuer oder Unterfangen aufbricht. Kurz: Diese Karte erzählt von der Leidenschaft der Jugend und das purpurne Gewand des Kindes, das wir hier sehen, erinnert uns lebhaft an diese Bedeutungsebene. *(jwr)*

Prinzessin der strahlenden Flamme

Schlüsselworte: Impulsiv, kreativ, unverblümt, nervös, unternehmungslustig, unmittelbar, siegreich, dynamisch, theatralisch, glanzvoll, überschwänglich.

Schlüsselworte der Umkehrung: Flatterhaft, zerstreut, überreagierend, voreilig, reizbar, geschwätzig.

Beschreibung: Der Page der Stäbe ist in rote Seide mit einer Goldborte gehüllt. Er hat einen hochmütigen Gesichtsausdruck und trägt ein Paar goldener Drachen auf der Brust, die Embleme seiner Farbe. Das Dreieck des Feuers hängt mit einer Quaste von der Mütze des Kindes herab. Dieser Page bringt dir einen reich verzierten Stab, gekrönt von einem Regenbogenkristall, einem Zeichen für Leidenschaft, Magie, Feuer und Energie. Er ist ein Werkzeug, das uns hilft, unseren Selbstausdruck zu entwickeln und zur Meisterschaft zu führen.

Bedeutung: Der Page der Stäbe fordert dich dazu auf, einzigartige Wege zu ersinnen, um deiner Individualität Ausdruck zu verleihen und dir Beachtung zu verschaffen. Er kann Botschaften von neuen Ideen, von Aufregung und Abenteuer überbringen.

Jahreszeitliche Zuordnung: Sommer. Die Energie des Asses der Stäbe wird durch den Pagen verkörpert, der über die Jahreszeit des Sommers herrscht in den Zeichen Krebs, Löwe und Jungfrau.

Elementare Verbindung: Erde (kalt/bindend und trocken/Gestalt gebend) des Feuers (heiß/trennend und trocken/Gestalt gebend). Der Page der Stäbe entspricht dem erdigen Aspekt des Feuers, die wir als *explosive Kraft* bezeichnen, in der die Sinne den Willen stützen. Erde und Feuer haben die Eigenschaft trocken/Gestalt gebend gemeinsam. Diese beiden Elemente sind neutral unterstützend. Der Page wirkt, indem er die Eigenschaften der Temperatur (heiß/kalt) verändert. Er schenkt einer Sache seine volle Aufmerksamkeit, wendet sich dann ab und kehrt wieder zu ihr zurück. Brotteig und Ton sind Substanzen, die man auf diese Weise bearbeiten und in etwas Neues verwandeln kann.

Gaben: Anziehungskraft.

Rat: Finde heraus, was du unternehmen kannst, um dein inneres Feuer zu nähren. *(lr)*

Die mächtige Flamme folgt auf einen winzigen Funken.
– Dante Alighieri

RITTER DER STÄBE

Der Ritter der Stäbe ist der Quell des Feuers, das Zentrum des Infernos aller Energien dieser Welt. Keine Herausforderung ist zu groß, keine Aufgabe unerfüllbar. (*ra&wa*)

Der Enthusiasmus des Pagen der Stäbe kann sich leicht in die Dreistigkeit und Rücksichtslosigkeit des Ritters verwandeln. Der Ritter der Stäbe verfügt über große Macht, geht allerdings immer noch verantwortungslos damit um, was in diesem Bild durch die Feuersbrunst auf der Erde dargestellt wird. Vielleicht haben die kämpfenden Drachen das Land um sich herum während ihres Streits nachlässig in Brand gesetzt, ungeachtet des Schadens, den sie damit anrichten. (*jwr*)

Fürst der Flamme und des Blitzes

Schlüsselworte: Gesund, vital, großzügig, edel, stark, schnell, voreilig, nach Leidenschaft strebend, rastlos.

Schlüsselworte der Umkehrung: Aufdringlich, unzuverlässig, inkonsequent, besessen, unentschlossen, gelangweilt, scheut Verbindlichkeiten, zu großes Ego.

Beschreibung: Die prächtige Maske des Ritters der Stäbe ist verziert mit einem Paar goldener Drachen auf roten Grund. Grimmige Hörner springen aus den Seiten hervor und lange rote Federn fließen aus der Helmspitze. Der Wald scheint in Flammen zu stehen, während im Vordergrund zwei Drachen miteinander kämpfen.

Bedeutung: Der Ritter der Stäbe verzichtet auf sein Streben nach Ruhm und Ehre. Er trägt mit Charisma, Energie und Enthusiasmus zum *Traumerbe*-Projekt bei. Wohin der Ritter der Stäbe auch geht, die Menschen werden ihm folgen. Er ist selbstbewusst, sogar ungestüm; er zögert nicht.

Astrologische Entsprechung: Das letzte Drittel des Skorpions durch die ersten zwei Drittel des Schützen (Tod/Mäßigkeit). Der Skorpion ist lebhaft, anziehend, leidenschaftlich, sexuell und liebt die Extreme. Der Skorpion kann auch obsessiv, rachsüchtig, eifersüchtig, gehässig, unversöhnlich und selbstzerstörerisch sein.

Der Schütze ist abenteuerlustig, ein Freigeist, enthusiastisch, freiheitsliebend, nach Wahrheit strebend, philosophisch, optimistisch und humorvoll. Der Schütze kann auch unorganisiert, zögernd, taktlos und ein intellektueller Wichtigtuer sein und neigt zur Übertreibung.

Elementare Verbindung: Feuer (heiß/trennend und trocken/Gestalt gebend) des Feuers. Der Ritter der Stäbe entspricht dem feurigen Aspekt des Feuers. Feuer nährt sich selbst und brennt noch heller. Diese Kombination wird auch als *dynamische Kraft* bezeichnet, wo der Wille den Willen stärkt.

Gaben: Begehren, Enthusiasmus.

Rat: Suche nach Erlebnissen, die dir ein Gefühl von Lebendigkeit vermitteln. (*lr*)

Frisches Handeln ist das einzige Mittel gegen Trübsal.
– Johann Wolfgang von Goethe

Selbstbewusstsein ist die oberste Voraussetzung für große Unterfangen.
– Samuel Johnson

KÖNIGIN DER STÄBE

Das Feuer der Königin der Stäbe glüht in ihrer tiefen Sehnsucht. Sie besitzt die Macht, dir deine tiefsten Wünsche zu erfüllen oder sie zu zerstören, wenn du ihr in die Quere kommst. Sie macht niemals eine Sache nur halb und sie weiß, was es heißt, wahrhaftig lebendig zu sein. (*ra&wa*)

Bisher habe ich die Königin der Stäbe eher als positiven und fröhlichen Charakter betrachtet. Diese Eigenschaften kann ich durchaus auch in der Königin des *Traumerbe*-Tarots erkennen, doch deutlicher vermittelt sie mir den Eindruck, als wollte sie sagen: „Kommt mir nicht in die Quere, Jungs!" Diese Königin ist eine unabhängige Seele, die will, dass die Dinge sich nach ihren Vorstellungen gestalten. Wenn du dich ihr gegenüber anständig verhältst, kannst du vielleicht ihr Vertrauen gewinnen, doch wenn nicht, machst du sie zur ewigen Feindin und dann möge Gott dir beistehen! (*jwr*)

Königin des Flammenthrons

Schlüsselworte: Kompetent, gebieterisch, großzügig, selbstverwaltet, dramatisch, optimistisch, Künstlerin, Autorität.

Schlüsselworte der Umkehrung: Heuchler, tyrannisch, desorganisiert, flatterhaft, nervös, hart, beurteilend.

Beschreibung: Die Königin der Stäbe hält inne in ihrem Tanz, um dich zu beobachten. Sie trägt ein seidenes Kleid mit einem hauchdünnen schwarzen Schleier. Ihr Haar ist kunstvoll hochgesteckt und ihre Zöpfe schwingen hin und her, wenn sie sich bewegt. Ihre Gesichtsbemalung sieht aus wie rote Flammen.

Bedeutung: Die Königin der Stäbe fördert Unabhängigkeit und Selbstausdruck. Sie fordert dich auf verbindlich, leidenschaftlich und schöpferisch zu sein und nichts zurück zu halten.

Astrologische Entsprechung: Das letzte Drittel der Fische durch die ersten beiden Drittel des Widders (Mond/Herrscher). Die Fische sind einfühlsam, intuitiv, selbstlos, übersinnlich, mitfühlend, sanft, einfallsreich und formbar. Fische können auch unrealistisch, schüchtern, unterwürfig, suchtgefährdet, klammernd, betrügerisch, lethargisch und geheimniskrämerisch sein. Der Widder ist aktiv, durchsetzungsfähig, unabhängig, mutig, direkt und individualistisch. Der Widder kann auch egozentrisch, unbedacht, ungeduldig und kurzsichtig sein.

Elementare Verbindung: Wasser (kalt/bindend und feucht/sich anpassend) des Feuers (heiß/trennend und trocken/Gestalt gebend). Die Königin der Stäbe entspricht dem Wasseraspekt des Feuers. Wasser und Feuer haben keine Eigenschaften gemeinsam, sie mögen einander nicht und schwächen sich gegenseitig. Das kann ein Gefühl inneren Konflikts, der Widersprüchlichkeit oder des sich selbst im Wege Stehens zur Folge haben. Die Welt ist nicht immer bereit für eine stolze, dominante Frau. Die Kombination wird als *beständige Kraft* bezeichnet, wobei die Emotionen den Willen transformieren. Die Königin der Stäbe muss Gegensätze miteinander versöhnen, was sich als sehr machtvoll erweisen kann, wenn es perfekt umgesetzt wird.

Gaben: Gebieterische Erscheinung, Leidenschaft.

Rat: Fühle dich ermächtigt und hilf dabei, Andere zu ermächtigen. (*lr*)

Wenn es keine Leidenschaft in deinem Leben gibt,
hast du dann jemals wahrhaftig gelebt?
Finde deine Leidenschaft, wie auch immer sie aussehen mag.
Fülle sie aus und lasse dich von ihr erfüllen und du wirst feststellen,
dass großartige Dinge FÜR dich geschehen,
dass sie DIR geschehen und WEGEN dir geschehen.
– T. Allan Armstrong

KÖNIG DER STÄBE

Der König der Stäbe ist der Herr des Feuers. Obgleich es seinem Befehl unterliegt und er es benutzen kann, wie er es für richtig hält, so verehrt er es dennoch an seinem Altar und maßt sich nichts an. Indem er seinen Willen trainiert hat, hat er zu einem Gleichgewicht mit der Sprunghaftigkeit des Feuers gefunden. (*ra&wa*)

Dieser König ist ein echter Anführer, wie wir aus dem strahlenden Zepter schließen können, das er in der Hand hält. Er steht vermutlich im Eingang zu seinem Thronsaal und bewacht möglicherweise den Eingang (d.h. Zugang) zu dieser Macht. Bemerkenswert ist auch, dass es sich bei dem Feuer im unteren Teil der König der Stäbe Karte um ein zurückhaltendes, vielleicht zeremonielles Feuer handelt, das im Gegensatz zu der außer Kontrolle geratenen Feuersbrunst aus dem Ritter der Stäbe steht. (*jwr*)

Prinz des Feuerwagens

Schlüsselworte: Rasant, heftig, Unternehmer, eigensinnig, Selbststarter, wagemutig, idealistisch, tatkräftig, motiviert, großzügig, impulsiv, ehrgeizig, forsch, visionär, durch eigene Kraft empor gekommen.

Schlüsselworte der Umkehrung: Selbstsüchtig, machthungrig, intolerant, von Begehren getrieben, impulsiv, jähzornig, launisch, ungeduldig, tollkühn.

Beschreibung: Der König der Stäbe, in ein rotes Gewand gekleidet, blickt auf einen Feueraltar in seinem tempelartigen Thronsaal. Er hält das Instrument seines Amtes, einen glühenden Stab, in der linken Hand. Er steht vor einem Paar schwarzer Banner, die mit roten Drachen bestickt sind.

Bedeutung: Der König der Stäbe erhält die Macht des Feuers aufrecht. Dies ist das Königreich der Sehnsüchte, des schlechten Rufs und der zahlenmäßigen Überlegenheit. Er ist der geborene Anführer und liebt es, im Rampenlicht zu stehen. Der König ist ein Löwe und damit charismatisch und einflussreich. Diese Eigenschaften werden durch den nährenden und beschützenden Krebs abgemildert.

Astrologische Entsprechung: Das letzte Drittel des Krebses durch die ersten beiden Drittel des Löwen (Wagen/Stärke). Der Krebs ist emotional, nährend, sensibel, unterstützend, beschützend und häuslich. Der Krebs kann auch co-abhängig, scharfsinnig, defensiv, unsicher, deprimiert und nervös sein. Der Löwe ist stolz, dramatisch, hoheitsvoll, unterhaltsam, charismatisch und glamourös. Der Löwe kann auch großspurig, dogmatisch, ausbeuterisch, beherrschend und ein Aufschneider sein.

Elementare Verbindung: Luft (heiß/trennend und feucht/sich anpassend) des Feuers (heiß/trennend und trocken/Gestalt gebend). Der König der Stäbe entspricht dem luftigen Aspekt des Feuers, der auch als *rasante Kraft* bezeichnet wird und in dem der Intellekt den Willen stärkt. Er steht für idealistische Leidenschaft. Luft und Feuer teilen sich die Eigenschaften der Hitze, die auch mit Leidenschaft, Aufmerksamkeit und Urteilsvermögen assoziiert wird. Der König der Stäbe ruft Veränderungen herbei, indem er aktiv den Feuchtegehalt (feucht/trocken) beeinflusst. Das ist wie ein Wechsel zwischen Krafttraining und Flexibilität.

Gaben: Führerschaft, Selbstbewusstsein.
Rat: Wer nicht wagt, der nicht gewinnt. (*lr*)

> *Der Mut eines großen Führers, für seine Vision zu leben,*
> *rührt aus der Leidenschaft, nicht aus seiner Position.*
> – John Maxwell

PAGE DER KELCHE

Mit seinem geraden Blick sieht der sensible Page der Kelche Dinge in dir, die Andere nicht sehen können, und versteht. (*ra&wa*)

Unter den traditionellen Deutungen dieser Karte finden sich jugendliche Vorstellungskraft, emotionale Naivität und die Entdeckung oder der Beginn einer romantischen Beziehung. Jede dieser Bedeutungen lässt sich von dem Kind auf dieser Karte ableiten. Sein Ausdruck ist offen und unschuldig und er hält seinen Kelch mit graziler Ehrfurcht. (*jwr*)

Prinzessin des Wassers und des Lotus

Schlüsselworte: Anmut, poetisch, sanft, gütig, verträumt, romantisch.

Schlüsselworte der Umkehrung: Eifersüchtig, melancholisch, exzessive Fantasie, launisch, zu emotional, zügellos, egoistisch.

Beschreibung: Der Page der Kelche überbringt dir das magische Werkzeug des Kelches, ein Gefäß, das ein Behälter für Emotionen und die Intuition darstellt. Er ist in goldene Seide gewandet und smaragdgrüne Muscheln zieren sein Hemd. Um den Hals trägt er eine Kette mit dem nach unten weisenden Dreieck für das Wasser, das Element der Kelche.

Bedeutung: Der Page der Kelche fordert dich dazu auf, auf deine Träume und inneren Stimmen zu achten. Hier sind Beziehungen, gleich ob romantischer oder gesellschaftlicher Art, von großer Bedeutung. Der Page der Kelche kann Einladungen zu Partys, Liebesbriefe oder vertrauliche Informationen überbringen.

Jahreszeitliche Zuordnung: Herbst. Die Energie des Asses der Kelche wirkt durch den Pagen der Kelche, der über die Jahreszeit des Herbstes durch die Zeichen Waage, Skorpion und Schütze herrscht.

Elementare Verbindung: Erde (kalt/bindend und trocken/Gestalt gebend) des Wassers (kalt/bindend und feucht/sich anpassend). Der Page der Kelche entspricht dem erdigen Aspekt des Wassers, der Sachlichkeit der Emotionen. Diese Verbindung nennt man auch *erfindungsreiche Kraft*, in der die Sinne die Emotionen stärken. Erde und Wasser haben die Eigenschaft von kalt/bindend gemeinsam. Die Elemente sind einander passiv freundlich gesinnt und unterstützen einander. Der Page der Kelche bringt Veränderung durch das Manipulieren des Feuchtegehalts (feucht/trocken). Etwas wird geformt, dann in Ruhe gelassen und weiter bearbeitet.

Gaben: Sanftmut, dichterische Freiheit.

Rat: Erlaube dir, die leisen Freuden zu genießen. (*lr*)

> *Es heißt, Träume seien das Fenster der Seele –*
> *erhasche einen Blick auf sie und du wirst das innere Wirken,*
> *die Schrauben und Bolzen erkennen.*
> – Henry Bromell, Northern Exposure, „The Big Kiss", 1991

RITTER DER KELCHE

Der Ritter der Kelche weckt das Herz durch die Mächte des Wassers, durch die Energien von Wellen und Strömungen. Er ist der Herr der tiefen inneren Plätze in jedem von uns und der Verfechter unserer Geheimnisse. (*ra&wa*)

Der Ritter der Kelche kann dynamisch und temperamentvoll sein oder aber er ist ein Träumer und Visionär, doch wie alle Ritter im Tarot kann auch er zuweilen einmal über die Stränge schlagen. Auf dem Bild, das wir hier vor uns haben, taucht der Helm des Ritters ins Wasser, woraus wir schließen könnten, dass er über seinen Kopf in eine emotionale Situation eintaucht oder aber sich erlaubt hat, sich allzu sehr seinen Fantasien hinzugeben. (*jwr*)

Fürst der Wellen und Wasser

Schlüsselworte: Liebhaber, introspektiv, raffiniert, sensibel, charmant, warmherzig, emotionale Wärme, Flirt, guter Zuhörer, liebt es zu kommunizieren, einnehmende Persönlichkeit.

Schlüsselworte der Umkehrung: Charmant aber manipulativ, oberflächlich, „lieben und fallen lassen", hat Angst vor emotionaler Bindung und Tiefe, äußerlich liebenswert, jedoch nicht aufrichtig, falsch, desinteressiert.

Beschreibung: Die Maske des Ritters der Kelche erhebt sich aus dem Meer und verursacht dadurch eine riesige Welle. Sie ist aus heller Bronze und smaragdgrün und mit zwei Kois verziert, die für Liebe und Freundschaft stehen. Die Tiefen des Ozeans werden von einem Paar Teufelsrochen bewohnt, die für Fließenkönnen und emotionale Lebendigkeit stehen.

Bedeutung: Der Ritter der Kelche verzichtet auf seine Suche nach dem tieferen Sinn. Für das *Traumerbe*-Projekt macht er das Reich des Unterbewussten zugänglich. Er bringt Kontemplation, Besonnenheit und bedeutsame Beziehungen.

Astrologische Entsprechung: Das letzte Drittel des Wassermanns durch die ersten beiden Drittel der Fische (Stern/Mond). Der Wassermann ist sozial, gewissenhaft, menschenfreundlich, individualistisch, intellektuell, unorthodox, freundlich, fortschrittlich und freiheitsliebend. Der Wassermann kann aber auch eitel, fanatisch, exzentrisch, pervers, abgehoben, konträr, nachtragend und gefühlskalt sein. Die Fische sind einfühlsam, intuitiv, selbstlos, übersinnlich, mitfühlend, sanft, einfallsreich und formbar. Fische können auch unrealistisch, schüchtern, unterwürfig, suchtgefährdet, klammernd, betrügerisch, lethargisch und geheimniskrämerisch sein.

Elementare Verbindung: Feuer (heiß/trennend und trocken/Gestalt gebend) des Wassers (kalt/bindend und feucht/sich anpassend). Der Ritter der Kelche steht für den feurigen Aspekt des Wassers, den wir als *schöpferische Kraft* bezeichnen und in dem der Wille den Emotionen unterworfen ist. Wasser und Feuer haben keine Eigenschaften gemeinsam und schwächen einander. Dadurch entsteht Unbehagen; seine Sensibilität findet in einer Welt, in der Macht und Dominanz respektiert werden, vielleicht keine Wertschätzung.

Gaben: Einfühlungsvermögen, Charme.

Rat: Bleibe in Kontakt mit deinen innigsten Motivationen. (*lr*)

> *Liebe und Sehnsucht sind die Schwingen des Geistes zu großen Taten.*
> – Johann Wolfgang von Goethe

KÖNIGIN DER KELCHE

Die dem Sternzeichen Krebs zugeordnete Königin der Kelche herrscht über den Ozean unserer Gefühle, Fantasien und veränderter Wahrnehmungszustände. Kostbare Perlen schmücken sie wie sanft leuchtende Monde. Mit einer einzigen fließenden Bewegung schickt sie ihre geliebten Kois hinfort, Abgesandte der Tapferkeit und des Glücks. *(ra&wa)*

Die Königin der Kelche des *Traumerbe*-Tarots begegnet uns unter Wasser, wo sie behaglich in ihrer Unterwasserumgebung lebt (vielleicht wie eine Meerjungfrau), woraus wir schließen können, dass sie in emotionalen Situationen gelassen bleibt und von Natur aus sensibel und einfühlsam ist. Ihre Kleidung ist mit Perlen bestickt, die traditionell mit verborgenem Wissen und esoterischer Weisheit in Verbindung gebracht werden. *(jwr)*

Königin der Wasserthrone

Schlüsselworte: Bedächtig, fürsorglich, nährend, praktisch, charmant, großherzig, ehrlich, schüchtern, verträumt, übersinnlich, empathisch.

Schlüsselworte der Umkehrung: Oberflächlich, nach Status strebend, ist nur auf Geld aus, äußerst materialistisch, nicht geerdet, falsch, gibt vor wichtige Personen zu kennen.

Beschreibung: In ihrem Unterwasserpalast spielt die Königin der Kelche mit ihren Kois. Alles an ihr bewegt sich und fließt mit der Strömung. Sie ist reich mit Perlen verziert, trägt sie um den Hals, auf dem Kopf und auf ihrem Tuch. Ihr transparentes Seidengewand erinnert an Seetang.

Bedeutung: Die Königin der Kelche stärkt die Intuition und hat ein gutes Gespür für den Gefühlszustand anderer Menschen. Sie hilft den Menschen dabei, mit den subtilen Strömungen des Lebensflusses in Kontakt zu kommen. Sie berät in Beziehungsfragen, bei Kompromissen und bei der Raumgestaltung.

Astrologische Entsprechung: Das letzte Drittel der Zwillinge durch die ersten beiden Drittel des Krebses (Liebende/Wagen). Der Zwilling ist pfiffig, gesellig, modern, lustig, flexibel und neugierig. Der Zwilling kann auch wankelmütig, für Andere kraftraubend, nervös, angespannt und ein Chamäleon sein. Der Krebs ist emotional, nährend, sensibel, unterstützend, beschützend und häuslich. Der Krebs kann auch co-abhängig, scharfsinnig, defensiv, unsicher, deprimiert und nervös sein.

Elementare Verbindung: Wasser (kalt/bindend und feucht/sich anpassend) des Wassers. Die Königin der Kelche entspricht dem Wasseraspekt des Wassers, den wir als *spiegelnde Kraft* bezeichnen und in dem die Emotionen die Emotionen stärken. Wasser verbindet sich mit Wasser, es stärkt und unterstützt sich selbst.

Gaben: Einfühlungsvermögen, Verbindung und Selbstvollendung.

Rat: Bleib im Fluss. *(lr)*

Wenn du deinem Leben Sinn verleihen willst,
dann gib dich der Liebe zu Anderen hin,
verschreibe dich der Gemeinschaft, die dich umgibt und sei entschlossen,
etwas zu erschaffen, das dir Sinnhaftigkeit und Bedeutung schenkt.
– Mitch Albom

KÖNIG DER KELCHE

Der König der Kelche betritt seine große goldene Halle und steht vor dem Wahrsagebecken, das die Weisheit eines jeden Herzens zu offenbaren vermag. Dies ist das Zentrum aller heiligen Plätze. Mit tiefem Mitgefühl weiß er um die Verfassung eines Menschen und verleiht ihm die Macht und die Sicherheit, zu lieben. (*ra&wa*)

Die Farbe der Kelche steht im Zusammenhang mit Emotionen und der König dieses Reiches zieht es vor, sie zu kontrollieren oder zumindest über den emotionalen Schlachten zu stehen, die ihn von Zeit zu Zeit umgeben. Auf mich wirkt dieser König auch eher diplomatisch als gebieterisch, mehr philosophisch als pragmatisch und mehr feinsinnig als energisch. In seinem Schattenaspekt kann er auch verschlossen und grüblerisch sein. In der *Traumerbe*-Version dieser Karte sieht er aus wie eine ältere Ausgabe seines Pagen, obschon die Jahre ihn ein wenig erschöpft und verbittert gemacht haben mögen. (*jwr*)

Prinz des Wagens der Wasser

Schlüsselworte: Bedingungslose Liebe, guter Vater, nährend, diplomatisch, gütig, sensibel, verlässlich, großzügig, weltlich, geachtet, einfühlsam, launisch, emotional, liebt sein Zuhause, besonnen, sanft, beschützend.

Schlüsselworte der Umkehrung: Emotionale Ausraster, verwöhnt und unterdrückt seine Lieben, klammernd, rührselig, sentimental, starker Trinker, eifersüchtig, verbirgt seine Gefühle, egoistisch, falsch, griesgrämig, mürrisch.

Beschreibung: In seinem Wasserpalast reflektiert der König der Kelche in der Einsamkeit und blickt auf ein widerspiegelndes Becken. Er ist in Gold und Blau gekleidet und trägt Nautilusmuscheln auf den Schultern. Seinen Kelch hält er mit beiden Händen fest. Hinter dem König befinden sich drei Paare von Muschelsäulen mit dem Symbol für Wasser und jede Säule ist von einem Seepferdchen gekrönt. Das männliche Seepferdchen trägt seine Jungen und brütet sie aus.

Bedeutung: Irgendwie schafft es der König der Kelche, über die tiefen, dunklen Orte zu herrschen, die Andere meiden und umgehen. Seine Arbeit verrichtet er stets allein. Seine scharfen Sinne sind ausgezeichnet entwickelt und der König weiß über Alles Bescheid, was in seinem Königreich des Unterbewussten vor sich geht. Eine der Funktionen des Königs der Kelche besteht darin, dass er dir helfen kann, Dinge los zu lassen.

Astrologische Entsprechung: Das letzte Drittel der Waage durch die ersten zwei Drittel des Skorpions (Gerechtigkeit/Tod). Die Waage ist diplomatisch, ausgeglichen, objektiv, vermittelnd und kooperativ. Die Waage kann auch unzufrieden, unbestimmt, unselbständig, unentschlossen und distanziert sein sowie mangelndes Selbstvertrauen besitzen. Der Skorpion ist lebhaft, anziehend, leidenschaftlich, sexuell und liebt die Extreme. Der Skorpion kann auch obsessiv, rachsüchtig, eifersüchtig, gehässig, unversöhnlich und selbstzerstörerisch sein.

Elementare Verbindung: Luft (heiß/trennend und feucht/sich anpassend) des Wassers (kalt/bindend und feucht/sich anpassend). Der König der Kelche entspricht dem luftigen Aspekt des Wassers, den man als *starke Kraft* bezeichnet und in dem der Intellekt die Emotionen unterstützt. Luft und Wasser teilen sich die Eigenschaft der Feuchtigkeit und Anpassungsfähigkeit. Der König der Kelche agiert, indem er die Temperatur beeinflusst (heiß/kalt). Er macht sich die Dinge gefügig, indem er sie auseinander nimmt und wieder zusammensetzt.

Gaben: Ausgeprägte Intuition, beschützende und beruhigende väterliche Präsenz.

Rat: Verbringe Zeit in deinen Träumen. (*lr*)

> *Unser Leben setzt sich zu einem Großteil aus unseren Träumen,*
> *aus unserem Unterbewussten zusammen und*
> *wir müssen sie mit Taten in Verbindung bringen.*
> *Sie müssen miteinander verwoben werden.*
> – Anais Nin

PAGE DER SCHWERTER

Jung und doch kühl und ruhig ist der Page der Schwerter der Ministrant der Geisteskraft und wird im Laufe der Zeit zu einem eindrucksvollen Mann heranwachsen. (*ra&wa*)

Diese Karte weist auf eine Person mit einem wachen Geist hin, die permanent aus neuen (und manchmal schwierigen) Situationen lernt. Es ist interessant, dass wir im Pagen der Schwerter des *Traumerbe*-Tarots einen Jüngling sehen, der uns zwei gekreuzte Schwerter darbietet, vielleicht in Anlehnung an die Karte der Zwei der Schwerter mit ihren Implikationen Unentschlossenheit, Kompromiss und Stillstand. (*jwr*)

Prinzessin der tosenden Winde — Lotus des Palastes der Luft

Schlüsselworte: Schüler, geistig aktiv, energische Kommunikation, deklarierend, Bildung.

Schlüsselworte der Umkehrung: Selbstkritisch, schlechter Schüler, unbeugsam, rebellisch, unsicher, verschwenderisch, mitleiderregend.

Beschreibung: Der Page der Schwerter ist in himmelblaue Seide gekleidet. Er trägt einen hohen Kragen. Seine blaue Kopfbedeckung ist mit einem Paar weißer Federn und dem alchemistischen Zeichen für Luft verziert. Der Page der Schwerter ist stets zu deinen Diensten und bietet dir ein Paar gekreuzter Dolche dar, einen silbernen und einen goldenen. Diese implizieren Aufrichtigkeit, Logik, Präzision und Urteilsvermögen.

Bedeutung: Der Page der Schwerter fordert dich auf, deinen analytischen Verstand zu schleifen und nach Unfehlbarkeit zu streben. Er kann Botschaften von weit her überbringen, die wissenschaftliche oder rechtliche Angelegenheiten betreffen.

Jahreszeitliche Zuordnung: Winter. Die Energie des Asses der Schwerter wirkt durch den Pagen der Schwerter, der über die Jahreszeit des Winters herrscht durch die Zeichen des Steinbocks, des Wassermannes und der Fische.

Elementare Verbindung: Erde (kalt/bindend und trocken/Gestalt gebend) der Luft (heiß/trennend und feucht/sich anpassend). Der Page der Schwerter entspricht dem erdigen Aspekt der Luft, der auch als *rächende Kraft* bezeichnet wird, in der die Sinne dem Intellekt untergeordnet sind. Erde und Luft haben keine gemeinsamen Eigenschaften, sie mögen sich nicht und schwächen einander. Dadurch entstehen für den Pagen der Schwerter Schwierigkeiten und seine Aufgabe besteht darin, die praktischen Anwendungen von Ideen zu entdecken.

Gaben: Urteilsvermögen.

Rat: Sprich deine Wahrheit aus. (*lr*)

> *Die Quelle und die Wurzel von Aufrichtigkeit und Tugend*
> *liegen in einer guten Ausbildung.*
> – Plutarch, *Moralis*

> *Ich gehöre zu den Menschen, die in der Wissenschaft eine großartige Schönheit entdecken.*
> *Ein Wissenschaftler in seinem Labor ist nicht einfach nur ein Techniker:*
> *Er ist auch ein Kind, dem ein natürliches Phänomen vorgesetzt wird,*
> *das ihn ebenso fasziniert wie ein Märchen.*
> – Marie Curie

RITTER DER SCHWERTER

Der Ritter der Schwerter erweckt den Sturm in seiner Person als Verfechter des Geistes. Seine Gedanken sind wie Raubvögel, scharf und gefährlich. (*ra&wa*)

Wenn wir nach der Bedeutung dieser Karte suchen, kann uns vor allem der Tornado im Hintergrund einiges enthüllen. Dieser Ritter kann ein idealistischer Kreuzfahrer für irgendein Ideal sein, aber er kann auch schwärmerisch sein und, wie ein Tornado, gleichsam machtvoll sowie unberechenbar und launisch. Darüber hinaus kann er jeder Diskussion einen gewissen Dreh geben, weil er einem Wortspiel Bedeutung beimisst. Außerdem implizieren die hier abgebildeten Falken, dass sich dieser Ritter in seinem Umgang mit Anderen durchaus räuberisch und habgierig gebaren kann. (*jwr*)

Fürst der Winde und Brisen

Schlüsselworte: Ritter in glänzender Rüstung, scharfer Verstand, setzt sich energisch für seine Überzeugungen ein, idealistisch, grimmig, analytisch, clever.

Schlüsselworte der Umkehrung: Aufdringlich, aggressiv, unzufrieden, Unruhestifter, hinterlistig, Aktivist, Protestler, Aufwiegler.

Beschreibung: Die silberne Maske des Ritters der Schwerter ist reich verziert. Sie wird von einer scharfen Lilie gekrönt, elegante Schwingen streben aus ihren Seiten hervor und eine Federquaste hängt herab. Zwei Raubvögel – ein Adler und ein Falke – schweben hoch oben in der Luft. Der Adler verkörpert den Scharfsinn, die Souveränität und das Urteilsvermögen des Ritters. Der Falke ist ein Symbol für die Seele (*ba* im Altägyptischen). In der Ferne ist ein Tornado zu erkennen.

Bedeutung: Der Ritter der Schwerter verzichtet auf sein intellektuelles Streben, um das *Traumerbe*-Projekt zu unterstützen. Er ist schnell, durchsetzungsfähig und ein strategischer Meister. Von allen Rittern ist er der Verfechter der Gerechtigkeit.

Astrologische Entsprechung: Das letzte Drittel des Stiers durch die ersten beiden Drittel der Zwillinge (Glaube/Liebende). Der Stier ist vernünftig, verlässlich, geerdet und verantwortungsvoll. Der Stier kann auch schwerfällig, halsstarrig, faul und maßlos sein. Der Zwilling ist pfiffig, gesellig, modern, lustig, flexibel und neugierig. Der Zwilling kann auch wankelmütig, für Andere kraftraubend, nervös, angespannt und ein Chamäleon sein.

Elementare Verbindung: Feuer (heiß/trennend und trocken/Gestalt gebend) der Luft (heiß/trennend und feucht/sich anpassend). Der Ritter der Schwerter entspricht dem feurigen Aspekt der Luft, die auch als *unbeständige Kraft* bezeichnet wird, in der der Wille den Intellekt stärkt. Feuer und Luft sind beide heiß. Der Ritter verleiht Allem, was er tut, Enthusiasmus und Intensität und ist ein Verfechter leidenschaftlicher Ideen. Um zu handeln und zu erschaffen, manipuliert er die Eigenschaft des Feuchtegehalts (feucht/trocken). Er formalisiert seine Ideen, inspiziert sie, probiert sie aus und formt sie dann neu, wieder und wieder.

Gaben: Idealismus.

Rat: Stehe ein für das, woran du glaubst. (*lr*)

> *Wahrer Mut ist nicht die brachiale Gewalt vulgärer Helden,*
> *sondern die feste Entschlossenheit von Tugend und Vernunft.*
> – Whitehead

KÖNIGIN DER SCHWERTER

Die Königin der Schwerter ist verführerisch ohne Affektiertheit, allerdings eindeutig tödlich und man sollte sich ihr nur mit äußerster Vorsicht nähern. Sie ist überaus scharfsinnig und durchschaut dich sofort. Wird ihr wohl gefallen, was sie da sieht und wird sie dich willkommen heißen? Oder eher nicht? (*ra&wa*)

Die Königin der Schwerter aus dem *Traumerbe*-Tarot erweckt den Eindruck einer Femme fatale wie Mata Hari oder aber einer skrupellosen Person, die hinter den Kulissen wirkt, wie Lady Macbeth. Wir dürfen sie also als eine Frau betrachten, die bekommt, was sie will, indem sie ihre Netze auf subtilen und verborgenen Ebenen webt. Interessant ist dieser verführerische Fächer, den sie aus Miniaturschwertern hergestellt hat. Allerdings könnte dieser „Schwertfächer" eine Maske oder aber einen Schutz darstellen, der einher geht mit einem scharfen Verstand, der vielleicht aus Gram, Kummer oder Verlust geboren wurde. (*jwr*)

Königin der luftigen Throne

Schlüsselworte: Klug, scharfzüngig, streng, dominant, umsichtig, intelligent, analytisch, gerecht, Unabhängigkeit, scharfsinnig, mitfühlend, scharfe Beobachterin, ausgeprägte Individualistin, Rationalität, selbstbewusst, genau, gnädig, schnell, akkurat.

Schlüsselworte der Umkehrung: Verbittert, hinterhältig, eifersüchtig, spröde, fordernd, einschüchternd, aufdringlich, defensiv, misstrauisch, intolerant, geschwätzig, falsch, durchtrieben, grausam, unverlässlich, kalt, unversöhnlich.

Beschreibung: Schweigend hält die Königin der Schwerter einen Fächer aus Klingen in der rechten Hand. Ihre Tribal Tattoos ähneln ebenfalls Klingen. Ihr Haar trägt sie zurückgesteckt und sorgfältig geflochten. Im Hintergrund sind ein großes Schwert und Vogelschwingen zu erkennen, Sinnbilder für das Element Luft.

Bedeutung: Die Königin der Schwerter ähnelt am stärksten der Gerechtigkeit, doch ihr Rat steht eher in Zusammenhang mit der Absicht als der Rechtssprechung. Mit kühler Präzision nährt sie geistige Weiterentwicklung, Unabhängigkeit und Scharfsinn. Von ihr bekommt man guten Rat, wenn es um Entscheidungsfindung, rechtliche Angelegenheiten und Streitschlichtung geht.

Astrologische Entsprechung: Das letzte Drittel der Jungfrau durch die ersten beiden Drittel der Waage (Eremit/Gerechtigkeit). Die Jungfrau ist effizient, analytisch, bescheiden, umsichtig, organisiert und hilfsbereit und hat ein Auge für Details. Die Jungfrau kann auch eine nörgelnde Nervensäge, ein Angsthase, ein Perfektionist und ein Hypochonder sein. Die Waage ist diplomatisch, ausgeglichen, objektiv, vermittelnd und kooperativ. Die Waage kann auch unzufrieden, unbestimmt, unselbständig, unentschlossen und distanziert sein sowie mangelndes Selbstvertrauen besitzen.

Elementare Verbindung: Wasser (kalt/bindend und feucht/sich anpassend) der Luft (heiß/trennend und feucht/sich anpassend). Die Königin der Schwerter entspricht dem Wasseraspekt der Luft, der als *strenge Kraft* bezeichnet wird und in dem die Emotionen den Intellekt unterstützen. Wasser und Luft haben die Eigenschaft der Feuchtigkeit und der Anpassung gemeinsam. Sie stehen einander neutral gegenüber und unterstützen sich gegenseitig. Die Königin der Schwerter agiert und erschafft, indem sie die Eigenschaften der Hitze manipuliert. Sie besitzt die Macht, Dinge zusammen zu führen, um sie dann wieder zu trennen, passt sich mit Hilfe ihrer Intelligenz und ihrer Gaben der scharfen Beobachtung und des mitfühlenden, wenn auch unparteiischen, Analysierens an die sich wandelnden Notwendigkeiten an.

Gaben: Entschlossenheit, Perspektive, Fairness.

Rat: Lasse deine Erfahrungen in deine Entscheidungen mit einfließen. (*lr*)

> *Es ist der Geist und nicht die äußere Form des Gesetzes,*
> *das die Gerechtigkeit am Leben erhält.*
> – Earl Warren

KÖNIG DER SCHWERTER

Der König der Schwerter ist eine glanzvolle und inspirierende Erscheinung. Er ist das Superhirn des Tarots, blickt aus der höchsten Perspektive und besitzt die größte Autorität. Sein Wort ist Gesetz, sein Urteil wird nicht angezweifelt und sein Fachwissen nicht in Frage gestellt. *(ra&wa)*

Während die Königin der Schwerter die *Menschen* durchschaut, so liegt die Macht des Königs in seiner Gabe, *Dinge* zu durchschauen. Er ist eine unvergleichliche Autoritätsfigur und seiner Darstellung im *Traumerbe*-Tarot nach zu urteilen, wo er in resoluter Haltung dasteht und Schwingen aus Stahl besitzt, ist dieser König eine Personifizierung der Maxime „Wissen ist Macht." Zwar reflektiert dieses Sprichwort die Vorteile von Bildung, doch man kann es auch als eine Rechtfertigung dafür betrachten, eifersüchtig Informationen zu horten, was dem König eine gewisse Kälte und Kompromisslosigkeit verleiht. *(jwr)*

Prinz des Wagens der Winde

Schlüsselworte: Fair, gerecht, gebildet, Experte, ernst, humanistisch, belesen, zielorientiert, menschenfreundlich.

Schlüsselworte der Umkehrung: Ernst, streng, grausam, misstrauisch, berechnend, rachsüchtig, unbeugsam, übertrieben kritisch.

Beschreibung: Der König der Schwerter ist ganz in Blau gekleidet und steht auf seinem erhabenen Thron hoch in den Lüften. Der Thron ist mit dem Symbol für das Element Luft verziert und hat Schwingen, wodurch der König das Aussehen eines Erzengels bekommt. Seine Krone sieht aus wie ein Helm mit Beilklingen an den Seiten. Zu seinen Füßen wirbeln Wolken.

Bedeutung: Der König der Schwerter hält Recht und Ordnung aufrecht. Sein Reich umfasst den Geist, die Theorien und die Wissenschaft. Er ist ein großer Philanthrop und stellt stets die Bedürfnisse seines Volkes über die eigenen. Allerdings erwartet er auch entsprechende Anerkennung für die Fortschritte, die er bewirkt hat.

Astrologische Entsprechung: Das letzte Drittel des Steinbocks durch die ersten beiden Drittel des Wassermanns (Teufel/Stern). Der Steinbock ist entschlossen, ehrgeizig, sinnlich, an Regeln orientiert, vorsichtig, zurückhaltend und produktiv. Der Steinbock kann auch ignorant, pessimistisch, sparsam, zögerlich und schicksalsergeben sein. Der Wassermann ist sozial, gewissenhaft, menschenfreundlich, individualistisch, intellektuell, unorthodox, freundlich, fortschrittlich und freiheitsliebend. Der Wassermann kann aber auch eitel, fanatisch, exzentrisch, pervers, abgehoben, konträr, nachtragend und gefühlskalt sein.

Elementare Verbindung: Luft (heiß/trennend und feucht/sich anpassend) der Luft. Der König der Schwerter entspricht dem luftigen Aspekt der Luft, auch *intellektuelle Kraft* genannt, in der der Intellekt den Intellekt stärkt. Sein Element ist die reine Luft, die idealistisch, logisch und scharfsichtig ist. Als würde er die kalte, scharfe Klinge seines stählernen Schwertes schwingen, formt er seine Welt, bis sie in seine Strukturen und seine Moralvorstellungen hinein passt.

Gaben: Unparteilichkeit, Präzision, Logik.

Rat: Triff deine Entscheidungen basierend auf Logik und Rationalität. *(lr)*

> *Logik ist wie ein Schwert – wer an sie appelliert, wird durch sie sterben.*
> – Samuel Butler

PAGE DER MÜNZEN

Die Schönheit der schönen Dinge ist schlicht, unmittelbar und unverkennbar. Sie ist makellos und ihr wahrer Wert liegt darin, dass sie eben nicht im Auge des Betrachters liegt – sie ist real. (*ra&wa*)

Diese Karte ist oftmals ein Hinweis auf eine Gelegenheit zu neuem Wachstum und Wohlstand, auch wenn das vielleicht bedeutet, dass du dich von ganz unten hocharbeiten musst. Beachtenswert ist doch, dass das Mädchen auf diesem Bild keinen teuren Schmuck trägt wie etwa die Königin dieser Farbe. Sie ist ganz schlicht geschmückt mit Frühlingsblumen im Haar. Die Blumen sind weiß, die Farbe der Unschuld und der Reinheit. (*jwr*)

Prinzessin der widerhallenden Hügel — Rose des Palastes der Erde

Schlüsselworte: Großzügig, fleißig, sorgsam, beherzt, bewahrend, einfach, solide, unschuldig, erdig, praktisch, jung, Schülerin, nachdenklich, neugierig, kindlich.

Schlüsselworte der Umkehrung: Selbstkritisch, schlechte Schülerin, stur, rebellisch, Unsicherheit in akademischen und finanziellen Angelegenheiten, verschwenderisch, bemitleidenswert.

Beschreibung: Der Page der Münzen ist in grüne und braune Seide gekleidet. Sie trägt Blumen im Haar und einen selbstbewussten Ausdruck im Gesicht. Das alchemistische Symbol für das Element Erde prangt auf ihrer Kleidung. Sie bringt dir das magische Werkzeug des Elementes Erde, eine große goldene Münze; dies ist das Werkzeug, mit dessen Hilfe Dinge sich in der materiellen Welt manifestieren.

Bedeutung: Der Page der Münzen fordert dich auf, dir pragmatische Fähigkeiten anzueignen, damit du dich selbst absichern und Schönheit, Gesundheit und Wohlstand erschaffen kannst. Manchmal überbringt sie Botschaften das Glück, Geld und Kapital betreffend.

Jahreszeitliche Zuordnung: Frühling. Die Energie des Asses der Münzen wird durch den Pagen der Münzen verkörpert, der über die Jahreszeit des Frühlings herrscht durch die Zeichen Widder, Stier und Zwillinge.

Elementare Verbindung: Erde (kalt/bindend und trocken/Gestalt gebend) der Erde. Der Page der Münzen entspricht dem erdigen Aspekt der Erde. Hier steht Erde in Verbindung mit Erde, die sich selbst stärkt. Dies nennt man *manifestierende Kraft*, in der die Sinne die Sinne stärken.

Gaben: Liebe zur Natur.

Rat: Betrachte die Dinge realistisch, unmittelbar und auf eine unverblümte Weise. (*lr*)

> *In allen Teilen der Natur liegt etwas Fabelhaftes.*
> – Aristoteles, *Parts of Animals*

RITTER DER MÜNZEN

Der Ritter der Münzen ist das Leben, das durch Alles fließt, was du sehen und berühren kannst – und darüber hinaus. Er ist der Verfechter all dessen, was winzig und zerbrechlich ist, er liebt Alles, was wild und kraftvoll ist und sorgt dafür, dass das gesamte Universum gedeiht. (*ra&wa*)

Traditionell betrachtet man diesen Ritter als jemanden, der pragmatisch und verlässlich ist, jemand der hart auf sein Ziel des materiellen Erfolgs und Absicherung hin arbeitet. In der speziellen Version dieser Karte sehen wir zwei freie Pferde, die miteinander kämpfen (oder herum tollen), was eine Stärke und Vitalität impliziert, die noch nicht unter Kontrolle gebracht ist. Der Helm auf dieser Karte erinnert an den mythischen Grünen Mann oder an den Gehörnten Gott und umfasst damit Bedeutungsebenen wie den archetypischen Beschützer und die maskulinen Aspekte der Fruchtbarkeit und des Wachstums. (*jwr*)

Fürst der wilden und fruchtbaren Lande

Schlüsselworte: Verantwortungsvoll, verlässlich, schuftend, hilfsbereit, bestimmt, geduldig, geschickt, ehrenhaft, wachsam, ruhig, fleißig, beschützend.

Schlüsselworte der Umkehrung: Geizig, kritisch, unverantwortlich, ungeduldig, schüchtern, unsicher, schwerfällig, rückständig, frustriert, kurzsichtig, dumm, habgierig, eifersüchtig, feige.

Beschreibung: Die robuste Maske des Ritters der Münzen ist golden und grün. Sie bedeckt sein gesamtes Gesicht, samt dem Kinn. Die Lederriemen sind deutlich erkennbar. Ein Paar Stierhörner stoßen aus den Seiten hervor und versinnbildlichen seinen physischen Heldenmut. In einem Wald kämpfen zwei Rösser um die Vorherrschaft.

Bedeutung: Der Ritter der Münzen verzichtet auf sein Streben nach physischem Ruhm und persönlichem Gewinn. Er bringt seine Widerstandskraft, seine Ausdauer und seine Körperlichkeit in das *Traumerbe*-Projekt mit ein. Sobald man ihn erst einmal für eine Sache gewonnen hat, bleibt der Ritter der Münzen auch langfristig dabei und hält seine Versprechen.

Astrologische Entsprechung: Das letzte Drittel des Löwen durch die ersten beiden Drittel der Jungfrau (Stärke/Eremit). Der Löwe ist stolz, dramatisch, hoheitsvoll, unterhaltsam, charismatisch und glamourös. Der Löwe kann auch großspurig, dogmatisch, ausbeuterisch, beherrschend und ein Aufschneider sein. Die Jungfrau ist effizient, analytisch, bescheiden, umsichtig, organisiert und hilfsbereit und hat ein Auge für Details. Die Jungfrau kann auch eine nörgelnde Nervensäge, ein Angsthase, ein Perfektionist und ein Hypochonder sein.

Elementare Verbindung: Feuer (heiß/trennend und trocken/Gestalt gebend) der Erde (kalt/bindend und trocken/Gestalt gebend). Der Ritter der Münzen entspricht dem feurigen Aspekt der Erde, der Leidenschaft in der Körperlichkeit. Diese Kombination nennt man *stimulierende Kraft*, in der der Wille die Sinne unterstützt. Feuer und Erde haben die Eigenschaft ‚trocken/Gestalt gebend' miteinander gemeinsam und die Elemente unterstützen einander. Der Ritter der Münzen transformiert die Dinge durch die Veränderung der Temperatur (heiß/kalt). Er verleiht den Dingen Stabilität, indem er sie auseinander nimmt und sie auf interessante Weise neu zusammen setzt.

Gaben: Ausdauer, Dinge zu Ende bringen.
Rat: Halte nichts zurück; bringe dich voll und ganz ein. (*lr*)

> *Ein Mensch, der erfolgreich lebt, ist einer,*
> *der sein Ziel permanent vor Augen hat und*
> *unerschütterlich danach strebt.*
> *Das ist Hingabe.*
> – Cecil B. DeMille

KÖNIGIN DER MÜNZEN

Die Königin der Münzen ist die Muse der Erde. Sie lockt Schönheit hervor aus allen lebenden Dingen und verkörpert das Ideal für jedes Streben nach physischer Perfektion. Sie inspiriert Ergebenheit, Hingabe und Verehrung. (*ra&wa*)

Diese Königin ist typischerweise der Inbegriff von Großzügigkeit und Nähren und im *Traumerbe*-Tarot erstrahlt das Zeichen des Elements dieser Farbe auf ihrer Stirn, als leuchte es aus dem Chakra des Dritten Auges (des Chakras des geistigen Auges) heraus, was ihre Gabe zur Visualisierung (und damit Manifestierung) von Fülle verdeutlicht. Darüber hinaus fühlt sich die Königin der Münzen sehr wohl mit den sinnlichen Erfahrungen des Lebens, wie wir aus den stark duftenden Frangipani-Blüten schließen dürfen, von denen sie umgeben ist. (*jwr*)

Königin der Throne der Erde

Schlüsselworte: Bedächtig, fürsorglich, nährend, charmant, schüchtern, großherzig, sinnlich, gütig, wahrheitsliebend, ungestüm, ordentlich, gemütlich, produktiv, selbstzufrieden, einfallsreich, praktisch, fleißig, vernünftig, häuslich.

Schlüsselworte der Umkehrung: Gemein, egoistisch, materialistisch, launisch, töricht, wechselhaft, rücksichtslos, manipulativ, argwöhnisch, unverlässlich, nach Status strebend, unsicher, faul, ist nur auf Geld aus, gibt vor wichtige Personen zu kennen, oberflächlich.

Beschreibung: Die Königin der Münzen steht in ihrem Garten voller Frangipani-Blüten vor einer großen goldenen Münze. Um den Hals trägt sie ein auffälliges Smaragd-Medaillon. Ein Lichtstrahl berührt die Münze ihres Kopfschmucks und lässt ihre Stirn oder ihr Drittes Auge hell erstrahlen.

Bedeutung: Die Königin der Münzen nährt den Körper und kümmert sich um Haus und Garten. Sie ist stets darauf bedacht, ihre Umgebung zu verschönern. Sie kann dir Rat geben in praktischen Dingen, wie Gesundheit, Finanzen und dem Umgang mit Ressourcen.

Astrologische Entsprechung: Das letzte Drittel des Schützen durch die ersten beiden Drittel des Steinbocks (Mäßigkeit/Teufel). Der Schütze ist abenteuerlustig, ein Freigeist, enthusiastisch, freiheitsliebend, nach Wahrheit strebend, philosophisch, optimistisch und humorvoll. Der Schütze kann auch unorganisiert, zögernd, taktlos und ein intellektueller Wichtigtuer sein und neigt zur Übertreibung. Der Steinbock ist entschlossen, ehrgeizig, sinnlich, an Regeln orientiert, vorsichtig, zurückhaltend und produktiv. Der Steinbock kann auch ignorant, pessimistisch, sparsam, zögerlich und schicksalsergeben sein.

Elementare Verbindung: Wasser (kalt/bindend und feucht/sich anpassend) der Erde (kalt/bindend und trocken/Gestalt gebend). Wasser und Erde haben die Eigenschaft der Kälte/Bindung gemeinsam. Transformation wird bewirkt durch anfeuchten und trocknen oder durch formen und neu formen. Die Elemente Wasser und Erde sind einander passiv freundlich gesonnen und unterstützen die Stabilität. Diese Kombination nennt man *regenerative Kraft*, in der die Emotionen die Sinne stärken.

Gaben: Strahlende Schönheit, Fülle.

Rat: Genieße das, was du hast. (*lr*)

> *Alle Dinge besitzen eine eigene Schönheit, doch nicht jeder kann sie sehen.*
> – Konfuzius

KÖNIG DER MÜNZEN

Der König der Münzen herrscht über das mittlere Königreich. Er steht zwischen Himmel und Erde und reguliert das Gleichgewicht und die Harmonie der Natur. Sein Reichtum ist der Reichtum der Welt und er ist dessen Verwalter. (*ra&wa*)

Dieser König besitzt große Stärke, die jedoch kontrolliert und geschickt ausgerichtet ist. Hier im *Traumerbe*-Tarot sehen wir ihn in ruhiger Selbstsicherheit auf einem Balkon stehen, so als wollte er seinen Untergebenen jeden Moment einen Erlass verkünden. Darum kann diese Karte auf Chefs und Arbeitgeber hindeuten und damit auch im erweiterten Sinne auf unternehmerische Fähigkeiten und Beförderungen. Darüber hinaus verweist das ausladende Rankenmotiv auf den Säulen in dieser Karte auf Unterstützung durch (oder für) Fülle und Wohlstand. (*jwr*)

Prinz des Wagens der Erde

Schlüsselworte: Freundlich, verlässlich, pragmatisch, verantwortungsbewusst, loyal, solide, unverbrüchlich, fleißig, erfolgreich, klug, zuverlässig, großzügig, geduldig, zielgerichtet.

Schlüsselworte der Umkehrung: Dickleibig, schwerfällig, materiell, umständlich, faul, bestechlich, eifersüchtig, geizig, verschwenderisch, unorganisiert, unsensibel, oberflächlich, nicht vertrauenswürdig.

Beschreibung: Der König der Münzen steht auf einem opulenten Balkon und hält eine große goldene Münze im Arm. Seine Kleidung ist Grün mit einer goldenen Borte. Das Balkongeländer sowie die Säulen sind mit Rankenmustern verziert. Er trägt keine Krone, was seine Verbundenheit mit den einfachen Leuten und der physischen Welt verdeutlicht.

Bedeutung: Resolut überwacht der König Ressourcen, Wachstum und Wohlstand. Sein Reich ist luxuriös und üppig. Er ist verantwortlich für jede physische Manifestation.

Astrologische Entsprechung: Das letzte Drittel des Widders durch die ersten beiden Drittel des Stiers (Herr/Glaube). Die Eigenschaften des Widders im König der Münzen verhindern, dass er allzu schwerfällig und unnachgiebig wird. Der Widder ist aktiv, durchsetzungsfähig, unabhängig, mutig, direkt und individualistisch. Der Widder kann auch egozentrisch, unbedacht, ungeduldig und kurzsichtig sein. Der Stier ist vernünftig, verlässlich, geerdet und verantwortungsvoll. Der Stier kann auch schwerfällig, halsstarrig, faul und maßlos sein.

Elementare Verbindung: Luft (heiß/trennend und feucht/sich anpassend) der Erde (kalt/bindend und trocken/Gestalt gebend). Der König der Münzen entspricht dem luftigen Aspekt der Erde, der als resolute Kraft bezeichnet wird, in der der Intellekt die Sinne ausschaltet. Luft und Erde haben keine Eigenschaften gemeinsam, weshalb sie einander unfreundlich gesonnen sind und sich gegenseitig schwächen. Zu viele Polaritäten stehen in ewigem Konflikt; der König der Münzen muss all seine Kräfte mobilisieren, um die unterschiedlichen Menschen seines Königreiches zusammen zu halten.

Gaben: Loyalität, Erfolg, genügend Ressourcen.

Rat: Eine verzögerte Gratifikation zahlt sich aus. (*lr*)

> *Langsamkeit und Beständigkeit gewinnen das Rennen.*
> – Aesop, *Der Hase und die Schildkröte*

III. Wie das Tarot zu lesen ist

von Lisa Refalo

In deinem Besitz befinden sich nun etwas so Schlichtes wie die wunderschönen Bilder von achtundsiebzig Karten und etwas so Erstaunliches wie die Bausteine des Universums.

Dein Tarot-Deck kannst du bestaunen oder zur Meditation, zur Seelenerforschung, für Lesungen oder viele, viele andere Dinge verwenden. Bevor wir uns den Lesungen zuwenden, schauen wir uns zunächst einmal die Struktur eines Tarot-Decks näher an.

Ein Tarot-Deck ist ein reich illustriertes, übergroßes Deck von Spielkarten. Die ersten bekannten Tarot-Decks wurden im fünfzehnten Jahrhundert in Norditalien hergestellt und wurden zum Spielen eines Kartenspiels verwendet, das dem Bridge ähnelt. Es gibt vier Farben: Stäbe, Kelche, Schwerter und Münzen, die auf Farben italienischer Spielkarten zurückzuführen sind. (Wir kennen für gewöhnlich nur die französischen Spielkarten, deren Farben entsprechend aus Kreuz, Herz, Pik und Karo bestehen.) Die Tarot-Farben sind durchnummeriert vom Ass bis zur Zehn und werden für gewöhnlich mit den Elementen Feuer, Wasser, Luft und Erde assoziiert. Häufig werden den Karten auch astrologische Attribute zugeordnet, die sie mit den Persönlichkeiten und Energien von Planeten und den Zeichen des Tierkreises in Verbindung bringen. Die Kombination aus Zahl, Element und astrologischer Zuordnung kannst du, wenn du willst, auch als Teil der Bedeutungsebenen der jeweiligen Karte betrachten.

Im Tarot gibt es vier königliche Karten, die den drei Hofkarten bei den Spielkarten gegenüber stehen. Wir nennen sie König, Königin, Ritter und Page. Diese Karten werden oftmals als *Hofkarten* bezeichnet und sie werden durch die Pagen ins Gleichgewicht gebracht. Im *Golden Dawn* System gibt es für jedes Geschlecht eine jugendliche und eine reife Karte:

König:	reif und männlich
Königin:	reif und weiblich
Ritter:	jugendlich und männlich
Page:	jugendlich und weiblich

Zusammen genommen, werden die Zahlenkarten und die Hofkarten als *Kleine Arkana* bezeichnet, was so viel heißt wie „kleinere Geheimnisse." Die nummerierten Karten beziehen sich auf Situationen und pragmatische Dinge, die das tägliche Leben betreffen. In modernen Tarot-Decks sind diese Karten mit Szenen illustriert, die Ereignisse darstellen, die tatsächlich geschehen.

Die Hofkarten können Menschen entsprechen, die du kennst, oder sie beschreiben, wie du selbst dich verhältst (und zwar tatsächlich) oder welche Charaktereigenschaften du entwickeln solltest.

Das letzte Kartenset, das zweiundzwanzig Karten umfasst und bei den normalen Spielkarten nicht zu finden ist, wird als Hohe Arkana bezeichnet, was soviel heißt wie die „höheren Geheimnisse." Diese Karten thematisieren Angelegenheiten von eher spiritueller Natur und einige Menschen assoziieren Archetypen mit ihnen. Beispiele für die Karten der Hohen Arkana sind Der Narr, Die Herrscherin, Der Tod und Die Sonne.

Tarot-Karten besitzen eine Kernbedeutung, über die die meisten Tarot-Anwender im Bilde sind. Die Bedeutungen entstammen einer ganzen Reihe von Quellen, wie dem Wahrsagen mit Spielkarten, christlicher Ikonografie, jüdischer Mystik, der Alchemie, der Literatur, hermetischer Magie, der westlichen Mysterien-Tradition, der Zahlenkunde und den spezifischen Darstellungen auf den jeweiligen Tarot-Karten.

Du musst dir diese Bedeutungen nicht erst einprägen, ehe du damit beginnen kannst, das Tarot zu lesen. Der Sinn eines Decks aus Tarot-Karten ist der, dass das Bild die Bedeutung der Karte zum Teil reflektiert. Es ist ganz nett, nachzuschlagen, was andere Leute zu den Bedeutungen zu sagen haben, aber du kannst ganz einfach damit beginnen, nur die Karten zu betrachten.

DIE LESUNG

Dein Tarot-Deck kann dir ein weiser Freund sein, der dir mit Rat, Einsichten und Führung zu bedeutenden Angelegenheiten in deinem Leben und den Leben der Menschen, die du kennst, zur Seite steht. Zu den primären Verwendungszwecken eines Tarots gehört die Lesung, die eine Form der Divination darstellt. Das Wort *Divination* ist dem lateinischen *divinare* entlehnt, was so viel heißt, wie von Gott inspiriert zu sein. Im Falle der Tarot-Karten sucht man im Auftrag eines Fragestellers (der auch du selbst sein kannst) nach Informationen.

Jede Tarot-Lesung besteht aus vier Teilen, die wir uns gleich im Detail anschauen werden:

- Die Frage
- Das Legesystem
- Das Ziehen der Karten
- Die Deutung

DIE FRAGE

> *Wenn wir das Problem wahrhaftig verstanden haben, wird es uns die Antwort selbst offenbaren, denn die Antwort ist von dem Problem nicht losgelöst.*
> — Jiddu Krishnamurti

Der wohl wichtigste Teil einer Lesung ist die Frage. Offene Fragen, die um Rat bitten, eignen sich wunderbar: *Wer? Was? Wo? Wann?* oder *Warum?* Die meisten Menschen wollen etwas über die Zukunft herausfinden und man kann in einer Lesung durchaus danach fragen, allerdings darfst du dabei nie vergessen, dass es keine einzig gültige Zukunft gibt, die wie in Stein gemeißelt ist. Pläne können umgesetzt werden, doch dein freier Wille und deine Entscheidungen können die Richtung deiner Zukunft jederzeit ändern!

Sehen wir uns eine Frage an und die unterschiedlichen Möglichkeiten, sie zu stellen:

> *Werde ich jemals die große Liebe finden?*

Das ist eine legitime Frage, aber es ist sehr schwierig, um daraus eine Lesung zu machen. „Ja/Nein"-Fragen sind schon in Ordnung, doch in diesem Fall bin ich mir nicht sicher, ob das allein schon genügen würde. Hier einige Alternativen:

> *Nach wem sollte ich Ausschau halten? (Wer ist mein idealer Partner?)*
> *Was muss ich tun, um meine große Liebe anzuziehen?*

Wo wird meine große Liebe mich finden?
Wann werde ich meine große Liebe finden? (Was muss ich zuerst noch tun?)
Warum bereitet es mir Schwierigkeiten, meine große Liebe zu finden?

Doch Achtung: Es ist ebenso legitim, einfach nur Karten zu ziehen, die dich durch den Tag führen.

DAS LEGESYSTEM

Ein Legesystem ist eine Vorgabe, wie die Karten auszulegen sind. Ein Legesystem gibt an, wie viele Karten gezogen, in welcher Geometrie sie ausgelegt werden, mögliche Interpretationen und besondere Hinweise. In Büchern oder dem Internet findest du zahlreiche Legesysteme, du kannst aber auch eigene entwickeln.

DAS ZIEHEN DER KARTEN

Eine angenehme Umgebung zu schaffen, kann für eine Lesung durchaus hilfreich sein. Vielleicht magst du ja entspannende Musik hören, Kerzen anzünden, Räucherwerk verbrennen, eine Zentrierungsübung machen oder ein Tarot-Tuch oder einige heilige Gegenstände bereit legen, die dir den Übergang vom Alltag in einen friedvollen Raum erleichtern. Wenn du nervös, ängstlich oder gestresst bist, ist diese zusätzliche Unterstützung vielleicht sogar unabdingbar. Wenn du eine Lesung machst, solltest du entspannt und offen sein und dich in deiner Umgebung wohl fühlen.

- Konzentriere dich auf die Frage.
- Mische deine Karten.
- Lege die gezogenen Karten nach den Vorgaben des Legesystems aus.

Nun ist alles bereit für die Deutung der Karten.

DIE DEUTUNG

Beginne deine Deutung, indem du dir die Karten einfach nur anschaust und wahrnimmst, welchen Eindruck sie auf dich machen, welche Gefühle sie wecken und was dir bei ihrer Betrachtung in den Sinn kommt.

Sieh dir die Bilder an und überlege, was sie wohl zum Ausdruck bringen wollen. Sinne nach über die Namen der Karten. Zum Beispiel: Was ist eine Herrscherin oder für die Vier der Stäbe – was ist eine Vier? Vieren deuten hin auf stabile Formen, inwiefern also vermittelt dieses Bild Stabilität? Versuche zunächst, die Karten zu „erfühlen“ anstatt über sie „nachzudenken“.

Betrachte die Karten nun im Zusammenhang mit der Frage und ihrer Position, sofern es eine spezielle Position gibt. Ebenso wie du mit einem Traum arbeiten kannst, kannst du auch mit den

Karten auf verschiedenen Ebenen arbeiten. Manchmal sticht ein Symbol auf einer Karte besonders hervor oder du hast eine persönliche Assoziation dazu. Nehmen wir zum Beispiel den Hund des Narren. Im Tarot kann der Hund als das Gewissen des Narren stehen oder als die Stimme der Vernunft. Im Allgemeinen steht der Hund für Loyalität und Liebe. Vielleicht hast du einmal ein Erlebnis mit einem Hund gehabt, das für diese Lesung bedeutsam ist. Ich habe einmal für eine Frau die Karten gelegt, die über einen Berufswechsel zur Veterinärmedizinerin nachdachte; als ein Tier auftauchte, empfand sie das als eine Befürwortung der Veränderung. Hier eine kurze Liste mit Dingen, über die du nachdenken kannst:

Name
Titel
Zahl
Element
Energiefluss
Blockaden
Ansätze
Polaritäten (aktiv/passiv)
Farben
Handlung
Menschen
Symbole
Attribute
Persönliche Assoziationen

Du kannst zwar die Bedeutungen der Karten nachschlagen, aber sie stehen dann nicht im Kontext. Sie sind hilfreich, um überhaupt erst einmal anzufangen, doch du musst dennoch die Karte mit deiner Fragestellung in Zusammenhang bringen. Schauen wir uns nun einige verschiedene Karten aus unterschiedlichen Perspektiven an.

Ist dies ein guter Zeitpunkt, den Job zu wechseln?
Ist meine neue Beziehung vielversprechend?

Karte 1: Zehn der Stäbe (Unterdrückung)

Ein Mann trägt eine schwere Last durch unwegsames Gelände. Herausforderungen und Schwierigkeiten machen sehr viel Mühe.

Ist dies ein guter Zeitpunkt, den Job zu wechseln? Es ist durchaus verständlich, dass du das gern tun würdest, doch du musst das zu Ende bringen, woran du gerade arbeitest. Es ist gut möglich, dass du im Moment gar nicht genügend Energie für die Jobsuche aufbringen kannst.

Ist meine neue Beziehung vielversprechend? Das sieht nach einem harten Kampf aus. Scheinbar ist diese Beziehung von einer Menge Lasten umgeben.

Karte 2: Zwei der Münzen (Harmonischer Wandel)

Ein Hofnarr sitzt auf einem Hochrad und hält zwei Münzen. Mit dem Fluss gehen, zahlreiche Projekte ins Gleichgewicht bringen.

Ist dies ein guter Zeitpunkt, den Job zu wechseln? Ich würde nicht unbedingt sagen „den Job wechseln", aber vielleicht kannst du etwas Neues beginnen und eine Zeitlang beide Jobs ausüben. Der neue Job braucht vielleicht noch eine Weile, um richtig auf Touren zu kommen

Ist meine neue Beziehung vielversprechend? Aufgrund des Regenbogens sieht es tatsächlich vielversprechend aus. Ich würde dir empfehlen, dich nicht allzu sehr daran festzuhalten, wie die Dinge sich entwickeln, aber es sieht ganz danach aus, als würden in deinem Leben jede Menge interessanter Dinge passieren.

TIEFER EINTAUCHEN

Auf jeder Karte sind eine Reihe von Symbolen und Attributen zu sehen, die über das Tarot Aufschluss geben und erklären, wie es zu lesen ist. Die Symbole kannst du ganz direkt durch Lesen und Forschen erkunden. Interessante Quellen hierzu sind Tarot-Bücher, Nachschlagewerke zu Symbolen oder Bücher zu verwandten Themen wie Alchemie und Mystik. Du kannst aber auch indirekt mit den Symbolen arbeiten und dich einfach auf deine Intuition berufen und durch die Karten reisen. Darüber hinaus kannst du durch Experimentieren mehr über das Tarot erfahren und lernen, indem du deine Deutungen mit denen Anderer vergleichst.

DIE KARTEN IN FLEISCH UND BLUT ÜBERGEHEN LASSEN

Es ist ratsam, dass du dir eine Art Tagebuch zu deinen Lesungen zulegst, in dem du auch künftig noch nachschlagen kannst. Es ist unglaublich wichtig, dass du im Laufe der Zeit mit den Karten richtig vertraut wirst. Hier ist ein Zitat von Paul Foster Case, dem Begründer der *Builders of the Adytum* (BOTA), einer Schule für westliche Mysterien-Traditionen, der sein Leben dem Tarot als Mittel zu spiritueller Entwicklung gewidmet hat. Die „Schlüssel", auf die er sich bezieht, sind die Karten der Hohen Arkana.

> *Willst du wahrhaftig aus dieser wunderbaren Erfindung profitieren, dann müssen die Schlüssel in dir sein. Das heißt, du solltest in der Lage sein, die Bilder eines jeden Schlüssels einfach durch bewusstes Wollen heraufzubeschwören. Wenn du das kannst, ist das Tarot dir in Fleisch und Blut übergegangen und wird beginnen, eine weitgreifende Veränderung deines Denkens und damit auch deines Lebens zu bewirken.*
> — Paul Foster Case

Wenn du ein bisschen Zeit hast, schließe die Augen und schau, wie viele Karten du dir vor deinem inneren Auge vorstellen kannst. Das mache ich manchmal, wenn ich irgendwo in einer Schlange warten muss oder nicht einschlafen kann.

Äußerst hilfreich ist auch, ein eigenes Buch über die Kartenbedeutungen zu führen und zu beobachten, wie deine Beziehung zum Tarot sich im Laufe der Zeit entwickelt und vertieft.

EXTRAS

Verbinde dich mit deinem Deck

Ein viel benutztes Deck hat eine spezielle Eigenart, ja sogar eine Persönlichkeit. Es gibt keinen einzig gültigen, keinen „richtigen" Weg, um den Prozess der Verbindung mit deinem Deck in Gang zu setzen.

Ich möchte dir einige Inspirationen geben, was ich mit meinen neuen Decks zu tun pflege. Fühle dich frei, jeden Vorschlag zu nutzen, der sich für dich gut anfühlt. Viele weitere Vorschläge und Ideen findest du im Internet oder in anderen Büchern.

Der passende Beutel

Ich finde gern ein besonderes Beutelchen oder Kästchen, in das ich meine Karten lege, irgendetwas Schönes, Beschützendes, das im Gleichklang steht mit dem Gefühl, welches das Deck verströmt. Seide ist ein traditionelles Material dafür und man sagt, es halte negative Schwingungen fern. Darüber bin ich allerdings nicht übermäßig beunruhigt.

Reinigung

In diesem Fall bedeutet das Wort *Reinigung*, sich unerwünschter Energien zu entledigen. Das kannst du so oft tun, wie du es für nötig hältst. Entzünde ein bisschen Räucherwerk (Salbei, Zeder und Wacholder passen gut) und lasse das Kartendeck einige Male durch den Rauch gleiten. Stelle dir dabei vor, wie alle unerwünschten Energien sich aus dem Deck verflüchtigen.

Das Deck aufladen

Ich lege mein Deck gern eine Zeitlang unter einen großen Kristall, wenn ich es gerade nicht verwende. Das lädt die Karten mit positiver Energie auf. Du kannst das Deck auch mit Licht aufladen, indem du die Karten in die Sonne legst (lasse sie aber nicht unbeaufsichtigt) oder indem du sie während einer Vollmondnacht auf das Fensterbrett legst. Ich reibe meine Hände auch gern mit einer Winzigkeit ätherischen Öls ein, Lavendel zum Beispiel, bevor ich das erste Mal mit dem Deck arbeite. Das verleiht dem Deck ein sehr angenehmes Aroma.

Sich vertraut machen

Setze dich hin und sieh dir jede einzelne Karte an. Es ist keine schlechte Idee, das Deck von Zeit zu Zeit zu ordnen, um sicher zu stellen, dass noch alle Karten vollständig sind. Eine einfache Übung für diesen Schritt ist es, dir immer eine Karte für die Dauer von drei Atemzügen anzuschauen, ehe du die nächste Karte nimmst.

Übung: Die Karten atmen

Beginnend beim Narren, schau dir jede Karte für die Dauer von drei Atemzügen an. Mache dir bewusst, wie du dich beim Ein- und Ausatmen fühlst. Gibt es da Karten, zu denen du dich mehr hingezogen fühlst? Gibt es Karten, bei denen dir unbehaglich zumute ist?

Trage dein Deck bei dir. Versuche, vor dem Zubettgehen immer ein paar Karten zu betrachten und bewahre das Deck in deinem Nachtschränkchen auf.

ÜBUNGEN

Zentrierungsübung

Richte deine Aufmerksamkeit auf das Zimmer, in dem du dich gerade befindest. Mache dir bewusst, wie groß der Raum ist und wie er dekoriert ist. Spüre die Temperatur. Wie ist das Licht? Gibt es Hintergrundgeräusche? Riechst du etwas Bestimmtes?

Schließe die Augen und spüre dich selbst.

Wie fühlst du dich? Wie hoch ist dein Energielevel? Wie geht es deinem Körper?

Mache einen Ganzkörperscan, beginnend beim Scheitel und dann langsam hinab wandernd bis zu den Füßen. Achte auf jegliche Anspannung, Schmerzen und angenehme Empfindungen. Wie fühlt sich deine Kleidung auf deinem Körper an? Nimm wahr, worauf du sitzt und wie sich das anspürt. Versuche nicht, irgendetwas zu verändern. Nimm einfach nur wahr.

Vierfacher Atem

Diese Atemtechnik ist mir schon in vielen Zusammenhängen und vielen Kulturen begegnet. Sie bewirkt, dass deine Gehirnwellen sich auf ein leichtes Alpha verlangsamen, einen sehr guten Zustand für eine Tarot-Lesung. Sei freundlich zu dir selbst und zwinge dich nicht zu einer unbehaglichen Atmung. Übrigens ist mir aufgefallen, dass Menschen in Gruppen bei dieser Übung zuweilen einschlafen, darum solltest du vielleicht besser die Augen geöffnet lassen.

Erspüre deinen Atem. Zähle das Einatmen und das Ausatmen. Beginne, deine Atmung so zu verändern, dass Einatmen und Ausatmen gleich lang sind. Wenn du soweit bist, gehe in die vierfache Atmung über.

Wähle eine Zahl für die Zählzeiten. In diesem Beispiel habe ich die Drei gewählt. Je mehr Zählzeiten, desto langsamer werden auch die Atmung und die Gehirnwellen.

1. Atme ein: drei Zählzeiten
2. Halten: drei Zählzeiten
3. Atme aus: drei Zählzeiten
4. Halten: drei Zählzeiten

Das Portal

Du kannst jede Karte als Portal zu deiner inneren Landschaft verwenden, um die essentielle Bedeutung dieser Karte zu erspüren oder um nach Rat zu fragen und Hilfe zu erbitten. In dieser Übung stellen wir uns vor, dass wir in die Landschaft der Karte eintreten. Lies dir die Anweisungen durch, damit du den Streifzug durch das Portal ohne ihre Hilfe machen kannst. Eine innere Reise zu machen, ist eine Fähigkeit, die man durch Übung erwerben kann. Manchen Menschen fällt das leichter und das Erlebnis muss nicht zwingend visueller Natur sein. Du könntest zum Beispiel Impressionen erleben, Empfindungen oder zufälliges Aufblitzen von Bildern oder Farben.

Anweisungen

Wähle eine Karte aus, mit der du arbeiten willst. Bereite deine Umgebung so vor, als wolltest du eine Lesung machen. Hirnwellen verändernde Musik kann den Reiseprozess unterstützen (in der Bibliografie gibt es hierzu einige Vorschläge). Vielleicht möchtest du auch dein Tagebuch bereitlegen, um deine Erlebnisse aufzuzeichnen.

Mache die Zentrierungsübung. Führe die vierfache Atmung durch und schaue dir währenddessen die Karte ein paar Minuten lang an.

Nimm ihre Stimmung wahr, die Figuren, Details, Gegenstände, Farben. Versuche, alle Aspekte der Karte wahrzunehmen und dir einzuprägen. Beginne oben und wandere mit deiner Wahrnehmung dann langsam die Karte hinab. Wenn du soweit bist, schließe die Augen. Visualisiere, wie die Karte in der Dunkelheit vor dir schwebt. Versuche, im Geiste jedes Detail wieder aufleben zu lassen, an das du dich erinnerst. Wenn du das Gefühl hast, dass dein inneres Bild stabil ist, stelle dir vor, wie die Karte immer größer wird, solange, bis sie Lebensgröße erreicht hat. Beobachte dich selbst, wie du in die Karte eintrittst.

Schau dich um. Nimm mit allen deinen Sinnen wahr. Nimm wahr, was du sehen, hören, fühlen, riechen, schmecken kannst. Erkunde die Gebäude oder Gegenstände. Tritt mit den Menschen oder Tieren in Kontakt und bitte sie um Rat, um Informationen oder Hilfe. Achte darauf, was sich spontan verändert oder materialisiert. Wenn du das Gefühl hast, dass deine Reise rund ist, bedanke dich bei den Menschen oder Tieren, denen du begegnet bist. Tritt zurück über die Schwelle der Karte. Beobachte, wie die Karte wieder ihre tatsächliche Größe annimmt. Dann lenke deine Aufmerksamkeit wieder auf das Zimmer. Wenn du willst, mache dir einige Notizen über deine Erfahrungen in deinem Tagebuch.

Variation

Auf einigen der Karten sind tatsächlich Bögen, Tore oder Räume zwischen Säulen zu sehen, die man durchschreiten könnte, um zu erforschen, was sich dahinter befindet. Folgende Karten sind Beispiele hierfür:

- Die Hohepriesterin. Welches sind die Geheimnisse innerhalb des Tempels?
- Die Herrscherin. Tauche ein in das schöpferische Potenzial.
- Tod. Was befindet sich auf der anderen Seite von Ende und Transformation?
- Der Mond. Tauche ein in die Tiefen des Unterbewussten.
- Sechs der Stäbe. Wohin wird der Erfolg dich führen?
- Sieben der Stäbe. Portal in eine andere Dimension.
- Acht der Schwerter. Was befindet sich dort drinnen, dass es einen Diebstahl wert ist?
- Neun der Münzen. Torbogen zum Horizont.

LEGESYSTEME

Für jeden Tag

Ziehe am Morgen eine bis drei Karten, die dich durch den Tag begleiten. Ziehe eine Karte für konzentrierte Führung. Ziehe zwei Karten, um zu vergleichen und Kontraste zu erkennen. Suche nach Unterschieden, um herauszufinden, welche Herausforderungen dir begegnen könnten. Ziehe drei Karten für einen Blick auf Synthese und Fluss.

Achte während des Tages auf Synchronizitäten. Wenn du eine Entscheidung treffen musst, ziehe die Karten zu Rate, vielleicht haben sie einen Hinweis für dich. Skizziere einen Teil deiner Lesung. Schreibe ein paar Zeilen in dein Tagebuch. Vielleicht möchtest du deinen Schmuck, deine Kleidung oder den Bildschirmhintergrund deines Computers anhand der Karte auswählen. Am Ende des Tages reflektiere über die Synchronizitäten dieses Tages.

Das Vermächtnis

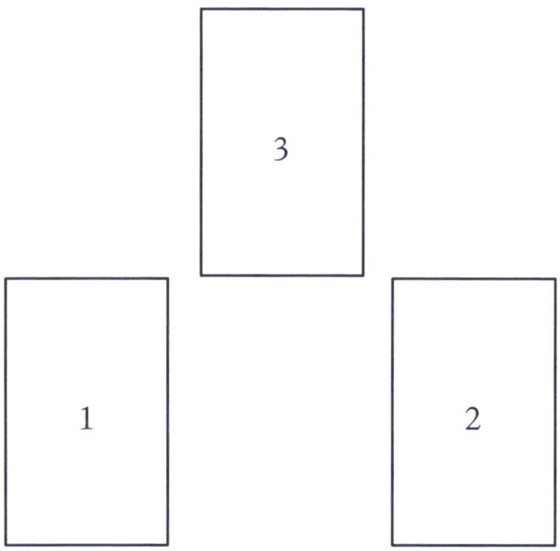

1. Welches Vermächtnis habe ich geerbt?
2. Welches Vermächtnis werde ich hinterlassen?
3. Woran muss ich im Moment arbeiten?

Mische die Karten jedes Mal neu, bevor du eine ziehst, und denke dabei über ihre Position in diesem Legesystem nach.

Achtung: Du bist gut beraten, wenn du für dieses Legesystem ausschließlich die Karten der Hohen Arkana verwendest. Wenn du feststellst, dass dir die Vermächtnis-Karte nicht gefällt, reflektiere ein wenig darüber und überlege, was dir an diesem Vermächtnis nicht passt. Ziehe weitere Karten, bis du das Vermächtnis gefunden hast, das du gern hinterlassen möchtest. Betrachte die unangenehmen Karten als Aufgaben, die zunächst noch erledigt sein wollen, ehe du dein Vermächtnis hinterlässt. Eine andere Option für Position Zwei wäre, das Deck durchzusehen und das Vermächtnis auszuwählen, welches du hinterlassen möchtest.

Die Pagen (oder Was ist gerade gefragt?)

Die Pagen überbringen dir das magische Instrument ihrer Farbe und können dir Auskunft darüber geben, was in deiner gegenwärtigen Situation gerade gefragt ist. Beginne damit, dir das gesamte Deck anzuschauen und eine Karte auszuwählen, die für deine gegenwärtige Situation stehen soll. Während du durch die Karten wanderst, halte Ausschau nach einem Pagen oder einer bestimmten Farbe. Am Ende hole den Pagen hervor, damit er die Lesung überwachen kann.

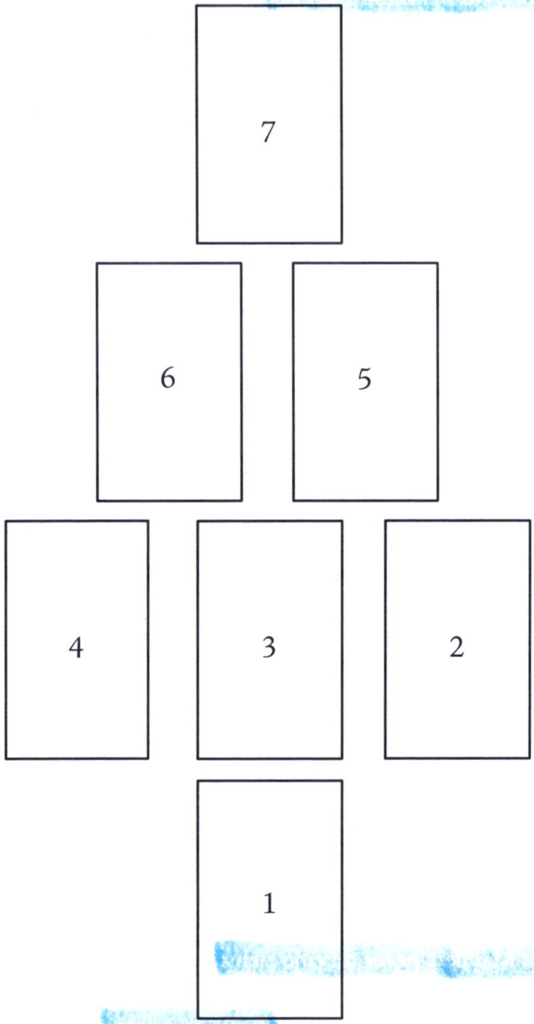

1. Die Situation
2. Davon brauche ich mehr.
3. Davon habe ich genau das rechte Maß.
4. Die Situation braucht davon weniger.
5. Was ich ändern kann.
6. Was ich akzeptieren muss.
7. Wohin die Dinge sich entwickeln.

Die Ritter

Die Ritter legen ihre Schwerter nieder, um dem *Traumerbe*-Projekt zu dienen. Lege auch du deine Ambitionen beiseite, um deinem höheren Zweck zu dienen. Mit diesem Legesystem kannst du herausfinden, worin dieser besteht.

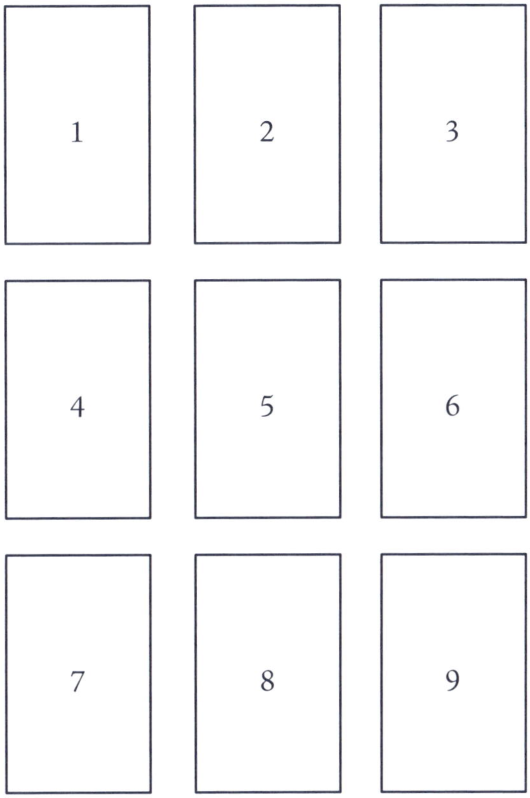

Karten 1-3: Worin besteht mein höherer Zweck?
Karten 4-6: Was habe ich zu lernen?
Karten 7-9: Was muss ich tun?

Die Königinnen

Du kannst die Königinnen um Rat bitten. Finde eine Frage, die du ihnen gern stellen würdest. Wähle eine Königin, die zum Thema der Frage passt. Wenn du unsicher bist, mische die Königinnen und ziehe eine. Lege die Königin oberhalb der ausgelegten Karten ab. Mische die übrigen Karten und ziehe eine für jede Position. Interpretiere die Karten als Ratschlag aus der Perspektive der von dir gewählten Königin.

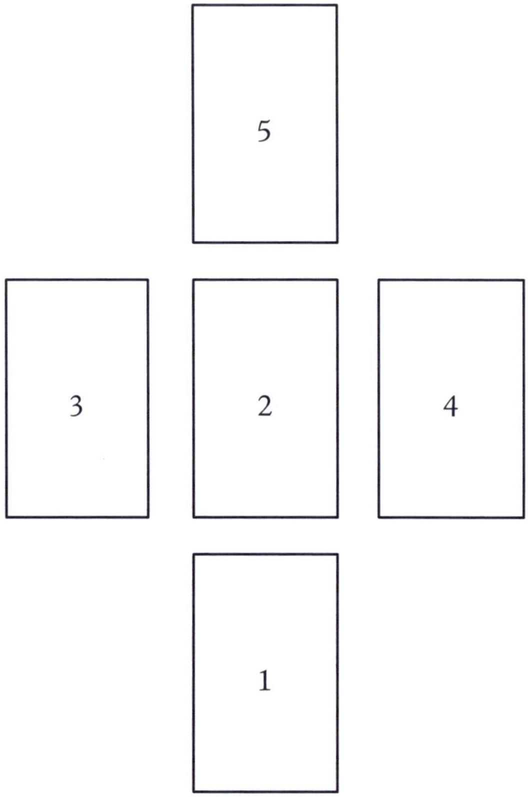

1. Die Wurzel des Problems oder der Situation.
2. Die Situation.
3. Die Vergangenheit.
4. Die Zukunft.
5. Rat.

Die Könige

Wie der Herrscher herrschst du über alle Könige des Tarots und ihre Unterstützung und Ressourcen stehen zu deiner Verfügung. Du kannst dich an einen der Könige wenden, wenn du Unterstützung brauchst. Bei diesem Legesystem gibt es gleich zu Anfang ein Ausscheideverfahren. Wenn du von einer der ersten beiden Karten ein Nein zur Antwort bekommst, brauchst du nicht fortzufahren mit der Lesung.

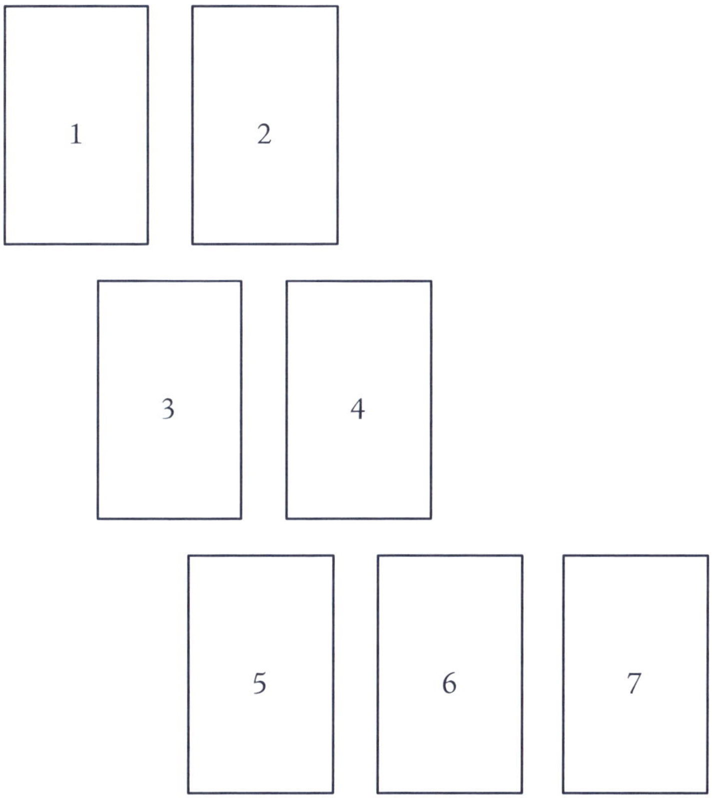

1. Ist das eine gute Idee?
2. Werden sich die Dinge auch ohne Unterstützung ganz von selbst entwickeln?
3. Hindernisse.
4. Hilfe (die mir zugänglich ist).
5. Was kann getan werden (als erstes)?
6. Was kann getan werden (als zweites)?
7. Was kann getan werden (als drittes)?
8. Ergebnis.

Anhang

Zuordnungen

Element	**Farbe**	**Geschlecht**	**Alchemie**	**Trumpf**	**höfischer Rang**	**Sinn**	**Schlüsselworte**
Feuer	Stäbe	maskulin, aktiv	heiß/ trocken	Gerechtigkeit	Ritter	Sehen	Leidenschaft, Energie
Wasser	Kelche	weiblich, empfänglich	kalt/ feucht	Der Gehängte	Königinnen	Geschmack	empfänglich, fließend
Luft	Schwerter	maskulin, aktiv	heiß/ feucht	Der Narr	Könige	Geruch	klar, bewusst
Erde	Münzen	weiblich, empfänglich	kalt/ trocken	Keiner oder die Welt	Pagen	Tastsinn	Fruchtbarkeit, Wachstum

ZAHLEN

Zahl	Schlüsselworte
1	Abstrakt, Beginn der Schöpfung, unteilbar, Ursprung, Perfektion, Stein der Weisen, Potenzial, Selbstgenügsamkeit, Quelle, Einheit, Ganzheit. Alle anderen Zahlen sind Aspekte der Eins. Der Zustand vor der Dualität, vor der Ausdehnung und vor dem Zusammenziehen. Verzögerung, flüchtig, Trägheit, nicht zu greifen, vage.
2	Abstrakte Männlichkeit, kosmischer Vater, Dualität, Ausdehnung, Lebenskraft, überirdischer Vater. Paare im Gleichgewicht, Aufspaltung, Explosion, Heirat, Ausströmen von Energie. Verdopplung, Unentschlossenheit, Ungleichgewicht, Opposition.
3	Abstrakte Weiblichkeit, Behälter, kosmische Mutter, Entfaltung, Fruchtbarkeit, Form, großer Schoß, Geduld, empfänglich, überirdische Mutter, Nachgiebigkeit. Bedrängnis, Herausforderungen, Trägheit, Kummer.
4	Ausdehnung, zum Ausdruck gebrachter Vater, Grundlagen, Anmut, Güte, Logik, organisiert, väterlich, beschützend, quartär, Erkenntnis, Sicherheit, Stabilität, Struktur, System. Apathie, Unzufriedenheit, Unsicherheit, Verlust der Unabhängigkeit, allzu analytisch, einfallslos.
5	Ehrfurcht, Abklärung, anspruchsvoll, Zerstörung des Unnötigen, Disziplin, Mühe, Kontrolle ausüben, zum Ausdruck gebrachte Mutter, grausam und nährend, mächtig, Opposition, das Böse bestrafen, prüfend, Transformation, endgültige Destillation. Große Macht wird mit großer Kontrolle ausgeübt, Neugestaltung. Konflikt, Krise, Gefahr, Zerstörung, Schwierigkeit, Angst, Instabilität, Hindernis, Schmerz, Streit, Kampf, furchtbar, Terror, Sorgen, Gewalt.
6	Harmonie, Heilung, Vergnügen, Perfektion, Erlösung, Sohn. Liberalismus, Maßhalten, Aufgeschlossenheit, Realismus, Bemühungen tragen Früchte. Geltungsbedürftig, Selbstherrlichkeit.
7	Sinnliche Emotionen, sinnliche Natur, künstlerisch, die Künste, gleicht die Askese und mentale Disziplin der Acht aus, schöpferisch, degradierte Mutter, elementare Energie, Emotion, jede Macht ist dem Heiligen Geist heilig, Bauchgefühl, Instinkt, natürliche Zwänge, Meinungen, Leidenschaft, Vergnügen, Gefährt des menschlichen Lebens, Vision von Schönheit und Triumph. Feigheit, Verlegenheit.
8	Degradierter Vater, Intellekt, Fortschritt, Wissenschaft. Animalische Vernunft, Entwürfe, Logik, Mathematik, mentale Disziplin, Vernunft, Wissenschaft. Zu analytisch.

9 Zyklen, degradierter Sohn, Erfüllung, Ergebnisse. Sinnliches Leben, Astralebene, Träume, Instinkte, unbewusste Gefühle. Illusion.

10 Braut des Mikroprosopus, Vollendung, Konsequenzen, degradierte Tochter, dumme Sache, Erfahren von Körperlichkeit, fünf Sinne, Impuls empor zu steigen, physische Welt, Empfindungen, Seele des unerleuchteten Menschen, Raum, Zeit. Sackgassen, Illusion, Verluste, Rückschläge.

PLANETEN

Planet	Hohe Arkana	Element	Schlüsselworte
Mars	Der Turm	Feuer	Aktion, Aktivität
Merkur	Der Magier	Luft	Kommunikation, Manifestation
Sonne	Die Sonne	Feuer	Selbst, Identität, Leben
Venus	Die Herrscherin	Erde	Liebe, Freigiebigkeit
Mond	Die Hohepriesterin	Wasser	Emotion, Intuition
Saturn	Die Welt	Erde	Einschränkung, Disziplin
Jupiter	Das Rad des Schicksals	Feuer/Wasser	Ausdehnung, Freigiebigkeit
Uranus	Der Narr	Luft	Revolution
Neptun	Der Gehängte	Wasser	Imagination
Pluto	Das Gericht	Feuer	Transformation

TIERKREISZEICHEN

Farbe	Tierkreiszeichen	Trumpf	Polarität	Modalität	Element
Rot	Widder	Herrscher	+	grundsätzlich	Feuer
Korall	Stier	Glaube	-	festgelegt	Erde
Orange	Zwillinge	Liebende	+	veränderlich	Luft
Gold	Krebs	Wagen	-	grundsätzlich	Wasser
Gelb	Löwe	Stärke	+	festgelegt	Feuer
Olivgrün	Jungfrau	Eremit	-	veränderlich	Erde
Grün	Waage	Gerechtigkeit	+	grundsätzlich	Luft
Türkis	Skorpion	Tod	-	festgelegt	Wasser
Blau	Schütze	Mäßigkeit	+	veränderlich	Feuer
Indigo	Steinbock	Teufel	-	grundsätzlich	Erde
Violett	Wassermann	Stern	+	festgelegt	Luft
Magenta	Fische	Mond	-	veränderlich	Wasser

BIBLIOGRAFIE

Astrologie

Forrest, Steven. *The Inner Sky*. San Diego, CA: ACS Publications, 1982.

Woolfolk, Joanna Martine. *The Only Astrology Book You'll Ever Need*. Lanhan, MD: Madison Books, 2001.

Golden Dawn

Cicero, Chic und Sandra Tabatha Cicero. *The Golden Dawn Magical Tarot*. St. Paul, MN: Llewellyn, 1997.

–. *Self-Initiation into the Golden Dawn Tradition: A Complete Curriculum of Study for Both the Solitary Magician and the Working Magical Group*. St. Paul, MN: Llewellyn, 1995.

Regardie, Israel. *The Golden Dawn*. St. Paul, MN: Llewellyn, 1982.

Reisen

Harner, Michael. *Der Weg des Schamanen*. München: Ariston, 2007.

Musik

Cannon, Master Charles. *Time Off: The 15 Minute Meditator*. Veröffentlicht 1991. Synchronicity (CD).

Rysdyk, Evelyn und C. Allie Knowlton. *Shamanic Journey Drumming*. Veröffentlicht 2001. Spirit Passages (CD).

Thompson, Jeffrey D. *Brainwave Suite: Insight & Intuition*. Veröffentlicht 2008. Relaxation, 963007 (CD).

Persönliche Transformation

Tolle, Eckart. *Eine neue Erde: Bewusstseinssprung anstelle von Selbstzerstörung*. München: Goldmann, 2005.

Kabbala

Fortune, Dion. *Die mystische Kabbala*. Edition Aurinia e.K., 2006.

Kaplan, Aryeh, Hrsg. *Sefer Jezira: Das Buch der Schöpfung in Theorie und Praxis*. Grevenbroich: Verlag J.R. Ruther - Edition Gaja, 2007.

Regardie, Israel. *777 and Other Qabalistic Writings of Aleister Crowley*. York Beach, ME: Samuel Weiser, 1996.

Symbole

Buckland, Raymond. *Signs, Symbols & Omens: An Illustrated Guide to Magical & Spiritual Symbolism*. St. Paul, MN: Llewellyn, 2003.

Chevalier, Jean und Alain Gheerbrant. *The Penguin Dictionary of Symbols*. Übersetzt von John Buchanan-Brown. London: Penguin, 1996.

Cirlot, J.E. *A Dictionary of Symbols*. Übersetzt von Jack Sage. New York: Philosophical Library, 1962.

Tresidder, Jack. *The Complete Dictionary of Symbols*. San Francisco: Chronicle Books. 2005.

Tarot

Case, Paul Foster. *Tarot.* Schalksmühle: Druck und Verlag Pomaska-Brand, 2006.

Crowley, Aleister. *The Book of Thoth.* Berkeley, CA: Shambhala Publications, 1969.

Waite, Arthur Edward. *Der Bilderschlüssel: Zum Original Rider Waite Tarot.* Krummwisch: Königsfurt Urania, 2005.

Wang, Robert. *The Qabalistic Tarot: A Textbook of Mystical Philosophy.* York Beach, ME: Samuel Weiser, 1983.

Warwick-Smith, Kate. *The Tarot Court Cards: Archetypal Patterns of Relationship in the Minor Arcana.* Rochester, VT: Destiny Books, 2003.

Wirth, Oswald. *Die Magie des Tarot. Ein Lehrbuch esoterischer Einweihung.* Fischer Media, 1998.